アウグスティヌスとその時代

アウグスティヌスとその時代

金子晴勇著

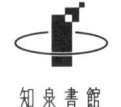

知泉書館

目次

序論　思想と時代との関連について
　はじめに　　　　　　　　　　　　　　　　　　　　　　3
　1　思想の時代拘束性　　　　　　　　　　　　　　　　　5
　2　個人と世界との作用連関　　　　　　　　　　　　　　7
　3　思想と基礎経験　　　　　　　　　　　　　　　　　　9
　4　歴史の変動と「状況の論理」　　　　　　　　　　　　11
　終わりに ── アウグスティヌス時代の研究について　　　13

第Ⅰ章　古代末期の世界
　はじめに　　　　　　　　　　　　　　　　　　　　　　17
　1　西暦200年以降の政治的状況　　　　　　　　　　　　19
　2　「不安な時代」と「新しい風潮」の誕生　　　　　　　22
　3　キリスト教とギリシア文化　　　　　　　　　　　　　25
　4　コンスタンティヌス大帝の改宗　　　　　　　　　　　27
　5　皇帝ユリアヌスの背教　　　　　　　　　　　　　　　29
　6　アウグスティヌスと瀕死の世界　　　　　　　　　　　30
　7　大規模な文化総合の試み　　　　　　　　　　　　　　32

第Ⅱ章　ポリスからキウィタスへ
　はじめに　　　　　　　　　　　　　　　　　　　　　　39
　1　古代社会の対立する二類型　　　　　　　　　　　　　41
　2　「閉じた社会」から「開いた社会」へ　　　　　　　　44
　3　アウグスティヌス時代の社会構造　　　　　　　　　　49
　4　アウグスティヌスのキウィタス学説　　　　　　　　　51
　5　キウィタスと国家および教会　　　　　　　　　　　　56

第Ⅲ章　北アフリカの文化状況

　はじめに　　　　　　　　　　　　　　　　　　　　　　　63
　1　北アフリカにおけるローマ化の特質　　　　　　　　　　65
　2　アフリカのキリスト教会とその内部分裂　　　　　　　　69
　3　アフリカの異教主義
　　　　──マクシムスとアウグスティヌスとの往復書簡による　74
　4　アフリカでの教育と文化生活　　　　　　　　　　　　　78
　5　友人との共同生活と修道院生活　　　　　　　　　　　　84

第Ⅳ章　プラトン主義とキリスト教

　はじめに　　　　　　　　　　　　　　　　　　　　　　　91
　1　キリスト教教父におけるプラトン主義　　　　　　　　　92
　2　新プラトン主義の影響　　　　　　　　　　　　　　　　98
　3　神秘主義とキリスト教的霊性　　　　　　　　　　　　108
　終わりに　　　　　　　　　　　　　　　　　　　　　　112

第Ⅴ章　「不安な心」の軌跡と思想形成

　はじめに　　　　　　　　　　　　　　　　　　　　　　117
　1　青年時代の内的な危機　　　　　　　　　　　　　　　119
　2　「不安な心」の軌跡　　　　　　　　　　　　　　　　123
　3　「不安な心」とは何か（『告白』第1巻，1章1節）　　129
　4　司牧活動から来る精神的変化　　　　　　　　　　　　132

第Ⅵ章　三位一体と「神の像」

　はじめに　　　　　　　　　　　　　　　　　　　　　　141
　1　異端論争と受肉の神学　　　　　　　　　　　　　　　143
　2　三位一体の神観　　　　　　　　　　　　　　　　　　145
　3　『三位一体』前半の問題　　　　　　　　　　　　　　149
　4　『三位一体』後半の問題　　　　　　　　　　　　　　152
　5　神の像における思想的特質　　　　　　　　　　　　　158
　付論　「神の像」についてのアウグスティヌスとルターの相違　159

目　次　　　vii

第Ⅶ章　創造の秩序と乱れ
　はじめに　　163
　　1　創造の秩序　　167
　　2　「愛の秩序」と倫理　　171
　　3　国家の秩序と平和　　176
　終わりに　　182

第Ⅷ章　歴史の神学
　はじめに　　185
　　1　歴史の意味　　187
　　2　「時間の秩序」の内容　　192
　　3　時間の秩序と救済史　　194
　　4　『神の国』の時間論 ── 円環的時間から直線的時間へ　　199
　　5　キウィタスと世代との転換　　203
　　6　歴史の終末論的解釈　　205

第Ⅸ章　ドナティスト論争
　はじめに　　209
　　1　ドナティスト論争の歴史的経過　　210
　　2　ドナティストの主張の要点とアウグスティヌスの反論　　214
　　3　俗権論にあらわれた政治思想　　218

第Ⅹ章　ペラギウス派論争
　はじめに　　225
　　1　ペラギウスとペラギウス主義　　227
　　2　ペラギウス派論争の経過　　230
　　3　ペラギウス派論争の発展　　233
　　4　セミ・ペラギウス派論争　　236
　　5　ペラギウス派論争の意義　　238

終章　アウグスティヌスの影響
　　1　中世における国家学説への影響　　247
　　2　近代以降における国家学説の解釈　　251

3　中世スコラ哲学への思想史的な影響　　　　　　254
　　4　ルネサンスと宗教改革の時代　　　　　　　　　259
　　5　近代思想への影響　　　　　　　　　　　　　261
　　6　アウグスティヌスと現代の思想的状況　　　　　263

あとがき　　　　　　　　　　　　　　　　　　　　267
初出一覧　　　　　　　　　　　　　　　　　　　　270
参考文献　　　　　　　　　　　　　　　　　　　　271
略　年　表　　　　　　　　　　　　　　　　　　　278
索　　引　　　　　　　　　　　　　　　　　　　　283

アウグスティヌスとその時代

序論

思想と時代との関連について

はじめに

　アウグスティヌスは古代末期という歴史的な変動期に生まれ，古典文化が衰退していく中にあってキリスト教文化と古典文化との文化的総合を成し遂げた偉大な思想家である。彼は時代がもっている問題を親しく経験し，それに応えることによって思索を重ねてきた。この単純にして明快な事実を想起し，彼の時代と思想の関連をできるかぎり明らかにしてみたい。というのは，ヨーロッパ文化の最大の特質をその思想的な内容から考えてみると，ヨーロッパ文化はギリシア的な理性とキリスト教的な霊性との総合として捉えることができるからである。理性の働きは真・善・美という精神価値に向かい，霊性の作用は宗教的な価値である聖なるものを目ざしている。ここで言う霊性とは宗教心とも信仰とも言い換えることができるが，聖なるものを把握する認識能力である。この宗教的な霊性が哲学的な理性と統合されながら展開するところにヨーロッパ文化の特質が認められる。ここにヨーロッパで実現した文化総合の核心があり，アウグスティヌスはそれを実現すべく全力を傾注し，その成果はその後の歴史に計り知れない大きな影響をもたらした。しかし，この文化総合も教父時代を通して歴史とともに次第に成熟してきたのであって，彼が生きていた古代末期という時代が要請していたものであった。

　ところで，ヨーロッパ文化には三つの柱があると歴史家ドーソンは言う[*1]。

---

　　1) 　ドーソン (C. H. Dawson, 1889-1970) は，『ヨーロッパの形成』においてギリシア・ローマの古典文化，キリスト教，ゲルマン民族という三つの要素の融合によりヨーロッパが文化的生命体として形成されたことを強調している。ドーソンは，これまでの歴史家が行なってきた個々の民族的独自性の究明からヨーロッパに共通の統一文化の理解に転換し，

このことはヨーロッパ文化がヘレニズムとヘブライズムという二つの文化的源泉をもち，この両者がゲルマン民族によって統合されて，歴史的に成立していることに由来する。したがって，この三者のいずれを欠いてもヨーロッパ文化とはいえない。ここではヘレニズムの土台である古典文化とヘブライズムに立つキリスト教との接触およびその融合過程の特質を簡単に指摘しておきたい。

　古典文化とキリスト教という二文化の接触は旧約聖書の知恵文学の頃から生じ，ヘレニズム時代のギリシア語で書かれた新約聖書ではギリシア文化の影響が随所に現われ，それは使徒教父においてさらに進み，教父たちの思想では両者の総合が試みられた。事実，ギリシア文化の遺産はローマに流入して変容し，そこから間断なくキリスト教社会に受け継がれている。この間にフランク，ブルグンド，東西ゴートなどの諸ゲルマン民族がローマ帝国内に侵入しはじめ，四世紀末のフン族の来襲を契機としてローマ帝国の防御線が突破され，やがて西ローマは滅亡して古代は終焉する。この滅亡の兆しは410年西ゴート族によって「永遠の都」ローマが攻略された出来事に象徴される。こうした激動の時代こそアウグスティヌスが司教として活躍した時代であり，彼の思想によって二つの文化は思想的に総合され，その遺産を受けてゲルマン民族によるヨーロッパの形成が実現するにいたった。

　この二つの文化はどのように総合されたのか。わたしたちはまずこの点に注目しなければならない。すでにギリシア文化の遺産はローマに流入して変容し，ギリシア語とラテン語による世界文学，ローマ法の集大成，アウグストゥス以来の帝制と行政組織などが確立された。これらの文化はキリスト教社会に受け継がれ，長期にわたる迫害の時代を経てキリスト教の世界宗教としての地歩が確立された。そこで実現した文化総合の根底にはギリシア的な知性とキリスト教的な霊性との統合が明瞭にその足跡を残し

中世の歴史に残る文化的・社会的遺産からヨーロッパの統一は人種的・民族的な形成ではなく，歴史的・精神的発展の末に統一された社会的統一体であることを強調した。さらに歴史家ピレンヌ (H. Pirenne, 1862-1935) は『ヨーロッパ世界の誕生』(1937) で，ヨーロッパの社会的統一はゲルマン民族の移動によっては何ら損なわれることなく，ローマ帝国の版図は北欧において失われたが，それでもゲルマンの諸国はローマ人と積極的に融合し，経済的にも地中海貿易によって一つの世界を保った。このローマの統一を完全に破壊したのは，イスラムの進出でありポエニ戦役以後のヨーロッパ史上に起こった最も重要な出来事であった，と言う。

ている。ギリシア人の最大の文化的特質は世界を冷静に見て考察する理性的な人間「ホモ・サピエンス」(homo sapiens) に求められる。それに対し，キリスト教の場合には人格的な神に対する信仰が強調され，その人間像は「ホモ・レリギオスス」(homo religiosus) に求めることができる。この両者を統合するためにはホモ・サピエンスとホモ・レリギオススとが結ばれなければならない。したがって「理性」は「霊性」と統合されなければならない[*2]。

このようなギリシア文化とキリスト教との完全な統合はアウグスティヌスの思想において実現した。それは彼が育った家庭とアフリカ文化の中に，とりわけ回心に至る思想遍歴の中に，さらにはプラトン主義の受容と改造の仕方に現れている。

1　思想の時代拘束性

わたしたちは思想史を研究する場合に，特定の思想が一定の体系を形成する基礎となっている経験に注目する必要がある。この経験は一般に個人がおかれた文化的な状況とか比較的若いときに経験した特殊な出来事から生じる場合が多い。この基礎となる経験は多くの場合，各人が拠っている基底に対する危機の自覚であって，これまで育てられてきた世界が実に多くの問題を孕んでいることの認識である。一言でいうなら地盤の喪失を感得することにより，ここから世界も自己も問わるべきものとして現れてくる。ところで思想史を研究していると，基礎経験は同じ姿を保っていても，これに個人が関与する仕方の相違から全く異質な思想が生じている。つまり問題は同じでも，それに対する回答は全く異なっている。ここには同一の答えが出せる単純な算術は適用できない。だから思想を歴史の産物と見て，社会経済的下部構造の観念的反映であると一義的に主張することは困難で

---

2)　アウグスティヌスの初期の代表作『真の宗教』では「神の摂理と言い表しがたい慈愛によってもたらされる魂の医薬そのものも，段階と区分においてきわめて美しい。すなわち権威と理性とに配分される。権威は信仰を要請し，人間を理性へと準備する。理性は人間を知性と認識へと導くのである」とあるように，統合は「段階と区分」において「信仰」から「理性」へと発展的に捉えられた。(『真の宗教』24, 45)

ある。このように多様な形態をとって存在している思想を，どう理解すべきか問い直さなければならない。わたしは思想の多様性を世界に関わる人間の自由な主体性に求めたい。どのように世界に対し自覚的に関わるかということが決定的に重要な意義をもち，それにより思想の方向性が出てくると考えられる。したがって基礎経験で問題となるのは，世界よりも，世界に自覚的に関わる自己なのである。

　アウグスティヌスの時代は古代末期である。この時代にはローマ帝国とキリスト教との関連が最大の問題であったが，多様な思想を歴史に単純に還元することはできない。確かに時代と歴史に人は拘束されている。わたしたちは時代によって拘束され，歴史とともに変化する。しかしながら，時代に内在する問いに各人は自由に関与しながら，自己の歴史を形成することができる。それゆえ，トレルチが説くように歴史の現実と各自の思想との間に「ある秘められた結びつき」が存在する[*3]。したがって歴史を評価し記述する観点は歴史の中から把握されるため，同じ傾向を帯びている。しかし，歴史的選択の方向と客観化および叙述の方向は，現時点で行動し観察する各人の主体的な関心からのみ生まれてくる。これがトレルチの言う「現在的な文化総合」(gegenwärtige Kultursynthese) に他ならない[*4]。彼はこのような文化的な総合がキリスト教古代や中世の統一文化において実現し，新しい文化創造が結実しているけれども，近代以降ではそれが未だ実現していないと主張する[*5]。

　ここからわたしたちは，アウグスティヌスの思想が時代の諸問題に深く

　3）トレルチは『歴史主義とその諸問題』において歴史的に与えられているものの評価の基準を「現在的な文化総合」によって捉えている。彼によると歴史的なものはすべて個別的にして相対的であって，歴史の記述もそのようなものであるにしても，歴史の価値評価の基準のほうは「当の歴史過程から有機的に成長してきており，思想と現実との間には，ある秘められた結びつき，主観と客観との本質的同一性が存在する」ことから得られる (Ernst Troeltsch, GA. Bd. Ⅲ, S.183)。

　4）それゆえ超歴史的な永遠の価値基準といったものはユートピアとして否定されるようになり，歴史主義が主張された（マンハイム『歴史主義』徳永恂訳，未来社，40頁参照）。

　5）そのさい彼はヨーロッパの近代思想を17世紀後半から起こった啓蒙思想をもってはじまるとみなし，宗教改革と近代思想との間に断絶をおいているから，啓蒙思想では文化総合が解体されていると考える。したがって16世紀の宗教改革が近代に対して果たした役割はむしろ間接的なものであり，偶然的な副作用もしくは意図せざる結果に過ぎないと考える。彼は総じて近代世界が古い宗教的な束縛の破壊という仕事を徹底的な仕方でなしたが，真に文化を総合する新しい力を生み出していないとみなした。

関与しながら，きわめて個性的な思想を創造した点を理解できる。それゆえ『告白』や『三位一体』に展開する独創的な思想でも，その根底においては時代に内在する問題と密接に関連している。つまり前者はマニ教論駁に，後者は教義論争に密接に関わっている。それゆえ，彼の思想は単にその原典に即して解釈されるだけでなく，時代との相関性が絶えず考慮されなければならない。それゆえテキスト自体の「時代拘束性」(Zeitgebundenheit)も問われなければならない。つまり採り上げられたテキストは当時いったいどういう背景をもち，どういう文脈で意味をもっていたのかを考慮すべきである[*6]。

2　個人と世界との作用連関

次にわたしたちは歴史が個人と世界との作用連関から形づくられる点について考えてみたい。この連関は人間の社会的な本性によって世界と関わっていることから生じている。実際，人間の社会的本性については古代ギリシアの昔から説かれており，なかでも哲学者アリストテレスはその『政治学』で「人間は本性的に国家社会的動物（ゾーオン・ポリティコン）である」との有名な命題を提示した[*7]。

このような人間の社会的本性は，古代の奴隷制社会においても，近代の自由主義の社会においても変わっていない。変化したのは人間の本性ではなくて，共同体および社会への人間の関わり方と社会を捉える視点である。

---

6) マンハイムはマックス・シェーラーのようなカトリックの立場を批判し，それが超時間的な神の立場から文化と社会を理解しようとしていると考え，次のように言う，「シェーラーとわたしたちとの解決の相違を比喩的に言い表わすなら，わたしたちが神の目がプロセスにじっと向けられている（したがってプロセスは無意味ではない）といわば想定しているのに，シェーラーは，自分が神自身の目をもって世界を見ていることを，想定しているに違いないと言うことができる」（『知識社会学問題』秋元律郎訳，現代社会学体系8「マンハイム・シェーラー」青木書店，132頁）と。

7) アリストテレス『政治学』山本光雄訳，岩波文庫，34頁。このことばの意味するところは次の四つの点である。①個人は自足的ではなく，互いに他なしにはありえない。男と女，支配者と被支配者との共同から生きるべき定めを人はもっている。②法的に秩序づけられた国家においてのみ人は自足的になりうる。③それは動物の群居性と相違して言語と理性とにより善悪・正邪の知覚による法治国家を人は形成している。④国家は市民を完成させ秩序ある徳の生活に導くゆえに，個人に優っている。

このような変化と同時に個人と社会との関係も大きく変わり，古代社会から中世封建社会を経て近代社会に移行すると，個人の社会に対する関わり方が変貌してくる。しかし，人間の本性が社会的であることに関しては，何ら本質的な変化はみとめられない[*8]。そのさい個人は社会によって働きかけられることによって自己を形成しながら，同時に社会を構成する一員として社会に働きかけ，「創造的世界の創造的要素」[*9]となっている。ヘーゲルはこの点について「人格と人格との共同は本質的には個体の真の自由の拡大なのである」と説いた[*10]。実際，現実の自由は無制限な自己主張にはなく，人格間の相互承認によって実現している。また，そこでの自己は人倫的な精神として「わたしたち」という自他を統合する行為のなかで活動している[*11]。このような共同は具体的には共同体の三類型である家族・市民社会・国家において実現している。したがって人は社会にあって主体的に自己を形成し，社会によって拘束されながらも成長し，人格的な成熟にいたる。それゆえ個人と社会との関係はダイナミックな様相を帯びてくる。このように考えて見ると，個人と国家との関連がいかに重要であるかが理解できよう。主体的な個人は社会的な共同体との関連を通して絶えざる動的な発展もしくは没落のプロセスの中に置かれているといえよう。したがって個人はそれ自身では極めて皮相的にしか把握できず，他者との関連において初めてその存在意義を得る。それゆえ個人によって形成される思想の意義はこの連関から追求されなければならない。このことは個人を歴史に還元することを意味するものではない。むしろ個人と世界との作用連関によって創造的な世界の創造的な要素としての個人を考え直すことを意味する。

歴史家は史料に含まれている過去のデータをこの作用連関に基づいて再考する。彼は生を時間の経過に基づいて客観化していき，この経過の現実性を自覚的に高めていって歴史として把握するとき，そこにディルタイ

---

8) 金子晴勇『人間学講義』知泉書館，154-56頁参照。
9) 類似した表現として三木清の「形成的世界の形成的要素」がある。『哲学入門』岩波新書，180頁。
10) ヘーゲル「フィヒテとシェリングの哲学大系の差異」『理性の復権』山口・星野・山田訳，所収，アンヴィエル，1982，85頁。この点に関して前掲拙著152，168-69頁参照。
11) ヘーゲル『精神の現象学』上巻，金子武蔵訳，岩波書店，182頁。「われ」と「われわれ」とにより個人と社会との関連がここに示されている。

「生の国土」を把握する,と言う*12。実際,歴史的な人物の偉大さは,その活動の多様性にもかかわらず,内面的で統一的な連関を示している点にある。なぜなら信仰・哲学・教会・国家・伝統の解釈などに関する活動はすべて内的に関連し合っているからである。というのは歴史における偉人の心中には自己の使命についての高い自覚が絶えず支配しており,運命・苦悩・世事を超越し,多様な活動の中にありながらそれらを超えて統一的に世界を把握する視点と静かな落ち着いた慎重さが見られるからである。したがって「人間学的反省からすれば,いっさいは生自身の説明であり,解説である」*13といえよう。

3　思想と基礎経験

思想というものは有限な人間の試みであるかぎり,絶対的で永遠な内容をもつことは不可能である。わたしたちは世界観として開花した思想よりもそれが形成される歴史的プロセスに注意を向け続けなければならない。実際,真理は美しく魅力的に花開いた世界観に宿っているのではなく,歴史のプロセスの中に潜んでいるのある。

　先に参照したトレルチは,歴史に内在する仕方で社会を捉えており,社会の歴史的理解が主体の精神的・心的な立場といかに内面的に結びついているかを明らかにした。トレルチの時代にはマックス・シェーラーがカトリックの立場からこの問題に接近し,「知識社会学」を確立していった。彼は知識社会学を理念因子と実在因子との二元的な構成に基づいて確立した。そのさい彼は歴史に対して超時間的な神に拠っている精神の立場から

---

　　12)　「ある歴史的人物の生涯は,一つの作用連関であって,その内で個人が歴史的世界から働きかけられ,またその影響の下で自己を形成するが,また逆にこの歴史的世界へ働きを及ぼす。すなわち個人の受ける影響の生まれる場所も,逆に個人から影響を受けて形造られる当のものも,同じ世界連関という領域なのである。さて個人が歴史的世界において直面するのは,いろいろの力のけじめのない戯れなのではない,彼の生きている領域は,国家であり,宗教であり,学問である —— 一言でいえば独特な生の体系,すなわち国家,宗教,学問などの連関であるが,まさにこの事実こそ,学問的作業としての伝記を可能にするものである」(ディルタイ『歴史的理性批判への試論』細谷恒夫訳,創元社,1946年,307-8頁)。

　　13)　ディルタイ,前掲訳書,294頁。

文化と社会を理解しようとした[*14]。これに対決してマンハイムは『知識社会学の問題』(1926)で批判を加えている[*15]。シェーラーが精神と衝動との二元論に基づいて知識そのものの存立根拠を歴史を超越する精神の世界に置いたことが、マンハイムの批判の的となった[*16]。

　そこでわたしたちは思想をすでにできあがった世界観として探求するよりも、思想を歴史のプロセスの中に置いて捉えてみたい。つまり思想を歴史的な世界との関連に求め、時代との生ける関連のなかで相対化して把握すべきであろう。それによって思想そのものが生み出されてくる歴史的経験の意味が浮かび上がってくる。そこには個人が歴史において自ら親しく経験し、思想の出発点となる基礎経験が見られる。わたしたちはそこまで遡ることによって初めて思想を正しく理解できる。

　実際、個人の運命は自分が所属する社会の歴史的変動と深く関わっている。この歴史的変動はそのつど時代の危機意識を生み出している。そしてわたしたちはこの危機を理解し克服するために、危機が由来する過去全体を問わずにはいられない。こうして過去が現在との関連で、さらに未来が現在との関連で意識されるようにならざるを得ない。これこそ歴史意識であって、人間が本質的に時間的なプロセスにかかわる歴史的な本性、つまり歴史性をもっていることを明らかにする。

　このように思想と歴史との関連について考察するにさいして、先に述べた思想と基礎経験との関係が重要な意味をもっている。この基礎経験は生活の地盤や基底が崩壊する危機に直面して起こってくる。そこには自己の存立する地盤の喪失が感得され、これによって世界も自己も問題となってくる。とりわけ変革と激動の時代には、伝統として人間と社会とを支配してきた価値や権威が失墜し、その下に安定していた日常的な生活は震撼さ

---

　14) 詳しくは金子晴勇『マックス・シェーラーの人間学』創文社、343-48頁、359-64頁参照。

　15) Mannheim, Das Problem einer Soziologie des Wissens,; Archiv für Sozialw.und Sozialp., Bd.53, Heft3, 1926, S.663.『知識社会学問題』秋元律郎訳、現代社会学大系8「マンハイム・シェーラー」青木書店、132頁。「こうして歴史的概念にとって、超時間的な精神論および衝動論から出発するのは、不適切である。わたしたちにとって二つの領域は、歴史過程と結びついた不断のかつアプリオリには確定できない変化のうちにある」。なお、坂田太郎「歴史主義の立場」(阿閉吉男編『マンハイム研究』勁草書房、1958年所収) 38頁をも参照。

　16) マンハイムはシェーラーが神自身の目をもって歴史を見るのに対し、「神の目がプロセスにじっと向けられている」とみなし時代拘束性を強調している。本章7頁注の6参照。

れ，同時に人間の本性の深底があらわになり，それにかかわる宗教的な力の作用が自覚にもたらされる。文化の根源としての宗教の意義がこの時発見し直される[*17]。

このような基礎経験で問題になるのは実は世界よりも世界に自覚的にかかわる人間自身である。人間学がここに重要な役割をもつようになる。なぜなら思想が基礎経験より生じるということは，基礎経験に対する人間的反省によってはじめて自覚的に明晰なものとなるからである。そしてその経験を世界に意味あるものとして提起するため，経験が言語によって捉え直され，理性によって普遍化されて世界観としての形を整えるにいたる。人間学は経験が主体的自覚によって思想として形成される過程を捉え，思想の根底にある人間的な意義を解明するものである[*18]。

4 歴史の変動と「状況の論理」

思想は時代に内在している問いによって芽生え，これに応えようとして思考を集中することから生じてくる。このような思想の様相をヤスパースは哲学することの根源として説き，それが驚き・懐疑・限界状況として歴史上一連の動きとなって生じ，さらに今日では第四の根源として交わりの挫折体験をあげている[*19]。ここで注目したいのは思想の出発点となる基礎経験が歴史的に変化しているという指摘である。基礎経験の変化こそ思想の歴史的変化の根底に認められる事態である。そこには時代の基底に潜む危機の様式の変化が辿られるといえよう。言い換えれば古代・中世・近代・現代というふうに歴史の進行とともに思想形態の様式上の変遷が認められる。したがって思想の根底にある基底の危機に目を向ける必要がある[*20]。

---

17) この点はルターにも妥当する。「ルターに始まる宗教改革の運動は，ルター自身の個人的な宗教体験の底無しの深みから生じたと見るべきである。この体験はあらゆる政治問題と国民的情熱から遥かにかけ離れた領域であって，宗教改革は神学上の教義学的問題や教会制度，また道徳的頽廃などに起因していても，これらは人間的生と実存の内面に生じる緊張が外的に現われた屈折現象にすぎない」(金子晴勇『ルターの人間学』8頁)。

18) 三木清『人間学のマルクス的形態』(全集第3巻、8頁以下)において基礎経験と人間学とイデオロギーの関連が明解に考察されている。

19) ヤスパース『哲学入門』草柳正雄訳，新潮文庫，27-28頁参照。

20) そこにはこの基底の危機が弁証法的に発展しているプロセスを見いだすことができ

こうした基底の危機に直面すると，人間の生命の根源として宗教が新たに把握し直される。というのは宗教が問題とするのは日常的な出来事でも，またその合理的な解決でさえもなく，それは専ら人間自身の「救済」に関わっているからである。しかも，この救済は物質的，経済的，政治的，身体的，心理的，精神的な諸領域に属さないで，人間の人格的生命の深みに関わっている。わたしはこれを人間の最深の心を意味する「霊性」によって把握し直したい。というのは霊性は人間学における心の三区分である感性・理性・霊性のなかの最奥の領域に属しているからである[21]。

　人類の長い歴史の歩みにおいて宗教は独自の歴史と意義とをもっている。こうした宗教史を客観的に歴史的に研究することは重要ではあるが，元来宗教は人間の内面性に属する「霊性」に発源している。もちろん，宗教の内面性はその信仰の内的な生命の横溢によって他者や隣人に積極的に働きかけ，外に現れることを特質としている。ところが，これが近代以降の精神的な内面化の傾向を深め，いつしか個人の内的生活に閉じこもる傾向を帯びてきて，現実に無力となった。こうした傾向は近代の世俗化として新しい問題となった[22]。しかし，合理的精神によって開発されてきた近代社会の問題性がようやく鮮明になり，高度成長の神話が挫折した現在，わたしたちは伝統社会を支えてきた宗教の意義をもう一度学び直す時期にきているのではなかろうか。それは歴史の再検討を意味している。

　歴史は出来事の一回性という特徴をもっているにしても，人間の歩みである以上，独自の法則性を備えているといえよう。そのさい，歴史の経過とともに生じている歴史的状況にはある種の法則性が顕著に示されている。この法則性というのは論理法則でも自然科学的法則でもなくて，それ

る。この弁証法的な展開の一例として近代の自我の歴史がある。近代の個人は自主独立の人格として自覚され，近代社会と文化を創造してきたが，近代的な自我はいつしか変質して，エゴイストの集団となり，個人主義は個我主義に転落していった。ここから近代の主体性に潜んでいた問題性が露呈した。それゆえ自我が最初の肯定的意義を経て次の否定的意味の段階に進んでいる展開のプロセスは明瞭になる。こうして再度人間的自我の本質についての問いが顕になった。

　21）　この三つの領域と機能はパスカルの三つの秩序と同じくそれぞれ独立した作用機能をもっている。もちろんこの三者は一人の人格においては統一した秩序を形成している。しかし，宗教の特質を理解するためには霊性を感性や理性と一応は分けて考察する必要がある。金子晴勇『人間学講義』（前出）64-67頁参照。

　22）　金子晴勇『近代人の宿命とキリスト教』聖学院大学出版部，29-39頁参照。

ぞれの時点における歴史的状況の唯一性を認めた上で，なおそこでの状況の共通性のゆえに生まれているものをいう。わたしはそれを「状況（場）の論理」(logic of situation) と呼びたい。

　そこでわたしたちは，一つの事例としてアウグスティヌスの思想を採りあげて検討してみたい。彼は古代末期の思想家である。その思想的影響が後代にどれほど深くかつ広く及んだとしても，彼が置かれた状況から遊離して彼を理解してはならない。とくにトレルチが彼をキリスト教的古代の思想家として理解すべきことを強調して以来，中世や宗教改革から彼の思想を解釈することはもはや許されない。しかも古代末期の状況も多様な観点から総合的に把握しなければならない。そこには歴史上空前の規模において出現したローマ帝国の崩壊が決定的となる出来事が始まっていた。この時代は古代社会がその終末を迎えた激動期であり，これまで支配的であった政治的・経済的・文化的・宗教的・倫理的な価値体系が瓦解していった時期であった。これがアウグスティヌスの直面した歴史的な状況であって，そこに彼の基礎経験の重要な契機が潜んでいる。さらに彼が時代の諸問題に積極的に関与していた思想的営みもこの歴史的な状況から離れて抽象化されてはならない。

　もちろん，アウグスティヌスの思想が今日考察されるのは，彼が置かれた歴史的・文化的状況と現代の状況とが何らかの仕方でパラレルであるからである。ここに「状況の論理」の意義がある。

終わりに
―― アウグスティヌス時代の研究について ――

わたしがこの時代に関心をもつようになったのはギボンの名著『ローマ帝国衰亡史』を読んだことからはじまる。とくにギボンが啓蒙時代の精神によってキリスト教に対し偏った解釈をしているのではないかという疑問をいだき，ローマ史の真実な歩みを検討してみたいと感じた。その後わたしは偶然コックレンの『キリスト教と古典文化』に出会い，皇帝アウグストゥスからアウグスティヌスにいたる四百年余のローマ史をいかに理解すべきかを学んだ。とりわけ彼がギリシア文化とキリスト教という二つの原理

の関連から歴史を解釈していることに感銘を受けた。

　本書の表題「アウグスティヌスとその時代」に関する先行研究をあげておきたい。それは簡単に紹介できないほど膨大であるが，今日でも入手可能で，本書を叙述するにあたって参照したものにかぎって述べておきたい。まず初めにドーソンの優れた論文『アウグスティヌスとその時代』（服部英次郎訳，『アウグスティヌス』筑摩書房，1969，所収論文）があげられる。ここに典型的に示されているように歴史家がこの主題を扱うにふさわしい。その意味ではブラウン『アウグスティヌス伝』（出村和彦訳，教文館，2004）こそこの分野での最高峰といえる研究である。これを学問的に補う意味では Religion and Society in the Age of Saint Augustine, 1972 は重要な文献である。また彼の『古代末期の世界 —— ローマ帝国はなぜキリスト教化したか』（宮島直機訳，刀水書房，2002）はアウグスティヌスを含めた古代末期の特質を紹介した該博な概説書である[*23]。また歴史家の研究としてはマーカス『アウグスティヌス神学における歴史と社会』（宮谷宣史・土井健司訳，教文館，1998）も，また論文集 From Augustine to Gregory the Great, 1983 とともに高水準の研究である。同じく歴史家の手になる作品で近山金次『アウグスティヌスと歴史的世界』（慶応通信，1975）も国家や歴史世界についての堅実な研究である。同様に新田一郎『キリスト教とローマ帝国』（教育社，1980）も新書版ではあるがドナティスト研究では欠かせない。社会経済史からのアプローチでは古くは内田芳明『アウグスティーヌスと古代の終末』（弘文堂，1961）があり，古代社会の護教論とヴェーバー，アルトハイム，ピレンヌの歴史観を紹介している。また最近訳されたアマンの『アウグスティヌス時代の日常生活』（東丸恭子，印出忠夫訳，リトン，2001）はアウグスティヌスの著作・説教・手紙を駆使した詳しい研究で，楽しく読める文献である。思想史ではチャドウィック『アウグスティヌス』（金子晴勇訳，教文館，2004 第二版）は小著ではあるがプラトン主義とキリスト教の関係を中心に論じた入門書として優れている[*24]。

---

　23) ブラウンの影響のもとに佐藤彰一は『ポスト・ローマ期フランク史の研究』岩波書店，2000年においてアウグスティヌスに続く転換期の研究で優れた成果を収めている。

　24) 司教としての活躍についてはファン・デル・メールの大作『司教アウグスティヌス』と教育史ではマルー『アウグスティヌスと古代教育の終焉』の翻訳が望まれる。後者は知泉書館から刊行が予定されている。

終わりに

　今日わたしたちが容易に入手できる文献を紹介してみたが，わたし自身は思想史的な研究に携わってきたので，本書ではアウグスティヌスの著作活動と歴史の関係を主眼としながら，その思想の意義を再検討すべく心がけた。もちろん，上記の歴史研究をはじめとして，他にも内外の多くの歴史研究にわたしは負っていることを認めなければならない。できることならばアウグスティヌスの手紙を根本資料として研究し，そこから時代と思想との関係を徹底的に研究してみたかったのであるが，ほんの僅かしか実現できなかったことが悔やまれる。さらに，本書は資料を直接検討した専門の研究書としては徹底さを欠き，思想の全体像を紹介することに終始したため，専門研究としては物足りない点が随所に見られる点は遺憾である。

第Ⅰ章

古代末期の世界

はじめに

　古代ローマ史の頂点に立つアウグストゥス皇帝の時代からアウグスティヌスにいたる歴史はどのような区分をもち，いかなる統一的な意義をもって展開しているのであろうか。そこには古典文化によるアウグストゥスの治世とその崩壊，ローマ帝国によるキリスト教の受容，キリスト教による古典文化の更新といった注目すべき出来事が連続して起こっている。この時代の解釈はローマの側に立つか，それともキリスト教の発展に立って見るかによって大きく変わってこざるをえない。エドワード・ギボンの名著『ローマ帝国衰亡史』(The History of the Decline and Fall of the Roman Empire, 1776-88) はアントニウス朝の時代から説きおこしているが，彼によると全ローマ史（東・西ローマ史）は，アウグストゥス皇帝の時代を土台として二世紀までに確立された，広汎な領土，法律による社会の秩序から生じた政治・経済・文化の諸価値の体系を最盛期とし，ここから観察し判断することにより，それは「衰亡」(Decline and Fall) の一途をたどったと解釈された。したがってローマ世界を形成した古典文化の価値体系から歴史がもっぱら考察された。この解釈は，啓蒙主義の洗礼を受けた彼が歴史の帰趨を見定めようとして，カピトールの廃墟に立って夢見た，ローマの偉人たちの群像から発した霊感にもとづいていた[*1]。これに対しコックレンの『キリスト教と古典文化』(C.H.Cochrane Christianity and Classical Culture, 1st ed, 1939) は独創的な構想にもとづいてローマ史を解釈している[*2]。

---

　1) 『ギボン自叙伝』村上至考訳，184頁，岩波文庫，参照。
　2) コックレンはこの書物のほかに Thucydides and the Science of History を書き，オックスフォードでコリングウッドらと共に活躍し，その後トロント大学に転じた。

コックレンもギボンもともにアウグストゥスの治世から出発しており，その治世は内部に矛盾を含んでいて，いわゆる Pax Augusta は古典文化の最後的表現であるが，古典文化のもつ問題性を同じく古典文化の精神にそって復興しようとした試みであって，そのような内に含まれた矛盾のゆえに没落の運命にあった。この点では両者の解釈は同じであるが，相違点はキリスト教に対する見方に顕著に表れている。ギボンはキリスト教に対し否定的であり，そのユダヤ教的排他主義のゆえにローマの滅亡を促進したものと見るが，コックレンによればローマ帝国は自らの危急存亡に際しキリスト教を採用し，帝国の回復を計ったが，根本から更新されなかったために自らの内的論理により滅亡した。

キリスト教に対するコックレンの解釈は著しく肯定的であるが，彼はキリスト教の弁明 (apology) を意図しているのではなく，歴史の流れの中に存在し歴史を決定している「状況の論理」(the logic of the situation) を把握しようとする。歴史に内在する論理は古典文化とキリスト教という二原理の関係から把握される。彼によれば古典文化とキリスト教という原理的に異なった二領域を分離して，古典学とキリスト教学とに分ける研究態度は全くの恣意であり，出来事の実際の歩みによっても否認される。彼によるとキリスト教はギリシア・ローマ世界に影響して思想と行動との革命を生じさせた。アウグストゥスの治世と業績はギリシア文明のための安全な世界を築こうとする努力の頂点をなし，「古典的秩序の最後的にして決定的表現なる永遠性」を要求するものであるが，ローマ時代のキリスト教の歴史はこのような事業と理念に対する批判となっている。国家が生み出す神話や迷信は批判され，これらの根底にある思想やイデオロギーは「古典的自然主義」であると批判論駁されて，「第一原理の根本的改訂」(a radical revision of first principles) が要求され，その改訂の基礎として「キリストのロゴス」がたてられ，人類発展の論理の土台がすえられる[*3]。このようにローマ史にはキリスト教の影響により思想と行動との革命がもたらされたと説かれる。彼の言う状況の論理は政治史において最も顕著に示され，とくにキリスト教皇帝たちによる統治が失敗する原因がこの論理により見事に把握される。そこにはローマの最盛期から西ローマ帝国の滅亡までの

---

3) C.H. Cochrane, 前掲書, p. 2f.; 500f.

400年の政治史の流れの直中にあって，これを動かす生ける論理が探究される。こうして激変する政治史とそれにイデオロギーを提供する文化史，さらにこの両者を支える哲学・宗教史という，政治・文化・宗教の三重的構成の歴史理解が展開する。

　古代末期といわれる時代は200年以降西ローマ帝国の滅亡までの期間を言うのであるが，この時代の中心は東方のビザンツ帝国にあって，アウグスティヌスが活躍した西ローマ帝国にはなかったけれども，わたしたちがアウグスティヌスを理解する上で必要なかぎりで東方の文化を考慮していきたい。

1　西暦200年以降の政治的状況

　ギボンが「五賢帝」の時代[4]にローマは最盛期を迎えていると考えたことは当時の記録からも証言が得られる。たとえば異教のローマに好意的でなかったテルトゥリアヌス (ca160-225) でさえも「世界は日ごとによく知られ，よく耕され，開化されてゆく。到るところに道路がめぐらされ，あらゆる地方は人の知るところとなり，また国として商人のためにその扉を開かないところはない。楽しげな田畑は森林に進入し，牛や山羊の群は野獣を駆逐した。砂漠にすら種子が蒔かれ，岩山はくだかれ，沼地も干拓された。今や都市の数はかつての茅屋の数にひとしい。暗礁と浅瀬も恐しくなくなった。生命のあるところ，いずこにも建物があり，人間の住み家があり，組織のよい政府がある」[5]。このころにはローマ帝国が地中海周辺の広大な地域を政治的にも経済的にも支配し，最高潮に達したことが示されている[6]。

---

　　4)　五賢帝とはネルウァ帝（位96-98年），トラヤヌス帝（位98-117年），ハドリアヌス帝（位117-138年），アントニヌス＝ピウス帝（位138-161年），マルクス＝アウレリウス帝（位161-180年）をいう。

　　5)　Tertullianus, De anima, 30. ウォールバンク『ローマ帝国衰亡史』吉村忠典訳，岩波書店，31頁からの引用。

　　6)　ウォールバンク前掲訳書，33頁。「創意をこらした国境線に囲まれるこの巨大な地域は単一な経済的統一体をなし，若干の点を別とすれば，自己の需要をみずから満たしうるものであった。アウグストゥス（かつてのオクタヴィアヌス）が紀元前31年にアクティウム

この時代を概観すると，200年頃にローマは最盛期を迎えており，その版図は北アフリカやスコットランドに，また近東に広がっていった。たとえば現在は荒涼とした砂漠になっているアルジェリア南部のティムガト遺跡には，かつて円形劇場や図書館，哲学者の彫像が立ち並ぶローマ風の都市があった。このローマ帝国の支配者たちは人種的な偏見や宗教的な独断からは無縁であって，彼らが要求したのは文化的な画一性，つまり彼らと同じ生活様式や教養を身につけることだけであった。また，ローマ帝国の西部ではラテン語，東部ではギリシア語を話す能力が要求された。この条件を満たさない者たちは支配層に入るのを拒否された。ところが200年頃になると，総督や民衆がキリスト教徒に対して敵対的な態度をとるようになった。その原因はある執政官がキリスト教徒に対して「ローマ人の宗教を悪くいう奴等は我慢ならない」といっているところに明らかである[*7]。

　しかし，ローマ帝国の版図は時代の推移とともに少しずつ縮小していった。410年にはブリテン島が放棄され，480年にはガリア地方がフランク王国の支配下に置かれることになった。410年にゴート族がローマを攻略したことはよく知られているが，それでも古代世界が消滅したわけではなかった。このような「ローマ帝国の衰退と滅亡」は，あくまでも西ローマ帝国についていえるのであって，地中海の東部と近東では，古代世界は存続した。それゆえ，6世紀から7世紀にかけて西欧に登場してきたフランク王国にとっても，コンスタンチノープルのローマ帝国は文明の中心であった。

　240年以降，ローマ帝国は，かつて経験したこともないような激動期を迎えることになった。この240年から300年のあいだの出来事が，のちのローマ帝国のあり方を決定づけることになった。248年にはドナウ川流域でゴート連合が成立し，260年にはフランク族がライン川流域に進出してきた。ところがローマ帝国は，この危機的状況に対処する準備ができてい

の海戦でアントニウスを破ったのち帝政を樹立すると，以後帝国はほぼ二世紀半にわたって〈ローマの平和〉がもたらすあらゆる福祉を享受した。帝国の住民は外戦の恐怖と負担から解放されて，商業，工業，農業などの平和な営みに専心する事ができた。海賊はほとんど知られず，陸上ではよい道路が旅行を容易ならしめた。文化的にも政治的にも，帝国は一つの統一体をなしていた」。
　7）　ピーター・ブラウン『古代末期の世界――ローマ帝国はなぜキリスト教化したか』宮島直機訳，刀水書房，2002年，4-8頁に拠る。

なかった。245年から270年にかけて,各地で国境線が破られることになった*8。

しかし,同時にギリシア文化の伝統は200年頃には確固としたものとなり,古典教養のみならず医学,自然科学,天文学の知識が蓄積され,ヨーロッパやビザンツ帝国,イスラム諸国に広まっていった。この古典教養が新しい支配層と伝統的な支配層を結びつける役割を演じた。だからローマの政治的支配層の頂点に立つ皇帝に対し権力を抑制させる手段となったのは,支配層の共通な紐帯である古典教養であった。実際,元老院議員といえども,いつ皇帝の気まぐれで殺されるか分からなかったのであって,アウグストゥス皇帝によって築かれた政治制度といえどもその権力抑制の手段にはこの教養しかなかった。事実,帝国の支配体制が安定していたのは,古典教養を身につけた有能な役人たちの働きによっていた。古典教養は,かつての中国の科挙(官吏登用試験)と同じく,それによって皇帝の高級官僚となることができ,上層階級に通じる唯一の手段であった。それゆえ古典教養は立身出世のための手段ともなっていた。若きアウグスティヌスが父親の要望を入れて立身出世のため古典教養を身につけ,384年30歳でミラノで弁論術教師となり,さらにミラノの宮廷で有力者の支持をえて総督になることを志したのも時代の傾向であった*9。

312年にコンスタンティヌス帝がキリスト教に改宗してからは,皇帝や側近たちのあいだでキリスト教徒になる者が増えていった。こうして,324年から337年にかけて新しい支配層が登場し,4世紀にはローマ帝国の支配層がキリスト教化していくことになるが,それは彼らの改宗を容易にするような大きな変化が,すでに長期にわたって起きていたからである。

---

8) 3世紀における危機の実体に関する研究としてブラウンは Approaches to the religious crisis of the third Century, in: Religion and Society in the Age of Saint Augustine, 1972, pp.74-93において E.R.Dodds, Pagan and Christian in an Age Anxiety, 1968と W. H. C. Frend, Martyrdom and Persecution in the Early Church, 1965とを上げて考察している。

9) ブラウン,前掲訳書,26頁「教育によって古典教養を身につけ,さらに肉体を鍛えて古代の彫像のような見事な肉体をもつことが当時の人々に共通の理想であった」。古典教養が立身出世の鍵を握っており,元老院議員の家庭に生まれたアンブロシウス(229頃-397年)の例外はあっても,学者や他の教父は,アウグスティヌス同様に名もない地方の出身者であった。たとえばプロティノス(205頃-270年)は上エジプトの出身であったし,ヒエロニュムス(342頃-419年)はストリドン(スロベニアの首都リュブリアナ近郊)の出身であった。また,ヨアンネス・クリュソストモス(347頃-407年)はアンティオキアの軍人の家庭に生まれている。

2 「不安な時代」と「新しい風潮」の誕生

この時代を政治学的・経済学的に研究したロストフツェフはその『ローマ帝国の社会経済史』の最終章において人々の世界観にみられる変化を指摘し、それが「帝国の衰退の一つのきわめて大きな潜在的な要因である」と述べ、この変化をいっそう深く究明することが急務であると語った[10]。この要請を受けてドッズはマルクス・アウレリウス皇帝からコンスタンティヌス帝に至るまでの精神的変化を考察し、「この時期は物質的衰退が急降下をたどる一方、新しい宗教感情がふつふつと沸き上がっていた時代である。これを称して私は＜不安の時代＞と呼ぶ」と述べている[11]。とくにアウレリウス帝の著作にはローマの平和が終焉に達し、ペシミスティックな感情が随所に示されているという。人間が現実的な感覚を喪失し、「人間の肉体の生活はすべて夢であり狂騒である。その存在は異国の地での戦役であり逗留である」[12]。彼は自分が「必然的に悪にまといつかれている」ことを感じ、自分以外のものとなることを渇望する。そこには人間の現状に対する蔑視と肉体に対する憎悪とが蔓延し、この時代の文化に特有な病となっており、そこに内在する罪責感情に対処する内面的な宗教性としてキリスト教やグノーシス主義が台頭してきた[13]。

それゆえ、この時代には異教徒や異端者に対決する宗教論争が激しく展開し、教会では護教家たちが活躍した。中でも異端者マルキオンとエイレナイオス、異教徒のケルソスとオリゲネスとの間に起こった激しい論争が有名である。その間に先にドッズの指摘した「不安な時代」が広汎に浸透し、それを打開すべく「新しい風潮」が起こっているとブラウンは指摘する[14]。一般的に当時は伝統的な異教の考え方が支配的であって、唯一の

---

10) M.Rostovtzeff, Social and Economic History of the Roman Empire, 1926, p. 486.
11) ドッズ『不安の時代における異教とキリスト教』井谷嘉男訳、日本基督教団出版局、17頁。
12) ドッズ、前掲訳書、36頁からの引用。
13) ドッズ、前掲訳書、28, 44, 50頁参照。
14) ブラウン、前掲訳書、44頁以下。

2 「不安な時代」と「新しい風潮」の誕生

至高神が，諸州を治める総督のように支配していると信じられた。ギリシア宗教史に属するオリュンポスの神々の支配がなお続いており，その姿は彫像，貨幣，壺などに描かれていた。この神々の庇護をえるためには，決められた儀式を行う必要があって，それを怠ると災難が起こると信じられた。キリスト教徒が迫害を受けたのもこれと関係づけられ，それを怠ったので，神々の怒りが地震や飢饉，さらに外敵の侵略などを引き起こしたと考えられた。ところが170年以降になると，「新しい風潮」が生まれてきた。そこには次のような変化が生じていた。

　まず，個人の内面性を重視する思想が至るところで生じてきた。人々が外的な世界と古い伝統から切り離されて，個人の内面世界が生まれてきた。このことは「自己のうちに隠遁する」(anachorein eis heauton) というこの時代に流行った概念の分析からフェステュジェールによって立証された。その例として皇帝マルクス・アウレリウスの『自省録』，哲学者プロティノスの神秘主義，グノーシス派の哲学などがあげられる[*15]。ここには同時に，アタナシオスの『アントニオスの生涯』に見られるように，孤独な個人を内側から支える人格的な唯一神に向かう傾向が生じた。この種の神はローマの神々のように，人類全体を一括して政治的に支配するのではなくて，また世界にあまねく浸透した汎神論的な神々でもなく，個別的にかつ人格的にかかわる神であった。伝統的な宗教は，キケロの『神々の本性について』に端的に示されているように，個人の救済を直接問題にしなかった。むしろそれは，世界に行き渡っている聖なるものを宗教儀式や神聖とされる彫像・神託・神殿などに対して畏敬の念を起こさせていた[*16]。これに対してこの時代には個人的に関与する神が内面の深みから探求され，アウグスティヌスが『真の宗教』の末尾で問題にしたキケロとラクタンティウスとの宗教の定義に関する根本的な相違も生まれてきた[*17]。

---

15) Andre-Jean Festugiere, Personal Religion among the Greeks, 1954, pp.58-67.
16) キケロは言う「神々にたいする敬虔な気持ちがなくなれば，信義や人間社会の絆，さらには諸徳の中でも唯一際だつ正義の徳といったものも，おそらく消えてなくなるだろう。……神々の思慮や理知の働きによって全世界が統治され，支配されていると考える哲学者たちは穀物をはじめとする大地の産物，これらを実らせ成熟させる天候や季節のうつろい，天の運行といったものが，いずれも不死なる神々が人間に授けた恩寵にほかならないとみなす」（キケロ『神々の本性について』第1巻2節3-4，山下太郎訳「キケロ著作集」11，岩波書店6-7頁）と。
17) アウグスティヌス『真の宗教』55, 111参照。キケロ，前掲訳書，第2巻28節，72,

第Ⅰ章　古代末期の世界

　次に世界を変えるような創造的な活動が起こってきた。この文化創造はこの時代の文化的な偉業とみなすべきものであって，それによってヨーロッパ文化の根幹が形成されるようになった。こうした文化創造はアウグスティヌスの下で決定的な成果を生み出したが，すでに同じような傾向が異教徒にもキリスト教徒にも萌芽として生まれてきていた。こうした人たちは何よりも自己が大きな神の力によって活かされていると信じた。したがって3世紀から4世紀にかけてローマ帝国内で活躍した人物たちは，人格的な唯一神であれ，宇宙に偏在する神々であれ，自分をその召使と信じて，その命令に謙虚に服し，力強い行動に駆り立てられた。たとえば，殉教をも恐れずに教会組織の形成に尽力したカルタゴ司教のキプリアヌス（位248-58年），帝国の改革に熱心であったアウレリアヌス帝（位270-75年），キリスト教徒に改宗してまでもローマの再建に尽くしたコンスタンティヌス帝，ふたたび古代の神々を蘇らせて「背教者」と呼ばれたユリアヌス帝（位361-63年），さらには教父の中ではアタナシオス（296頃-373年）やヒエロニュムス（340-419年）などもそのよい例である。もちろんローマ人にとって「改宗」というのは精神的な目覚めから生じており，古典古代の教養と文化にさかのぼって再出発することを意味した。それゆえ，これはキリスト教の説く「啓示」とは全く相違していた。啓示というのは彼らにとって無教養な者がなんの努力もなしに与えられるものであり，古典教養を無視したがゆえに，哲学者たちの強い反感を呼び起こした。たとえばプロティノスによると「啓示」は理に反しており，伝統的な哲学のあり方を無視した偽りの哲学者を生み出すだけであった。また「啓示」によって改宗することは過去と決別することを意味し，それまで所属していた仲間集団とも決別することを意味した[*18]。

　したがって回心と関係がある罪の意味もこの時代には知的なものから意

邦訳134頁。「神々への信仰にかかわるあらゆる問題を注意深く再検討し，いわば＜読み直す＞ (relego) ことを行った者たちは，この＜読み直す＞行為にちなんで＜敬虔な者＞ (religiosi) と呼ばれたのである」。

　18) Noch, Conversion, The Old and the New in Religion from Alexander the Great to Augustine of Hippo, 1963, pp.254ff. 参照。ここではユスティヌス，アルノビウス，アウグスティヌスによって古代末期における回心が三つの類型に分けられる。これは時代の変化でもあって古典主義が強力な段階から，異教社会の腐敗が増大した段階を通ってキリスト教が勝利した段階を示している。「啓示」の意味についてはブラウン，前掲訳書，47頁参照。

志的なものに大きく変化した。アリストテレスがギリシア人の考えを代表して罪を述べていることを参照すると,「罪」(hamartia) とは「過失」の意味で, 過大と過小の「中」を外れて「間違って的を射る」ことである[19]。しかし, 今やこれが神に対する意志的な反逆として, しかも一般的には, 目に見えない悪魔の力に操られた結果だと考えられた。したがって人が悪に向かうのは, それだけ悪魔の力がその人のうちに強まっていることを意味した[20]。

3 キリスト教とギリシア文化

ローマ帝国には教養階級と下層民という「二つの国民」が存在していた。一方では伝統を重んじる支配層が古典古代の伝統を守っており, 他方ではそんなものに目もくれない下層民が対峙していた。この無力で軽視された人たちを2世紀末には新しく登場してきたキリスト教が捉えた。また商人や解放奴隷出身の役人, さらに教育を受けた女性なども, 世俗世界から切り離され, 孤独であって周囲の世界から隔絶されていた。キリスト教はこうした下層民のあいだに浸透していった。だが, やがては「司教が知事よりも優秀でないような町は一つもない」[21]と言われるような力を獲得し, 旧体制よりも優れた指導階級が育っており, 腐敗した指導者層の交替がなされるようになった。

この時代の変化がキリスト教の普及に大きく貢献し, 予想に反して3世紀には一挙にキリスト教会が注目されるようになり, やがて312年のコンスタンティヌス帝の改宗に至った。それゆえ257年のヴァレリアヌス帝の迫害や303年以後に続いたディオクレティアヌス帝の迫害では, キリスト教徒個人だけではなく, 教会組織も迫害の対象となった[22]。キリスト教

---

19) アリストテレス『ニコマコス倫理学』1106b25, 1135b18参照。
20) ブラウン, 前掲訳書, 44-49頁参照。
21) モンタネッリ『ローマの歴史』藤沢道郎訳, 中公文庫, 1978年, 364頁。
22) 詳しくは新田一郎『キリスト教とローマ皇帝』教育社, 98-147頁参照。なお, 迫害とローマ皇帝礼拝との関連については弓削達『ローマ皇帝礼拝とキリスト教迫害』日本基督教団出版局を参照。

も，他の諸宗教と同じく現世に対しては否定的であったが，同時に全身全霊をあげて生活を改めるように導いた。それに反し他の諸宗教は排他的な民族宗教を奉じていたが，自己以外の伝統的な神々に対しては寛容であった。

こうした変化にもかかわらず，この時代には過去の伝統が執拗によみがえってきた時代でもあった。それは「ヘレネス」（ギリシア至上主義者）と自ら呼んだ文化運動であった。こうした文化人たちは古代末期の混乱のなかで古典文化によってローマ帝国を復興しようとしたのであって，皇帝アウグストゥス以来断続的に試みられてきた運動であった。後に本章7節で詳しく論じるように，コックレンはこの運動を古典に立ち返って文化を復興する企図として特徴づけた。この運動は同時に古典古代の伝統をキリスト教会の知識人に継承させる契機にもなった。そのよい実例がプロティノスとオリゲネスであった。二人とも新プラトン主義の開祖アンモニオス・サッカスの下で学んで豊かな教養を身につけたが，一方はギリシア哲学とくにプラトン哲学の伝統を受け継いで復興させ，他方は同じ哲学によってキリスト教の教えを体系的に構築した。プロティノスの新プラトン主義は，キケロやセネカまたエピクロスなどの人生論的な哲学ではもはや生きられなくなった人々が，古典古代にまで遡って安心立命の境地に到達しようと志した宗教思想であった。プロティノスの弟子たちのなかでも，テュロスのポルフィリオス（232頃-303年頃）は広範な学識をもってキリスト教を批判し，その水準は19世紀ヨーロッパの啓蒙主義によるキリスト教批判に匹敵するといわれる。さらにその弟子ヤンブリコス（330年頃没）はコンスタンチヌス帝の甥にあたるユリアヌス帝をギリシア文化の信奉者となし，彼が「背教者」と呼ばれる道に導いた[*23]。

しかし4世紀にいたるとプロティノスの遺産がキリスト教徒によって積極的に受容され，マリウス・ウィクトリヌス，アンブロシウス，アウグスティヌスによって文化総合の試みが企てられた。この点に関しては後に再び言及する。

---

23) ウィルソン『ローマ人が見たキリスト教』三小田敏雄他訳，ヨルダン社，263頁。

4 コンスタンティヌス大帝の改宗

古代社会においてはとくに王権は神聖なものと考えられていた。民衆は王に対し畏怖の念をもっており，これによって社会はその秩序を維持していた。どの社会においても社会的な秩序は通例，特権を与えられた人物が，すなわち人間たちの最高者であると同時に神々の最下位者として崇められた国王が，神話化されることによって行われた。したがって国王は死すべきものたちの領域と不死なるものたちの領域とをつなぐ鎖であったといえよう。バビロン神話のマルドゥクはバビロン市の守護神にして同時に太陽神であったことを想起すべきである。

新しい宗教のキリスト教に改宗したコンスタンティヌス大帝は，自分のことを「新しき使徒」(neos apostolos) と称したが，同時に「新しい太陽神」(neos helios) とも称した。ここでは皇帝崇拝とキリスト崇拝との混交が行われている。当時のビザンティンはなかばキリスト教的で，なかば異教的であった。これは新しい時代を迎えていたとはいえ古い伝統的な支配形態が残存していることを示している。このことは伝統的な儀式，たとえばプロキプシス (Prokypsis) の儀式[*24]また支配者に平身低頭する「崇拝平伏」（プロスキネーシス Proskynesis）にも，さらにビザンティン軍隊の忠誠宣誓の「神，キリスト，聖霊，および皇帝陛下」の中にも明白に示されている。

こうしたキリスト教徒と異教との混交が行われたのは主として，コンスタンティノープルを第二のローマとして脚色し，第一のローマの偉大な伝統と偉大な威光に固執しようと意図したことに求められるが，この皇帝崇拝は上流階級である土地の権力者たちに向かって訴えざるをえなかった一

---

24) 「一年のある時期に，たとえばクリスマスや三国王祭の際に，高い演壇が建てられた。その高座はまずカーテンでおおい隠されたが，そのカーテンは，特徴的にも，〈雲〉という名で知られていた。次に廷吏の合図にあわせてカーテンつまり〈雲〉が開かれ，そして国民は皇帝が数え切れないロウソクの光に照らされて，そこに立っているのを見たのである。これが太陽の象徴的表現であることは全くあきらかであるが，その起源と原型は学術的にもキリスト教以前に遡りうるものであった」（スターク『宗教社会学』杉山忠平・杉田泰一訳，未来社，14頁）。

つのイデオロギーであった[25]。しかし，キリスト教の立場から見ると，皇帝を太陽王として崇拝することは多くの殉教者たちも拒否したことであり，皇帝崇拝はユスティノスの例を出すまでもなく生命をかけても拒絶された[26]。キリスト教は，ユダヤ教と同じように，人間の弱さと神の全能とを峻別するがゆえに，皇帝礼拝と和解する余地は全くなかった[27]。しかし，ローマ帝国の西部と東部の相違点としてとくに重要なのは皇帝に対する忠誠心であり，東部では皇帝に対して強い忠誠心をもつ豊かな住民が多かったのに反し，帝国の西部ではそのようなことはみられなかった。

312年にコンスタンティヌス帝がキリスト教に改宗したのは，すでに二世代まえにローマ帝国の支配層にとって，キリスト教が重要な宗教となっていたからである[28]。このことはオリゲネスの思想を見るとよく分かる。彼によるとイエスがキリスト教会を創ったのも，アウグストゥス皇帝がローマを創ったのも神の意志に沿ったことであった。したがって，キリスト教徒がギリシア哲学を受け入れ，ローマを受け入れることは神の意志であった。彼のこの思想はコンスタンティヌス帝の政治顧問カエサレア司教エウセビオスを通して政治的に実現されている。それゆえキリスト教だけがギリシア哲学のよき伝統を守り，古典古代以来の伝統的な倫理を維持できると主張した。つまり崩壊の危機に直面しているローマ帝国を救いうるのは，キリスト教の神だけだと彼らは主張した。こうして世界は今やキリスト教皇帝の時代に大きく変化することになった。

25) スターク，前掲訳書，13頁。
26) 金子晴勇『ヨーロッパの人間像』知泉書館，第3章1節「キリスト教迫害時代における＜神の像＞」49頁以下参照。
27) 詳しくは弓削達『ローマ皇帝礼拝とキリスト教徒迫害』日本基督教団出版局，1984，252頁以下参照。
28) ブルクハルトは『コンスタンティヌス大帝の時代』新井靖一訳，筑摩書房，2003年，においてギボンと同じように啓蒙思想の影響を強く受け，コンスタンティヌスに対するキリスト教の影響を退け，「諸々の現象を異教世界自体の中での内的発展として捉える」(13頁)ように一貫して解釈している。彼は言う「野心と権勢欲とが一刻の平穏の時も与えないような天才的人間においては，キリスト教と異教，意識的信仰と不信仰ということは全然問題になりえない。このような人間はじつにのその本質において無宗教なのである」(409頁)と。これに対する批判については N. H. Baynes, Constantine the Great and the Christian Church, 2ed. 1972および新田一郎『キリスト教とローマ皇帝』教育社，1980年，151-64頁参照。なお，ブルクハルトの宗教観に関しては A. v. Martin, Die Religion Jacob Burckhardts, 1947, S.17-22. および仲手川良雄『ブルクハルト史学と現代』創文社，52頁参照。

5　皇帝ユリアヌスの背教

古代ギリシア宗教の最終段階はユリアヌス帝によって代表される。ギルバート・マレーによると第一段階はゼウス以前の「原始的無知の時代」であって，プロイスによって「原蒙昧」(Urdummheit) と呼ばれている時期である。第二段階は「オリュンポス的，あるいは古典的段階」と呼ばれる。それはホメロスとヘシオドスによって語られた神話の世界であり，英雄の時代であって，これにつづく時代がイオニアの哲学である。第三段階はプラトンから新約時代にいたる「ヘレニズムの時期」であり，第四段階はわたしたちが問題としている古代末期であって，ヘレニズム世界の挫折と人間的な希望の喪失によって「自己自身の霊魂へ，人格的な神聖さの追求へ，情緒や神秘や天啓へ，罪も汚れもなく永遠に同一である彼岸の夢想の国のためにこの不完全な世界を無視することへ」と向かわせた時期である。それに続く第五段階はユリアヌスによるキリスト教に対する最後の精神的抗議を表明した時期である。それは歴史的な影響が少ないとは言え，懐古的で興味深くまた尊重に値する時期である[*29]。したがって彼は古典ギリシアの精神に立ち返ってローマの再建を試みたギリシア至上主義の代弁者であった。彼はキリスト教の教育を受けながらも，過酷なまでの宗教教育によってかえってキリスト教を憎悪するようになったが，同時に彼の叔父コンスタンティヌス帝（位306-37）やコンスタンティウス2世帝（位337-61）の治世下で目立ってきたローマの伝統的な神々に対する不敬に対し反感を抱いていた。彼が神々への犠牲奉献の愛好から反撃したのは，古典的な教養を身につけているはずの支配層が，簡単にキリスト教を受け入れていったことであった[*30]。それは皇帝たちに対する迎合から出たものにすぎなかった。彼が異教の儀式に出費を惜しまず，また神官を優遇したのは異教の神々の存在を誇示するためであった。彼は宮廷に「禁欲」を強制し，支配層の義務として神官たちを大切にし，貧民の面倒をみるように仕向けた。

---

29)　ギルバート・マレー『ギリシア宗教発展の五段階』藤田健治訳，岩波文庫，15-19頁。
30)　ウィルソン，前掲訳書，271頁。

363年にキリスト教徒はギリシア文学を教えることが禁じられるが、それは「キリスト教徒には新約聖書がある。キリスト教徒は教会でそれを教えていればよい」という考えであった。彼は363年に31歳という若さでペルシア遠征で戦死した。もし彼が長生きしていれば、ローマ帝国の支配層はキリスト教を放棄したかも知れない。

皇帝ユリアヌスの反動的な政策はローマ帝国にキリスト教の力がもはや無視できないほど大きな勢力となってきていることを実証している。この傾向に対して彼はキリスト教に対する最後の精神的抗議を断行したのであって、ローマにとって文化的根源であったギリシア精神の復興の試みでもあった。ここではギリシア文化とキリスト教との文化的な総合とは違った古典文化の復興が試みられたが、一時的な試みに終わってしまった。

6　アウグスティヌスと瀕死の世界

アウグスティヌスはコンスタンティヌス帝がキリスト教へと回心した時代を異教時代に対立するものとして「キリスト教時代」(Christiana tempora)と呼んだ。このような歴史的変化はさまざまな紆余曲折を経て徐々に実現したのであって、異教勢力は依然としてユリアヌス帝の反動に現れているように侮ることは許されなかった。ローマ帝国が自らをキリスト教的であるとみなし、またそうありたいと願ったのは事実であろう。しかしそれは皇帝が絶対的権力をもって帝国を支配しているかぎりで可能なのであって、この権力構造が揺らいでくると、たとえ315年以降コンスタンティヌス帝の兜にキリストの頭文字を彫ったローマ貨幣が現れたり、軍旗に皇帝の横顔が刺繡されていたとしても、内部崩壊をとどめることはできなかった。もちろんローマ帝国のキリスト教化は、単なる理論上の観念に過ぎないものではなかった。コンスタンティヌス帝とコンスタンス帝から、グラティアヌス帝、テオドシウス帝に至るまでローマ帝国は次第に異教から離れて、キリスト教を国家宗教として宣言するに至った。このようにローマ帝国はキリスト教に接近していき、皇帝が教会と緊密に結びついて、キリスト教会の正統信仰を擁護した。だが、それにもかかわらず、ゲルマン諸民族の侵入を防ぎきれず、帝国の崩壊を食い止めることはできなかった。

それゆえ歴史家ドーソンはこの時代の特徴を全体として「瀕死の世界」と見ており，次のように言う。

「聖アウグスティヌスは，本質的に，彼自身の時代の人である。そしてその時代というのは，歴史家たちによってはなはだしく蔑視されたものでありながら，しかもなお世界の歴史における肝要な時点の一つを画する，あのキリスト教帝国の不思議な時代なのである。この時代は，ローマの没落，すなわち500年余ものあいだ世界の栄枯盛衰を支配してきた，あの偉大な秩序の消失と新しい世界の基礎付けとをまのあたりに見た。そしてアウグスティヌスはどの皇帝・将軍・蛮族の武将にも遥かに勝って，歴史の形成者であり，古い世界から新しい世界にいたる橋梁の建設者であった」*31。

このような瀕死の状態は古代世界の終焉をさしており，すでに一時代前のキプリアヌスによっても次のように証言されている。

「今や世界自身が語って，それ自身の終末の近いことを万物の凋落をもとにして証言している。すでに衰退への下り道を辿って，その終末に近付くものは，沈む日と欠ける月のように，枯死する樹と枯渇する流れのように，力衰えることを免れない。これは世に下された宣告であり，神の審判である」*32。

また，ナジアンズスのグレゴリオスはその説教のなかで「至る所に死，至る所に悲嘆，至る所に荒廃」と叫び，「その心はすでに枯渇していた」と述べて*33，古代文明が没落するにいたった最深の秘密を吐露している。さらに，アウグスティヌスの同時代人ヒエロニュムスの手紙にも異教徒のローマ攻略に触れて「どこをみても悲痛，どこをみても悲嘆，至る所に死の面影」と心痛が披瀝されている*34。これらの証言が物語っているように，彼が活躍していた時代は，その生命力が尽き，荒廃と悲嘆の声を聞きながら崩壊していった*35。だが，彼はそのような瀕死に喘ぐ苦しみのさ

---

31) ドーソン他『アウグスティヌス』服部英次郎訳，筑摩書房，8頁。
32) キプリアヌス『デメトリアヌスに与える護教の書』第3章，ドーソン，前掲訳書，同頁からの引用。
33) グレゴリオス（ナジアンズスの）『説教』第28説教。
34) ヒエロニュムス『手紙』60，ドーソン，前掲訳書，同頁からの引用。このようなローマ帝政末期の社会的惨状はFerdinand Lot, The End of the Ancient World and the Beginnings of the Middle Ages, 1961, pp. 171-86に詳しく叙述されている。

中にあって永遠の実在の世界と神の国に眼を向けて生きる信仰を説いて止まなかった。そして，事実，彼の時代にローマも北アフリカもゴート族やヴァンダル族に蹂躙されて滅び，彼が死守した教会も消滅する運命に見舞われた。しかし，このような状況においてギリシア・ローマの古典文化とキリスト教との文化総合が彼の思想の内に実現し，その精神はやがて中世に受け継がれ，中世文化の土台となり，ヨーロッパの未来像を形成するに至った。

7　大規模な文化総合の試み

この4世紀末から5世紀初めにかけて古代末期の終末期はいわゆるキリスト教皇帝の時代であるが，ここに歴史的にもっとも注目すべきギリシア思想とキリスト教との文化総合が大規模に遂行された。この文化総合を試みた思想家としてはミラノ司教のアンブロシウス，カエサレア司教バシレイオス，アンティオキアとコンスタンティノープル司教ヨアンネス・クリュソストモス，ヒッポ司教アウグスティヌスなどがあげられる。実際アンブロシウスやアウグスティヌスのような有能な司教の働きによって西ローマ帝国に正統的なカトリック教会の教義が普及するようになった。

　ではこの時期の文化総合はいかなる内容をもっていたのであろうか。この点を明らかにするために再度コックレンの「状況の論理」を問題にしてみたい[*36]。

　35）アウグスティヌスは『神の国』Ⅱ，20の有名な箇所でこの時代の道徳的な荒廃を異教徒の快楽主義において捉えている。異教徒たちはローマの神々の非道の恥ずべき行為を模倣することによって快楽主義に陥り，国政が「最悪の破廉恥きわまる状態」にあることを少しも憂えず，ローマ帝国はいまや古代アッシリア王サルダナパルスの宮殿に比べられるほどにまで転落している。彼らの主張は次のようである。
　「国家は健在で富み栄え，勝利の栄光に輝いている。さらにいっそう幸いなことに，平和で安定している。それなのに，何をわれわれが心配することがあろうか。むしろわれわれが心配しなければならないことは，日々の浪費をまかなうだけの富を常にふやすことだ。その富によって，強者は弱者を自分に従わせるのだ。貧乏人は十分に食べるために，また金持ちの庇護の下に平穏で無為な生活を享受するために金持ちの言うことをきき，金持ちは貧乏人を隷属民とし，また自分たちの思い上がった生活に仕えさせるために彼らを酷使すべきである……」。
　36）この章の「はじめに」で簡略に彼の説を述べておいた。

7 大規模な文化総合の試み

コンスタンティヌスよりテオドシウスにいたるキリスト教徒皇帝の時代にはキリスト教を採用してローマ文化を回復させる試みが行われたが、それは見事に失敗に帰した。その原因はコックレンによるとキリスト教が単に「形式的に適用」(formal adoption) されたことによる。彼らのキリスト教受容の性格は政治的であって、実質をそのままにしておいて形式的に社会を「修築」(Renovation) しようとする試みであった。キリスト教の形式的な受容とは単なる外面的な受容にすぎず、内実は依然として古典主義に留まっていたことをいう。つまり内実はそのままにして頭だけをすげ替えたにすぎなかった。この根本的誤謬こそ失敗の真の原因であった[*37]。だがこのことはキリスト教の社会的意義とは何か、また「腐敗し堕落した世界に対する救済の教説」(アウグスティヌス) としてのキリスト教の価値は何か、という問題にわたしたちを直面させる。

それゆえ、ローマ文化の修築ではない真の改造は、キリスト教皇帝の時代のさ中に生じていた。なかでもニカイア公会議以後の教父の中でアンブロシウスは西方教会の代表的人物であり、その生い立ちにおいてローマ文化の古典的教育をうけ、行政職にたずさわる間に突然強いられて司教になっており、キリスト教の政治倫理の代弁者となった。彼の弟子のアウグスティヌスはローマ文化を支えてきた哲学を人生の根底まで遡って革新したのである。ここで初めてローマ文化の徹底的な「新生」(Regeneration) が遂行されたのである。このアウグスティヌスの哲学の特徴は次のようコックレンによってに解釈された。

① まず、アウグスティヌスがアタナシオスやバシレイオスの系譜に繋がる三位一体的なキリスト教を受容しただけでなく、古典文化の教養を備えた弁論術の教師としてこれに習熟していたがゆえに、古典文化とキリスト教との文化総合を意図し、キリスト教による古典文化の「新生」(Regeneration) という形で実現したとみなされた[*38]。

---

37) ここに失敗する論理的必然性があるとコックレンは強調している。C. H. Cochrane op. cit., pp.188, 336.
38) この見解は自明の感はあるが、やはり独自の洞察をもっている。たとえばディンクラーのごとき学者でもアウグスティヌスに流入したキリスト教は使徒パウロのそれと全く変わらないとみなし、彼に影響を与えたプラトン主義こそ時代とともに変貌したものと見ている (E. Dinkler, Die Anthropologie Augustins, S.9)。これはハルナックがアウグスティヌスをパウロ復興の代表者となした見方に支配されているからであろう。この観点からして初めて

② 次には「具現したロゴス」(the embodied logos) の重要性が指摘される。アウグスティヌスの哲学的思索の出発点は現実的な「ある，知る，意志する」(esse, nosse, velle) という生の三一構造的な理解に見られる。これによって世界を感性的世界と超感性的世界とに二分する古典主義の誤謬とその仮説的性格が暴露される。それゆえロゴスといっても世界から遊離したロゴス (the disembodied logos) ではなく，歴史に具現した御言としてのロゴスの意義が高く評価される。こうして救いがプラトン的超感性的世界への脱出にはなく，生の全体的な転換，意志の方向転換としての回心によって与えられた。これこそ「新生の根本原理」(the fundamental principle for regeneration) に他ならない。

③ さらに「キリストのロゴス」(the logos of Christ) にもとづく全く新しい論理である「発展の論理」(logic of progress) と「新生」を原理とする歴史理解が説かれている。キリストのロゴスは総じて古典主義のロゴス理解とは相違した具現したロゴスであって，これは「創造的動的原理としての三位一体」による歴史哲学を形成する原理である[*39]。

したがってアウグスティヌスによる文化総合とはキリストのロゴスによるローマ文化の聖別と新生であったというのがコックレンの見解である。ローマ帝国が権力の合法的神化によって没落の危機にあったとき，権力の源泉を見分けるのに失敗したことこそ古典主義の誤謬に他ならなかった。この誤謬と虚偽に対しキリスト教徒は「すべての力は神に由来する」と主張したが，問題はアウグスティヌスが説くごとく「権力に対する愛」(the love of power) と「愛の力」(the power of love) との対立であり，愛の力こそ「天上の平和」と同時に「愛の秩序」を形成する[*40]。この愛の秩序は

Credo Credo ut intelligam の思想的背景とその意義とが見事に把握されている。

39) C. H. Cochrane, op. cit., p.480. なぜならこのロゴスが時間，空間，物質という実存の諸条件を受け入れることにより，この諸条件は神の支配下におかれ，歴史は単に回帰するのではなく，一定の目的に向かって進展するゆえに，ここに発展の論理が成立するからである。またキリストのロゴスにより「人間の生と歴史に対する統一と分割の新しい原理」が与えられ，「神の国」と「地の国」との真の概念的意義と対立の意味が明らかに説かれる。

40) コックレンは神化 (deifcation) が生じる根拠を，人間の卓越性（アレーテー）に基づくギリシア理想主義に見いだしている。しかしここでの神化はギリシアにおける異常な潜在的能力のゆえに生じるのではなく，社会に奉仕することから神化が行われる。この点はポリビウスやリウィウスのような歴史家には共和政治の腐敗から再建しようとする神のごとくすぐれた統治者への讃美・希望・期待が見られることからも明らかである。次には法律の外面

神秘的ではあっても，神話的でも，仮説的でもない。この秩序のもと神に依存することに個人の新生と社会改革との根本原理があった。ここに人間関係の新しい出発点があり，自然的人間が次第に変えられていき霊的な人間と社会が形成され，キリスト教的知恵 (sapientia) の理想が達成される。このことはいわゆる超越ではなく，自然の成就であり，アウグストゥスが求めた「再建」(Reconstruction) ではなく，「新生」(Regeneration) と「更新」(Renewal) であった。

　この時代には古典文化とキリスト教による文化総合が実現されたのであるが，コックレンは総合される二者を原理として踏まえ歴史的な発展の相において三つの場面を捉えた。この点に彼の方法論的に優れた視点が見いだされる*41。

　このような方法にしたがって彼の構想である「再建」(Reconstruction)「修築」(Renovation)「新生」(Regeneration) という三区分が提起されている。この区分は歴史の質的な変化を正確に描いているということではなく，複雑な歴史のプロセスを解釈する上で優れた視点を提供しているといえよう。

　コックレンは歴史の根底にあるダイナミックスをロマニタス (romanitas)

的な形式主義によって権力が合法的に神化の手段となっている。これはヘレニズムの秩序の思想に基づいて事物を形相 (form) と質料 (matter) とに二分して考える思考法に由来する。これこそ事態の本質を見誤る古典主義の根本的誤謬であって，そのような二世界説は単なる仮説にすぎず，人間的思惟の産物にすぎない。こうした皇帝の神化のゆえに，テルトゥリアヌスはアウグストゥスの平和に疑念をもち，regnum caesaris regnum Diaboli と宣告した Cochrane, op. cit., p.113。

　41) この点を説明しておきたい。①まず，政治史上の出来事という客観的事実によって古代ローマの最盛期からその没落にいたるまでの時代が限定されており，それに基づいて解釈が行われた。②政治史の背後にはその精神的支柱としてイデオロギーがあるが，それは原典研究によって解明される。だが問題はイデオロギーの解釈にある。③このイデオロギーの解釈は再び政治史上の出来事とその体験から遂行される。そこには「状況の論理」が指摘される。④こうして原理的なるものが摘出され，外的政治史とイデオロギーとの連関，および歴史の流れの中で繰り返す類似現象，その蓄積による破局，その共通の前提や同じ根源が指摘される。⑤そのさい，(1)原理的なものが自らの土台（原理自体）に立ち返り，自らの力で立たんとする場合，(2)原理的なものが自己の土台に立ちながらも，他の優秀な原理を借りて来て再び立たんとする場合，(3)原理的なものが自己の土台から徹底的に変革されて，他の原理の土台のもとに立てられる場合という三つの場面が摘出される。原理的なるものとは「ローマ文化」(Romanitas) であり，原理自体もしくは土台とは古典主義 (Classicism) であり，他の原理とはキリスト教である。

つまりローマ的精神，特質，教養，習俗によって捉えている。これが歴史において政治的，文化的，宗教的内容と色彩とを帯びて，歴史の変化と転換の指標となった。アウグストゥスの治世は社会の安寧と秩序とを法的に確立し，新しい共和制を復興した試みであったが，その際のロマニタスの本質は，古典的文化の理想を実現しようとする永遠の都ローマの歴史と運命に結びつくことによって，その姿が明らかになってくる*42。だが，政治権力が皇帝に集中し，皇帝の神格化が進み，政治の腐敗を招いてしまった。そこでキリスト教徒はパウロにおいてはこの世の権力は神から与えられたものとして肯定されていたが，黙示録にいたると皇帝を敵視し，テルトゥリアヌスのような人たちはアウグストゥスの平和に疑問をもち，「皇帝の国は悪魔の国である」と宣言するにいたった。こうしたロマニタス概念の変遷と推移とがローマ史の真の内実をなすとみなされ，古代末期の歴史のダイナミックスはギリシア古典文化とキリスト教の出会いによって説明され，それが次の三つの基本的形式によって解明されている。

① 文化の復興　ローマはキリスト教に依らず，自己の文化的土台であるギリシア文化の基礎原理に立ち返って文化の復興 (reconstruction) を試みた。これはアウグストゥス皇帝の治世を模範として多くの皇帝たちが見習った試みであった。

② 文化の修築　ローマは他の優秀な原理を借りてきて文化の修築 (renovation) を行った。これはコンスタンティヌス以降のキリスト教皇帝の時代に当たる。しかし，これは単に首をすげ替えた試みにすぎなかった。

③ 文化の改造　ローマが根底からキリスト教によって生まれ変わる文化改造 (regeneration) の出来事である。これはアウグスティヌスの宗教と哲学によって生じ，中世に入ってトマス・アクィナスのキリスト教と文化との大規模な文化的統一が完成するにいたった。しかし，近世に入るとこの統一文化は解体していく運命にあった。

さて，最大の問題はロマニタスの根底的な改造と新生とはどのようにし

---

42) ロマニタスはアウグストゥスによって体現され，詩人ヴェルギリウスによって古典的理想のローマ的実現様式として明瞭な表現を与えられ，ヘレニズム的な休息や観照よりも活動と行為に強調点が移された。このヴェルギリウス主義的世界観は「この世の宗教」という特質をもち，「人間の都」の精神的基盤ともなっている。ここでロマニタスは純粋に政治的になり，民族の拘束をも超越し，万民法を制定し，ローマ的秩序を普遍的なものとして要求している。cf. C. M. Bowra, From Virgil to Milton, 1963, 33ff.

て行われたかという点である。コックレンによるとアウグスティヌスはロマニタスの教育を受け，弁論術の教師として活躍していたが，三位一体を信仰するキリスト教へと転換することによって古典文化の新生をもたらした。ここに彼の回心の意義がある。この回心はプラトン主義の回心とは本質的に相違する。古典文化では世界を知性界と感性界とに二分し，「世界から遊離したロゴス」への超越が救いとして説かれた。それに対し神の言葉の受肉に見られるロゴスは，超感性界への脱出を目ざすものではなく，生活の全面的な方向転換を生み出した。ここに「更新の根本原理」があると説かれ，この観点から「理解するために信じる」(Credo ut intelligam.) の基本主張が説かれただけでなく，全く新しい論理として「発展の論理」が生じて，「新生」を原理とする歴史観が生まれた[*43]。

このようにアウグスティヌスの哲学はキリストの受肉によるロマニタスの「新生」と「聖化」であるとみなされている。ロマニタスが権力の合法的神化によって没落の危機にあったとき，権力の源泉を見極めるのに失敗したことこそ古典主義の誤謬であった。これに対しキリスト教徒は「すべての力は神に由来する」と主張したのであるが，アウグスティヌスは「権力への愛」と「愛の権力」の対立を捉え，愛の権力こそ「天上の平和」のみならず「愛の秩序」を創出すると考えた。この秩序によってこそ個人の新生と社会の改革とは実現し，自然のままなる人間が次第に変えられ，霊的な人間と社会とが形成され，キリスト教的知恵の理想が達成される。ここに文化の「新生」が実現している。

---

43) 詳しくは金子晴勇「コックレンの歴史観」『キリスト教と文化』第1号，ICU人文科学科紀要，1964年参照。

第Ⅱ章

ポリスからキウィタスへ

はじめに

アウグスティヌスの時代は古代末期であり，その社会の特質は中世社会とも近代社会とも相違している。そこで古代社会の特質をいくつかの観点から明らかにしておきたい。また同じく古代社会に属するとはいえ，国家の概念が基本的な変化を受けていることにも留意すべきである。この点を古代の都市形態であるポリスとアウグスティヌスがあるべき姿として描いたキウィタスとの相違から解明してみたい。ポリスは都市国家とも訳されるように四方約一里，人口一万程度の都市の規模であり，アリストテレスはギリシア全土のほか異民族をも含む158のポリスについて国制誌（ポリテイア）を残したことが伝えられている[*1]。わたしたちはこのポリスの社会学的な特質をさし当たって考察し，さらに古代社会の二つの類型を問題にしてみたい。

その際，わたしたちはギボンがローマ帝国という「この巨大な構造物はそれ自身の重みに圧されてついえたのである」と示唆的に語っている点に注目したい[*2]。彼によると衰亡の原因は何かしら内在的で自然なもの，そして生じた結果と釣り合ったものであった。そこでポリスという都市国家に内在していた問題が帝国崩壊の重要な要因をなしていることが最近，ウォールバンクによって次のように指摘された。ポリスは歴史の推移とともに少数の支配階級と生産に従事した奴隷階級とに二極分化していった。つまり帝政時代にはいるとアテナイにおいて実現したようなポリス古来の民

---

1) アリストテレス『アテナイ人の国制』村川堅太郎訳，岩波文庫，300頁。
2) E. Gibbon, Decline and Fall of the Roman Empire, Vol. IV, 1897, p. 161.『ローマ帝国衰亡史』朱牟田夏雄訳，ちくま学芸文庫，5巻507頁。

主制の形態から次第に離れていって，ローマ市に倣った政治形態に移行していった。都市国家は総じて少数の市会議員によって支配される寡頭政治の形態を採り，富裕な階級が権力を掌握した。その結果，自治の欲求のためにさえも他の人々を支配しようとする傾向が醸成され，侵略的で略奪的となり，絶えざる戦争に駆り立てられた。この戦争は新しい奴隷を供給する源泉となり，奴隷制が家庭内から発展していって生産のさまざまな部門に侵入したため，生産技術の向上を抑圧し，低水準の技術を補う単なる労働力となった。このような「完全に低水準にある技術，とそれを補う奴隷制」こそローマ帝国が滅亡した内在的な原因であったと考えられる[*3]。事実，古代都市という共同体の市民の特質には，戦争そのものを自らの労働とみなし，経済的にも非合理的な征服とか略奪の手段に訴えても富の増殖を謀ろうとする傾向が強かった。このことは古代アテナイの成人が誓約を交わした文言の一部に「われは聖なる武具を辱めず，祖国を我らが継承せしときより縮小することなく，むしろ大きくかつ良くしてこれを後代に伝うべし」とあるように，戦争による領土の拡大がポリスの聖なる労働と考えられていた[*4]。

ところで，このようなポリスという政治形態とアウグスティヌスが説いたキウィタスとは社会学的に言っても全く異質な内容をもっており，ポリスという古代の国家形態とそれとは原理的に異質なキウィタスという市民集団とはどのような関係にあるかが問われなければならない。もちろん言葉としてキウィタスはポリスのラテン訳に他ならないが，そこには古代社会に典型的な姿で現れた「閉じた社会」と「開いた社会」という根本的な対立が含意されているのではなかろうか。この点に焦点を絞って考察してみよう。

---

  3) ウォールバンク『ローマ帝国衰亡史』吉村忠典訳，岩波文庫，183頁。なお，この説を含めたローマ帝国の滅亡原因に関する代表的な12学説についてチェインバーズ編『ローマ帝国の没落』弓削達訳，創文社を参照。

  4) Lycurgus, Oratio in Leocratem, 77. アリストファネス『アルカナイの人々』村川堅太郎訳，岩波文庫の解説197頁からの引用。ここからこの作品や『女の平和』に展開するアリストファネスの反戦思想が理解される。

1　古代社会の対立する二類型

古代社会は原始時代から長期にわたって発展してきており，太古以来の特質を備えもっている。そのような特質の一つとしてベルグソンが指摘した「閉じた社会」という性格に注目してみたい*5。この点について古代史家クーランジュ (Fustel de Coulanges, 1830-89) の名著『古代都市』は，古代都市の起こりを家族から都市にいたる発展過程として捉え，その上で古代社会の特質を指摘している。紀元前2000年のギリシア人の生活は半遊牧民のそれであり，血縁的な祭儀団体をなして営まれた。ホメロスの描く家庭生活の有様は夫婦・子供・召使からなり，それぞれ家庭をもちながら家族は「共同の竈」による祭儀的統一を保っていた*6。この家族宗教は家族が他の家族と混合することを禁じながらも，各家族が自分の宗教を犠牲にすることなく共通の祭祀を営むために集まることは可能であった。そこで家族が統一されて「支族」（フラトリアつまりクーリア）を結成した場合には，家族神とは別のすぐれた神を立て，支族統一の支えとした。また支族が集合して「部族」（トリブス）を形成するときも，部族が連合して「都市」（ウルブスからキウィタスまで）を構成するときも，事情は同じであって，ここからギリシアの多神教の成立が理解できる。こうして「数個の家族が支族をつくり，数個の支族が部族をなし，さらに数個の部族が都市を形成したのである。したがって，家族，支族，部族，および都市はどれも全く類似した社会で，一連の結合によって順次に上位のものの母体となったのである」*7。

この都市は国家として絶対権を行使したため，古代人は個人としての自由を全く知らなかった，とクーランジュは次のように語っている。「都市は宗教にもとづいて建設され，まるで教会のように構成されていた。都市

---

5)　ベルグソン『道徳と宗教の二源泉』平山高次訳，岩波文庫，37, 39頁。彼は民族を統合するために使われた宗教を「疑似宗教」と規定している。

6)　クーランジュ『古代都市』田辺貞之助訳，白水社，71-72頁。この統一のため「竈・墓・家督などは元来分割してはならないものであった。したがって家族も不可分であった。この不可分の家族，これこそまさしく古代の氏族であった」。

7)　クーランジュ　前掲訳書，189頁。

の力はそこに始まり，またそこから都市の全能性や市民の上におこなう絶対の主権も由来した。このような原則のうえに立てられた社会には，個人の自由はありえなかった」*8。このように古代社会においては人間としての自由はまったく認められていなかった。身体も精神も，衣服も教育も自由を奪われていた。子供も国家のものであり，国家の利益に反する人物は「貝殻追放」によって国外に放逐される予防策さえとられた。ローマでは国王になろうとの意志をもっている者を殺害できる法律さえ作られた。「国家の安寧が最高の法律である」との格言は古代社会に生まれたものである*9。宗教も国家を統制するために使用されており，すすんでは国家自身が疑似宗教の特質を帯びていた。そこには「閉じた社会」の特徴が明らかに露呈された。それゆえソクラテスは心に語りかける神を信じて疑わなかったとしても，国家公認の宗教を認めない無神論者として処刑された。古代社会においては宗教は民族を統合するために制定され認可されたものであった。

しかし，古代社会において宗教が国家によって利用されたのには理由があった。ニーチェが指摘したように，人間は本来漂泊的であり，気ままで移り気で，古代人が社会秩序を樹立することはきわめて困難であった。実際，個人を公共の理性に服させるためには，物質・利害・哲学・因習よりも強固で不変な力に頼らねばならなかった。それが信仰の力に他ならない。クーランジュによると信仰は人間の自由な発意から生じたものではあるが，超人間的な力を発揮できる*10。たとえば，アテナイは共通の神としてアテナ女神を選び，女神を祀る神殿をアクロポリスの丘に建てた。しかし，このように部族が共同の信仰をもって統合せざるを得なかったのは，

---

8) クーランジュ　前掲訳書，324頁。続けて次のように言われる。「市民はなにごとにつけても無制限に都市に服従した。そして，心身ともに都市に従属していた。国家を生んだ宗教と宗教を維持する国家とは，相扶相助の関係にあって一体をなしていた。相結合し混淆したこの二つの力は，ほとんど超人間的な勢力をもち，市民の精神と肉体とはどちらもこれに隷属していた」。

9) たとえばソクラテスはアテナイに対する犯罪者，つまり青年に対する有害な教育者にして，無神論者であるとの廉で処刑された。このことはプラトンの『ソクラテスの弁明』が詳しく報告している通りである。とくに，ここで言われている無神論というのは国家公認の宗教を認めないという意味である。

10) クーランジュは「人類は自然を征服できるが，自分の思想には奴隷のように屈従する」と述べている（前掲訳書，193頁）。

共同防御の必要という軍事的要因にあったというべきであろう。たしかに，都市国家のあいだには絶えざる闘争が繰り返され，多数の国家が割拠して対立していた。ペルシア戦争では一致団結して外敵に当たったが，やがてペロポネソス戦争が起こり，ポリスは互いに戦い，刺し交えて瓦解した。したがってポリスは防衛組織でありかつ宗教組織でもあったと言ったほうがいっそう適切であろう。そのさい他民族の征服によって大きくなっていったポリスは，征服者のみが市民権を獲得したのに対し，他方経済的理由で拡大していったポリスは，全市民によるデモクラシーに向かった。前者の代表がスパルタであり，後者の代表がアテナイであった。だが，後者はむしろ例外であり，主たる傾向は前者の形態であった。歴史的には，少数の市民による貴族政体から僭主政体を経てデモクラシーに移行していった[11]。また，征服によって市民権を得た少数者は被征服民を奴隷とし，経済的有力者は破産者を奴隷にした。このような奴隷制に立ったギリシアの政治は少数の自由な市民権をもった者だけが国政に参加するという特質をもち，デモクラシーもかかる市民の間で実現したにすぎない。

次にわたしたちはもう一つの古代社会の形態であるイスラエル世界に注目したい。そこでの民族の成立となる部族連合には，ギリシアのポリスと同じく軍事的要因が重要となっているには違いないが，新しい唯一神をたてて部族が連合したのは，強力な神による以外には生存の余地がなかったからである。そこで，この点を考察してみたい。

宗教による部族連合はギリシアのみならず，イスラエル民族の成立においても認められる。モーセによるシナイ契約の記事は歴史以前の伝承にすぎないとしても，ヨシュアによるシケムの契約は，シナイ契約の更新という形式をとっているが，歴史性は高いといえよう[12]。そのさいイスラエルも古代社会と同様に家族から氏族，氏族から部族へ拡大してきたが，エジプトから逃れてきた部族とイスラエルの地に残留していた農民で土地所有者の部族とが契約を交わして民族を結成した。ヨシュア記では部族がすでに諸都市と村々からなっていた[13]。このパレスティナの山地に広がっ

---

11) 僭主 (turannos) とは「賢明で力ある指導者」の意味である。
12) それは，古代エジプトの支配から逃れて，被支配部族が「宗教連合」(誓約共同体 Amphiktyonie, Eidgenossenschaft) によって防衛組織を造りあげたことを意味している。これに関して関根正雄『イスラエル宗教文化史』岩波書店，45頁以下を参照。

た小家畜飼育者からなる部族は，士師，裁き司といったカリスマ的指導者により導かれていた。そこにダビデのような強力な王の出現によって12部族の国民的統一が達成され，部族連合が国家として実現するようになり，都市エルサレムの支配が確立された。その後，国家的危機と苦難の時に登場した預言者たちの活動によって唯一神への信仰はイスラエル民族の枠を超える全世界を支配する神にまで高まり，契約は地上の部族間の取り決めをはるかに超えて神と人との永遠の関係にまで達した。ここに部族間に交わされた「契約」が思想的に深化されて「開いた社会」を結実させている[*14]。

2 「閉じた社会」から「開いた社会」へ

古代社会は地縁的・血縁的共同社会から成立している以上，本質的に「閉じた社会」であるが，ギリシア哲学とそこから生まれた社会思想は閉じた社会として成立したポリスの崩壊に直面して普遍的な理性の観点からポリスの再建を目ざし，その結果開いた社会への方向をとるようになった。とくに，国家権力に迎合的であったソフィストと対決したソクラテスは対話活動を通して正しい理性的営みによって国家的悲劇を回避しようと努めた。この精神はプラトンの国家哲学を生み，普遍的理性の視点から「開いた社会」への道を拓いた[*15]。さらにアリストテレスの時代になるとアレキサンドロス大王によりポリスからヘレニズム世界に移り，キケロの「世界市民」の倫理が説かれた。

---

13) ウェーバー (M. Weber, 1862-1920) はこの連合を「祭祀共同体」として捉え，ヤハウエの熱心な担い手であった「小家畜飼育者」（デーリーム）が農民の氏族を巻き込みながらそのなかに入っていく過程として理解している。彼は『古代ユダヤ教』のなかでイスラエル民族を他の古代民族と比較して，それがパーリア民族（Pariavolk 賎民）の性格をもち，周囲の世界から遮断された客人民族であったが，現実の世界秩序は神の救済の約束によって変革されると信じていたことから，「古代ユダヤ人の生活態度は，政治的および社会的革命が将来神の指導のもとにおこなわれる，というこうした観念によって，すみずみまで規定されていた」（ウェーバー『古代ユダヤ教』内田芳明訳，みすず書房，6頁）。

14) ベルグソンは預言者の思想の内に「開かれた社会」を把握した。前掲訳書，293-98頁参照。

15) ただしポパーは『開いた社会とその敵』において全体主義の思想史的根源をプラトンにおいても捉え，プラトンをその国家主義のゆえに批判した。

ポリスはクレーロス（Kleros「籤」という名の分割所有地）からなり，初めは少数の貴族がそれを所有していたが，農民もそれに加わり，デモクラシーが普及していった。さらにペルシア戦争以後には土地をもたない人にも市民権が与えられて，ソフィストの活躍した啓蒙時代となり，それを批判してソクラテスが，続いてプラトンが登場した。

プラトンとアリストテレスの国家学説　　プラトンはソクラテスの教えに従って国家哲学を確立した[*16]。彼は『国家』において人間の最高の徳である「正義」について論じている。正義は普通には政治的な徳であったのに彼によって魂の内なる正義の根源から探求された[*17]。しかも彼の関心は魂を理論的に解明するのではなく，むしろ実践に向けて教育することにあった[*18]。つまり，プラトンは国家に役立つ有為な魂の育成を究極目的とした。そのさい，彼は「哲学的問答法」により「真実に有るもの」を探求し，理性的に国家の在り方を考察した。それゆえ，ギリシア神話に基づく国家の建設は無意味であるとみなし，神話よりいっそう優れた根拠として「善のイデア」をたて，このイデアにしたがって国家と社会とは変革されるべきであると説いた。こうして普遍的理性また神的イデアの根源から「開いた社会」への思索が展開している。実際，国家に普遍的で理性的な選択への決断を促したことが，プラトンの『国家』最大にして革命的な原理である[*19]。このことは同時に古代社会の「閉じた社会」としての

16）　ソクラテスのソフィスト批判はソフィストの弁論術がときに弱論強弁の論争術に陥り，詭弁術となって弱肉強食の権力主義に仕える態度に向けられている。それに対しソクラテスは「大切にしなければならないのは，ただ生きるということではなくて，よく生きるということなのだ」との原則に立って，死を賭けても「よく生きる」善の実現に努力した。死に臨んで彼は「人間にとって最大の価値をもつものは，徳であり，なかでも正義であり，合法性であり，国法である」（プラトン『クリトン』田中美知太郎訳，新潮文庫，98頁）と語っている。この精神からプラトンの国家学説は誕生した。

17）　したがって，彼は「国家」を問題にしても法律（立法論）・政治の技術・政治情勢の分析等には関心を示していないし，特定のポリスとも地域ともまた種族とも関係がない。

18）　だから，イェーガーは「国家と社会の解明においてプラトンはギリシアのパイデイアの永続的で本質的前提の一つを哲学的に説明している」と語っている（W.Jaeger, Paideia. The Idea of Greek Culture, vol. II, p. 199.）・パイデイア (Paideia) とは教育・教養から文化一般をも意味する。また，大がかりに展開している政治の類型も魂の様々な態度やタイプの表現として解釈されている。また正義とは何かという大問題も魂の内的な構成に関する理論に向かっている。プラトンの究極の関心は実にこの魂であって，国家も魂の拡大されたものとして解釈された。

現実を普遍的な理性の立場から批判的に超克し、「開いた社会」に向かうことを意味した。

　アリストテレスはプラトンのイデア論を批判し、現実の生成するプロセスのなかにイデアが形成されている点を力説した。彼は経験的事実の研究を重んじる現実的性格の持ち主であって高い理想をかかげるよりも、目前に迫ったポリスの崩壊の現実を直視するように強いられていた。時代は急激に変化していた。彼にとって倫理学はポリスの構成員としての善い性格を形成する学問である。「まことに、善は個人にとっても国家にとっても同じであるにしても、国家社会（ポリス）の善を実現し保全することのほうが、まさしくより大きく、より究極的であると見られる。けだし、単なる個人にとってもその善の実現は好ましいが、種族や国家社会にとってはその善の実現は、個人の場合以上にうるわしく神的だからである」[20]。というのは、人間は個人としては自足的でなく、共同体（コイノニア）においてのみ真に自己の本性的なよい生き方の完成に達し、共同体も家・村・都市と発展し、都市国家（ポリス）において完成するからである。このように人間が共同体を形成して生きるものであることは『政治学』の冒頭から「人間は本性的に国家社会的動物である」と説かれている[21]。アリストテレスは現実の国家形態を統治者の数によって三つに分けた上で、最善な形態を探求し、その権力が支配者の利益のために行使された場合の頽落形態を問題にした。

　キケロの国家学説　　ヘレニズム時代に活躍したキケロの思想はこの時代に栄えたストア哲学の影響のもとに形成された。ストア哲学の開祖ゼノンはアレキサンドロス大王に始まる世界主義的国家という理想を掲げて、個々の民族国家の形態を超えた全人類的世界国家が一つの神的ロゴスによって支配され、法と生活および秩序もすべて一つにすべきであると説いた。この人類に共通な法という考えにより「世界国家」(polis tou kosmou)、および「世界市民」(kosmopolites) に立った思想が成立した。また、クリュシッポスは「種子的ロゴス」(logoi spermatikoi) 説によって人間が神の法を

---

19)　カッシーラー『国家の神話』宮田光雄訳、創文社、92頁。
20)　アリストテレス『ニコマコス倫理学』（上）高田三郎訳、岩波文庫、17頁。
21)　アリストテレス『政治学』1253a、山本光男訳、岩波文庫、35頁。

本性的に分けもっていると説いた。ここからローマの万民法が「自然法」(lex naturalis) もしくは，「共通の生得観念」(notiones innatae) によって基礎づけられた[*22]。これによってキケロは狭いポリスから個人を解放し，人間性の自由と平等とを高らかに歌っているが，内的な思想の領域での心情的な自由のみが力説されており，人間の力の及ばない社会・政治・制度に対しては，これを変革するというよりも，運命として受容するように説いた[*23]。このようにしてキケロは世界市民の立場に立って「閉じた社会」であったポリスから個人を解放し，普遍的理性と汎神論的神によって宇宙大に開かれた展望をもっていたが，現実には心情の世界に逃避する単なる理想主義に後退せざるを得なかった。

イエスの「神の国」思想　ギリシア・ローマの多神論とは相違してイスラエル民族の場合にはヤハウェという唯一神による宗教連合が結成されたため，現実の民族と国家とが超越神によって審判される思想が預言者たちによって説かれた。ここから民族を超えた超越的な「開かれた社会」が誕生している。この預言者の系列に属するものとしてイエスが登場し，「神の国」という新しい人格共同体を創造した。アウグスティヌスのキウィタスはここに由来する。

イエスの「神の国」運動は，メシヤ（ヘブライ語で「油を注がれた者」の意，ギリシア語では「キリスト＝救い主」と訳される）待望の政治運動と誤解されたが，そこでの「国」（バシレイア）は地縁血縁的なものでも，政治的な運動でもなく，どこまでも純粋に宗教的な運動であった[*24]。

キリスト教は宗教の衣を纏ったプロレタリア運動とか奴隷の蜂起といったものではなく，また時代の社会情勢に直接その起源をもたず，むしろ古代の宗教運動全体から理解されるべきである。それはイエスの説教と新教

22）この自然法は一般には次のように規定されている。①他人を害してはならない，②誠実に生活しなければならない，③各人にそれぞれの分を得させなければならない。

23）したがって「それはただ世界に浮浪する知性人をその浮浪のままに安住せしめる心術に他ならなかった。しかもこの安住さえも，孤立した個人の自律と自由を原則とするストア本来の立場ではついに得られなくなって，この原則を放棄し，その＜世界の国＞は一先ず超自然的恩寵の支配する＜神の国＞(civitas Dei) に席を譲らねばならなかった」（出隆『ギリシャの哲学と政治』岩波書店，383頁）と批判された。

24）この点に関してトレルチ『キリスト教社会哲学の諸時代・諸類型』住谷一彦他訳（トレルチ著作集7，ヨルダン社）188頁を参照。

団の形成から確証される事実である*25。さらに，国家にとって重要な問題である奴隷について言うと，奴隷たちが教会内で盛んに活躍してはいても，そこに社会改革的な性格は見られず，彼らがそこで兄弟としての承認を進んで求め，それを得たことが知られる*26。

なお，初代教会の共産的生活についても特別な政策がそこにあったわけではない。聖書には「信じた人々の群れは心も思いも一つにし，一人として持ち物を自分のものだと言う者はなく，すべてを共有していた。……信者の中には，一人も貧しい人がいなかった。土地や家を持っている人が皆，それを売っては代金を持ち寄り，使徒たちの足下に置き，その金は必要に応じて，おのおのに分配されたからである」（使徒言行録4・32-35）と記されている。この生活形態を他の共産主義と区別してトレルチは「宗教的愛の共産主義」と呼んでいる*27。それゆえキリスト教の社会的な意義は「キリスト教のお陰で，人間が人間としてすべて自由であり，精神の自由が人間の最も固有の本性をなすものであるという意識に達した」*28というヘーゲルの言葉によって要約されているといえよう。

---

25) トレルチによると次のような五つの事実が認められる。①イエスは基本的に虐げられた人たちや貧しい人たちに語りかけた。②イエスは富を魂にとって危険なものとみなし，またユダヤの祭司貴族たちと支配的な神学者たちに敵対した。③初代教会は信徒を都市の身分の低い層に基本的に求めていき，事実，見いだした。④2世紀になってようやく教養と資産のある上層の人たちが信徒に加わりはじめた。⑤上記の加入はひどい摩擦を起こさないで行われた。これとは別に三つの基本的事実をもトレルチは確認できると主張している。すなわち，①新約聖書と初代教会の文献は社会問題を提起することを何も知らない。②中心的関心は魂の救い・宗教・死後の生活・純粋な礼拝・正しい共同体の組織・信仰の真理についての実践的証明・聖性についての根本原則の確立である。③初めから階級の相違はなく，それは永遠の救いと内面性のなかで消えている。（『古代キリスト教の社会教説』高野晃兆・帆苅猛訳，教文館，36頁）。

26) 当時は大規模の戦争がなく平和が続き，また経済的にもあまり悲惨ではなかった。そのため奴隷市場は枯渇し，奴隷の数も減少していたので，蜂起や一揆も起こっていない。実際，教団内の奴隷は主人に仕えるというよりは，その代理人であった。教会は奴隷の自立化を無視しなかったが，解放よりも服従を勧めていることによって知られるように，宗教的な純粋さが重んじられ社会政策への無関心さが示されている。

27) これはイエスの生存中には組織されず，彼を追憶する共同体の中から形成されている。そこには社会的な民族の復興運動は見られず，財の共有を愛の表現とみなす，愛の共産主義である（トレルチ，前掲訳書，76-77頁参照）。

28) ヘーゲル『歴史哲学』（上）武市健人訳，岩波文庫，78頁。

3　アウグスティヌス時代の社会構造

　古代社会の国家学説との関連でアウグスティヌスが説いたキウィタス学説はどのような意義をもっているのか。ローマ社会全体の構造は考察するにはあまりに困難であるがゆえに、ここではアウグスティヌスの生活に即していくつかの点を考えてみたい。古代社会成立のときに述べた民族の土台となった「支族」はクリアまたはクリアーレスと呼ばれていたが、これは時代とともにその内実が変化していった。それはアウグスティヌスの父パトリキウスが従事した市参事会員と同じ名称であったが、その内容は全く相違していた[*29]。

　ローマの行政長官を経てミラノの司教となったアンブロシウスが貴族という高い社会層の出身であったのに対して、アウグスティヌスは没落しつつある中産社会層から出発した。彼の父は小土地所有者であったために収税請負人たる都市参事会員クリアーレス（curiales＝市会議員）の職に就いていた。経済的に疲弊した町の状態は惨憺たるものであったらしく、そこで徴税に携わることは耐えられないほどの苦しみを経験したに違いない。また、彼の家族名アウレリウスはその祖先が212年の有名なカラカラの勅令によってローマ人に帰化したことを推定させるもので、この勅令のことは『神の国』で意義あるものと解釈されている。北アフリカのローマ化はその先祖の家名のラテン語への変更にも現れているが、その出自がヌミディアのバーバリ族に属していたことを示している。しかし、ローマへの帰化人たちはやがてラテン語を母国語とするアフリカのローマ人として法律的にも文化的にも認められた（『神の国』V, 17-20参照）。したがってこうした条件は当時の社会ではいくつかの出世の可能性を秘めていた[*30]。そ

　29）　アウグスティヌスの出身である都市参事会員（クレアーレス）は、4世紀においては所属する都市とその領域の税の査定と収税の責任を負担し、帝国駅逓勤務、軍の必需品調達などの賦役を負わされていた。内田芳明『アウグスティヌスと古代の終末』弘文堂、46-54頁による。

　30）　この階級は帝政ローマの自治都市の栄誉ある地位であったが3世紀の動乱の後には国家権力により自治組織の排除、世襲身分化、国家財政の局地収税の責任を負う機関となっていき、アウグスティヌスの時代には、古代末期の経済社会的苦悩を表現するものとなった。

れゆえ異教徒であった彼の父はその息子を立身出世させるため多大の犠牲を払っても教育しようとした。それは同時にこの悲惨な階級から脱出させるためでもあった。というのはローマからの租税や賦役の増加が通達されるとクリアーレスは農民にその負担を転嫁できない場合が生じてきて、それが耐え難い重圧となったからである。これが経済的な困窮を生み、アウグスティヌスの父は『告白』に記されているように、その息子の教育費を調達できず、タガステの大土地所有者ロマニアヌスの経済的な援助に頼らざるをえなかった。このことはアフリカが富んでいたのはその一部富豪に過ぎなかったことだけでなく、社会構造が大きく変化していくことをも示している。

このクリアーレスは4世紀に入ると徴税の組織的効果を上げるために、官僚の統制下に置かれ、身分を世襲化する措置が取られ、任務を遂行するように監視された。こうして土地に縛られた状態から脱出することが困難となり、僅かに教師・医者・聖職の道だけが残されることになった。そうでない場合には下層階級である小作人 (coloni) へと転落せざるをえなかった。こうして小土地所有者であった都市のクリアーレスは没落していき、それに替わって私的大土地所有階級からなる社会へと移っていった。その結果、国家官僚からクリアーレスへ、さらにそこから小作人へ繋がる三重の社会構造から私的な大土地所有へ、さらには荘園制へと移行しはじめる。これがクリアーレスの最終段階であった[*31]。

これに加えてもう一つ大きな変化を見逃すわけにはいかない。クリアーレスの身分から脱出し、高級官僚の道を目ざしていたアウグスティヌスにはミラノ滞在の時期（384年秋-387年秋）に大いなる転換が待ち受けていた。それまで彼は異教徒であった父の願いにしたがい古代文化の伝統に根を下ろした社会的栄達の道を歩んでおり、その実現も間近に迫っていると思われた。しかし、時代はすでに大きく変わりはじめており、キリスト教の勢力は新しい時代を創造しはじめていた。この変化はミラノではアンブ

内田芳明、前掲書、46頁参照。

31) ローマ帝国末期にはグルンドヘルシャフト（領主制荘園制）の基礎が創られ始めており、ドプッシュはアフリカでその兆しがあった点を指摘している。『ヨーロッパ文化の経済的社会的基礎』創文社、野崎直治他訳、356-59頁参照。この点に関して内田芳明、前掲書53頁をも参照。なお、ウェーバー『古代社会経済史』渡辺金一・弓削達訳、東洋経済新報社、478-80頁も参照。

ロシウスによって象徴されていた。彼はローマ帝国の地方長官から転じてミラノの司教となった人である。アウグスティヌスはこの人物と出会い、異教からキリスト教への一大転換を強いられた。彼は社会的栄達の道を放棄し、信仰の道を歩み始めた。

　キリスト教会も国家公認の宗教として社会的地盤を強固にしはじめており、新しい時代の趨勢に対応して、自己の発展の基礎をこの新しい社会構成との結合に置くようになった。アンブロシウスの例に示されているように高級官僚から司教への転身が起こっただけではない。アウグスティヌスの友人のマルケリヌスのように高級官僚自身がキリスト教徒となって教会のために尽力した。なお、官僚ばかりではなく、貴族や大土地所有者も教会に加わり、アウグスティヌスが司教となったとき尽力したように、教会はアフリカに移住してきた貴族たちを保護するように努めた。こうしてローマ帝国が衰退していく間に、貴族と教会は提携して互いに保全を図り、帝国の二つの相続者となった。彼らはゲルマン民族によって帝国が蹂躙されたとき、弱体化した国家権力に替わって住民を保護する役割をも果たした。農民は土地と地主に縛り付けられ、農奴化し、職人は世襲の絆に繋がれていた。これに対し彼ら小領主や土豪が地方の治安をはかり、国家に対する対抗力を強め、ついに国家が無数の封土にまで分解するようになった。このため人々の間には法も権利もなくなり、大衆は領主の意のままに支配された。そこには職業や住居を変える権利すらなかった[*32]。このような帝政の終末期にアウグスティヌスは司教として活躍したのである。

4　アウグスティヌスのキウィタス学説

わたしたちはまずアウグスティヌスの『神の国』に集約的に述べられているキウィタス学説の特質について考えてみよう。「キウィタス」(civitas) という概念はポリスのラテン語訳であり、「国」とか「都市」を意味している。この語は「普通には＜市民たること＞、＜市民権＞を意味し、それにより都市、さらに国の意義に用いられた」[*33]。しかし、それは同時に

---

32) モンタネッリ『ローマの歴史』藤沢道郎訳、中公文庫、381-82頁参照。
33) 石原謙『中世キリスト教研究』岩波書店、163頁および近山金次『アウグスティヌス

「社会」(societas) を意味し,「団体」「集団」「交わり」とも訳すことができる*34。『神の国』で繰り返し説かれているように,彼はこの概念をプラトンの普遍的な理想国家よりもキケロの「世界市民」の思想から学んだ。というのは前者がギリシアの都市国家を基盤に国家論を展開していたのに,後者はローマ帝国を背景にして論じているからである。

アウグスティヌスはカルタゴで教育を受けた16歳の青年時代にキケロの『ホルテンシウス』を読み,哲学への知的回心を経験したことからも知られるように,プラトンではなくキケロの影響を受けた。したがってそのキウィタス学説もキケロの影響のほうが大きいといわねばならない。彼はキケロによって記されたスキピオの国家の定義を挙げて,「国家 (res publica) とは国民のもの (res populi) であるという。そして国民とは,多数者の結合体ではなく,法による利害と共通性とによって結び合わされた結合体であると規定されている」(『神の国』XXI, 2) と言う。また「民とは法の合意と利益の共有によって結び合わされた多数者の集団である,と彼〔キケロ〕は定義している」(同XIX, 21) とも言う。したがって,国家は「法の合意」と「利益の共有」なしには成立しないことになるが,キウィタスの方は,国家よりも規模の小さい都市の市民的共同体を指している。法の合意とは,それによって民が正義の実行をめざすことを含意している。それゆえ正義なしには共同体は存立しがたく,「正義なき王国は大盗賊団である」(同IV, 4)との有名な言葉が発せられる。そこには小集団が王国を形成してゆくプロセスも説明されている*35。つまり小集団が「都市」を占領

と歴史的世界』慶応通信, 13-16頁参照。キウィタスの社会学的な概念に関するさらに詳しい研究としては M. Ruokanen, Theology of social Life in Augustine's De civitate Dei, 1993, p. 76-111が,簡潔な叙述としては Augustine through the Ages. An Encyclopedia, ed A. D. Fitzgerald, 1999の civitas Dei があげられる。

34) 「キヴィタスとソキエタス」(civitas societasque)「キヴィタスとは社会である」(civitas, hoc est societas. ── 『神の国』XV, 20)。なおキケロの国家学説との関連について M. Ruokanen, op.cit., p. 121-30参照。

35) 「こういうわけであるから,正義が欠けていれば,王国は大盗賊団以外の何であるか。というのは,盗賊団も小さな王国以外の何であるのか。盗賊団も人間の小集団であって,親分の命令によって支配され,仲間同志の協定にしばられ,分捕り品は一定の原則にしたがって分けられる。もしこの悪〔人の集団〕がならず者の加入により大きくなり,場所を確保し,居所を定め,都市 (civitates) を占領し,諸民族を服従させるようになると,一層歴然と王国 (regnum) という名称を獲得することになる。この王国という名称は欲望を取り去ることによってではなく,罰を受けないことが度重なることによって,いまや公然と〔世の中に〕認められるのである。事実アレキサンドロス大王に捕らえられた或る海賊は,大王に対し優

し，拡大していき「王国」に，最終的には「帝国」にまで達すると語られている。この都市がキウィタスであるが，ローマ帝国の時代には，国が空前の大規模な形態となったため，キウィタスから都市国家ポリスの意味が消失し，共同社会を含意するものとなった。したがってそれはポリスのような場所を暗示していても，現実の都市から離れて，特定の場所と空間に縛られない「市民共同体」という普遍性をもつにいたった。それは「法の合意と利益の共有」のような共通の意志によって支配を遂行する共同体である。「キウィタスというものは何らかの共同の紐帯 (societatis vinculum) で結ばれた人間の集団に他ならない」（同XV, 8, 2）。この紐帯は「家族」(familia) が大きくなって「民」となったとき，「共同」(societas) や「共有」(communio) としてキウィタスを強固にし，「共同社会」(Gemeinschaft) を形成している。それは血縁的・地縁的原始共同体よりも規模においては大きいが，土地や民族から離れた「結合意志」（テンニエス）を共通の本質とする市民の共同体を意味する[*36]。「なぜなら，キウィタスの生活は確かに社会的であるから」（同XIX, 17）。

このようなキウィタスの社会学的考察は主としてキケロに従っているが，アウグスティヌスはキリスト教思想の立場から新しい思想内容を加えながら独自のキウィタス学説を確立する。その主たる特質を次に挙げてみよう。

（1）集団形成の根源は人間の本性的な社会的存在に求められる。それは神の戒めが与えられる以前の創造の始原から説き起こされる。「人間は一人のものとして造られたが，けっして独りのままに放置されなかった。というのも，人類ほど争い好きという悪徳をもち，かつ社会的という本性をもつものは他にいないから」（同XII, 28, 1）。人は一人のものから造られたがゆえに，本性を一つにして共通しており，この一致が「親近さの感情」（『神の国』XII, 22）により強められ，さらに創世記に記されているように

雅にかつ真実に，次のように答えたのである。すなわち，王がこの男に向かって，どうゆう了見でお前は海を荒らし回っているのかと尋ねたところ，その男はなんら憚ることなく豪語した，『あなたが全世界を荒らし回っているのと同じ了見です，わたしはそれをちっぽけな船舶でしているから海賊と呼ばれているのですが，あなたは大艦隊でやっているから，皇帝(imperator) と呼ばれているのです』と」（同 IV, 4）。

36) テンニエス『ゲマインシャフトとゲゼルシャフト』（上）杉乃原寿一訳，岩波文庫，34; 164頁参照。

女も男から造られたがゆえに，男女の対立よりも根源の一つなることから結合と和合とが生じる，と説かれている。こうして人間の自然の本性が他者との共同によって社会を形成しながら生きるのは，創造者の意志である，と考えた。それゆえ人間の本性的な社会性というのはアリストテレスのゾーオン・ポリティコン（ポリス的動物）に近いとしても，そこには「本来的に政治的なものと古代的なものとが消え失せており，人類は本性から社交的なものであるとみなす理解は注目に値する」[*37]。したがってキウィタスは「都市」や「国家」よりも人間本性の社会的性格に発源しており，「社会」「社交」「交わり」を意味する。しかし，これも現実には人間の性格によって対立して現れている。

（2）このように人類が最初に一人のアダムから造られたことは人類に統一性を付与している。しかし，一人であるという個人性が自己中心的になり，人類の統一性と社会性に対立する場合には，神の意志に反するものとなり，次のように批判されている。「この二種の愛の一方は清く，他方は汚れ，一方は社会的，他方は個人的である。また一方は天上の社会のため共同体の利益を求め，他方は高ぶれる支配のため共同体の財を私物化している」（『創世記逐語講解』XI, 15, 20）。それゆえ，この種の個人性は社会と共同体とに対立し，神に反逆する意志たる「自己愛」に染まっている。先に社会的結合が「共通の紐帯」（それは前述のように「法の合意」と「利益の共有」からなる）に基づいている，と説かれていたが，人々を究極的に結び付けているものは結合意志たる「愛」であり，この愛は，共同体の中心にいる神との関係において二つの対立する性格規定，つまり「神への愛」(amor Dei) と「自己への愛」(amor sui) とに分けられる。

（3）キウィタスはこの対立する二つの愛によって現実には性格づけられ，「神の国」(civitas Dei) と「地の国」(civitas terrena) とに分裂し，激しく対決しあって現れる。「それゆえ，二つの愛が二つの国を造ったのである。すなわち神を軽蔑するに至る自己愛が地の国を造り，他方，自己を軽蔑するに至る神への愛が天的な国を造ったのである」（『神の国』XIV, 28）。この対立はさらに「支配欲」(dominandi libido) と「相互的愛」(invicem in caritate) との違いとしても語られる。それゆえ「国」(civitas) の性格は，そ

---

37) E. Salin, Civitas Dei, S.190.

れを構成している国民のあり方によって、究極的には愛によって決定される。しかし、ここでの「国」は社会集団なのであって、未だ現実の国家ではない。だから「アダムの子、カインが初めて国家を造った」といわれる場合、現実の国家は兄弟殺しという罪の産物であり、同じことがローマの建国物語にも窺われる（同XV, 5）。このように、国家の実体は人々の交わりたる社会なのであって、そこに集う人々の性格によって二つの国に分けられる。国家の試金石は構成員の共通にもっている愛にある。それゆえ、「支配欲」により発生する現実の国家には本質的に正義が欠けている。それでも、国家の定める法は、さらに悪い犯罪を防止する務めを担っており、「罪に対する反動として地上の国家でも相対的正当性をもっている」[*38]。もちろん地上の平和が目ざされている限り、二つの国の間には或る調和が認められ、キリスト教国家の可能性は排除されていない。

（4）二つの国の「起源」「経過」「終末」についての歴史神学が『神の国』の後半の主題となっている[*39]。二つの国は、キリスト教会とローマ帝国との二つの社会形態のなかに次第に形をとって現れ始めているとしても、神の国と教会とを同一視し、地の国と地上の国家とを同一視することはできない。なぜなら、中世においてはこのような同一視が、時になされたとしても、古代の末期には、中世のように教会と国家とは、超自然と自然というように二元論的には、いまだ分離して考えられていないからである[*40]。だから国家が本質的に正義を欠いた「大盗賊団」と呼ばれても、それでも神の摂理により社会の平和と秩序の維持は国家に託せられていた。他方、教会も毒麦の混ざった混合体であり、地上では寄留者に過ぎないと力説されていた。このようにキウィタス概念は、歴史の終わりの終末時になって初めて完成された姿を現し、終末論的意味を濃厚に湛えていた。

ローマ帝国はコンスタンティヌスの改宗以来教会に対し国家を援助するように求め、孤児の保護と教育および日常の訴訟問題の処理を委ねており、

---

38) N. H. ベインズ「聖アウグスティヌス『神の国』の政治思想」（モラル『中世の政治思想』柴田訳、未来社、所収）234頁。
39) 「この後半の12巻のうち、初めの4巻で二つの国——その一つは神の国、他の一つはこの世の国である——の開始を論じ、続く4巻でその経過あるいは展開を論じ、さらに最後の4巻で、定められた終末について論じた」（『再考録』II, 43）。
40) トレルチ『アウグスティヌス』（前出）47-48頁参照。

アウグステイヌス自身もそのため多忙をきわめた。そのあまりの困難さのゆえに「わたしたちは既存の権力との交渉をもちたくない」と彼は本音を吐露している。だが, 彼はやがて狂暴なドナティストに対しては, その鎮圧のために国家権力の発動をも願うように傾いた。しかし, 彼は現実の国家と教会とを原則的に超越しているキウィタス観と歴史観とによって通常よりいっそう高次の視点から両者の固有の領域と働きとを分けて考察することができた。ここに彼の国家観の優れた特質が見られる。

5 キウィタスと国家および教会

これまでわたしたちが論じてきたようにキウィタスは元来社会学的には共通の意志により結合した集団, もしくは共同体を意味した。この共通の意志が古代の共同社会の中心であった神に対する二つの態度, つまり神の愛と自己愛によって二元的に対立するものと考えられ, 神の国と地の国として捉えられた。この対立は新プラトン主義の上下の二元論を原則として超克したキリスト教に基づく人間学を土台にしており, マニ教駁論を意図する初期の著作『真の宗教』においてすでに明瞭に確立された[41]。さてキウィタスは社会学的概念として国家と家族との中間にある規模の集団であり, 共同社会のように特定の地縁血縁関係に立たない普遍的集団という特質をもっており, 現実の国家と教会の中に活動している団体 (ゲマインデ) を意味している[42]。そこで神の国と地の国とが現実の国家と教会に対しどのように関係しているかを考察してみたい。

キウィタスの基本的性格　これまでの一般的傾向ではキウィタスを本質とその現象形態として分ける考え方 (ハルナック) また観念的意味と経

---

41) したがってアウグスティヌスの二つの国の思想にマニ教の影響を認めようとする主張は正当とはいえない。たしかに彼も善悪の対立をもって現実の世界を説明しているが, それはマニ教のいう宇宙論的な絶対的二元論ではなく, 神に対する人間の人格関係から考察された対立関係であり, 創造・堕罪・救済・完成と段階的に発展する救済史の中に組み込まれ, 神の摂理により一元論的解決に向かうものである。

42) オットー・ギールケ『中世の政治理論』坂本仁作訳, ミネルヴァ書房, 2-4頁。これに関して本書の終章第5節を参照。

験的意味とに分けて考える見方（ショルツ，マルー）が優勢であった[*43]。また神の国と地の国の中間に第三の国を原型として想定する見方（ライゼガンク），さらに徹底的に神の国を終末論的にとらえ現実の国家や教会を中間時的なすぎゆくものとみなす終末論的見方（カムラー，ドウフロウ），また神の国のプネウマ的性格から二元論を超克しようとする解釈（ラッティンガー，キンダー）が提起されている[*44]。これらの解釈はキウィタスが国家と教会にどのように関わるかという問題意識から生じているが，このような意識自体が中世の社会構造に由来しているといえよう。教会と国家が権利の譲渡関係において成立している社会意識から判断するなら，キウィタス・デイと教会との同一視は当然の主張とならざるを得ない。中世のみならず近代においても経験的カトリック教会が神の国と自らを同一視しているという想定のもとに批判的に対決し，アウグスティヌス自身の中にもルター的教会概念の二重性（内面的見えない教会と外面的見える教会）が見いだせると主張された（ロイター）[*45]。しかしこの教会概念の二重性は新プラトン主義的知性界と感性界の図式で考えられたものではなく，すでに前節で述べたように歴史終末論的今と将来との間にあるプロセスにおいて捉えられた[*46]。そこでアウグスティヌスが古代の存在論から出発してキリスト教的意識によって新たに創造した人間観からこの関係がいかに理解されるかを論じてみたい。

　（1）アウグスティヌスの人間論においては個人と社会が対立的に考えられていない。しかも個人を社会の中から捉える古代的人間学とは相違して，社会も個人の社会性から成立しているとみなす傾向が強いため，個人の行動から社会を分析的に理解しているといえる。とはいえ近代的個人と

　43）　A. von Harnack, Lehrbuch der Dogmengeschichite, Bd. III, S.151. H.Scholz, Glaube und Unglaube in der Weltgeschichite, Ein Kommentar zur Augustin's 'De Civitate Dei', 1911, S. 84, 97. Marru, La theologie de l'histoire, in: Augustinus Magister = AM, III, p.200.

　44）　Leisegang, Der Ursprung der Lehre Augustins von der civitate Dei, in: Archiv für Kulturgeschichite, XIV, 1925, 127ff. W. Kamlah, Christentum und Geschichtlichkeit, Untersuchung zur Entstehung des Christentum und zu Augustin's "Bürgerschaft Gottes", 1954, S.137. U. Duchrow, Christenheit und Weltverantwortung,–Traditionsgeschichte und Systematische Struktur der Zweireichelehre, 1970.『神の支配とその世の権力の思想史』泉典治訳，212頁。Ratzinger, Herkunft und Sinn der Civitas-Lehre Augustins, AM. II, S.969ff. E. Kinder, Reich Gottes und Kirche bei Augustin, 1954, S.19.

　45）　H. Reuter, Augustinische Studien, 1887, S.151.
　46）　本章4節の（5）参照。

は相違して，この個人は本性的に社会的である。したがって個人の生涯から人類の歴史も類推される。同じことは二つの国についても主張される。ローマが拡大と発展を遂げたのは単なる支配欲によるのではなく，国家のために貢献した諸徳の力によると考えられた。そこで民族，王国，属州という巨視的問題のため空しい大言壮語に陥らないため，彼は二人の人間を想定し，貪欲な金持の不安な生活と貧しいが敬虔な道徳的な人とを比較し，どちらを選ぶべきかは自明であるとなし，「同じ法則は，これら二人の人間に妥当するように，二つの家庭，二つの民族，二つの王国にも妥当する」と主張している（『神の国』IV, 3）。したがって個人は本性的に社会的であるため，家族，キウィタス，教会，国家という諸々の共同体を形成しているばかりでなく，共同体を生かす構成要素と考えられている。したがって規模の比較的小さなキウィタス共同体が教会や国家に対して，有力に働きかける団体や結社となった。この信仰集団が結束することによって大集団は動かされる。だが，団結の紐帯となっている意志統一が現実には二つに分かれている。

　（2）人間は時間的存在であり，歴史における時代の発展過程の中に置かれて，神の摂理により神の国の完成をめざして働くよう定められている。この歴史はその中心に神の言の受肉があって，二つのキウィタスは単に並行しているのではなく，終末においては神の国の勝利となり，地の国は永遠の罰に渡される。この歴史観は現実の国家や社会を「今と将来」との時間的進展から判断する視点を提供している。とくにキリストの出現に世界史の時代転換がとらえられ，キリスト以前が神の国の預言と予表であるが，キリスト以後は霊的に贖われた社会 (societas redempta) として神の国は来たるべき終末において完成される[*47]。

　このキウィタスの歴史・終末論的要素とならんで個人の生き方から歴史を解釈する分析的視点が存在しているためさまざまな解釈が生まれて来ている。この二つの要素を結びつけているのが「キリスト教的我々」(das christliche Wir) の終末論的理解である[*48]。アウグスティヌスの言う「聖徒の団体」(congregatio sanctorum) とか「予定された者の数」(numerus

---

　　47）　神の救済史に組み入れられたこの時間観念がキウィタスの空間概念の中に入り，歴史・終末論的実像となっている。

　　48）　W. Kamlah, op. cit., S.137 カムラーの解釈については本書228-29頁を参照。

praedestinationis) という共同体は「予定された教会」(ecclesia praedestinata) をめざしている。それゆえ「わたしたち」という共同において個人は真の自由の実現に達し，いわば創造的世界の創造的要素として歴史に参加するといえよう。

キウィタスと現実国家の関係　同じ観点からキウィタスと国家および教会との関係も考えられる。キウィタスは規模の小さい集団として大規模な社会集団の中に入り，活動することができる。そのため神の国と地の国は国家の中にも教会の中にも混って存在している。したがってカトリック教会が神の国を，ローマ帝国のような地上の国家が地の国を示していると解釈することはできない。国家それ自体は法的に秩序づけられ，正義が実現されているかぎり，善である。しかし，その善は使用の仕方によっては，つまり支配欲の手段となるとき，地の国ともなり得る。こうして正義を欠いた盗賊国家論（『神の国』IV, 4; 6），罪の結果としての奴隷制度と奴隷獲得のための戦争，および征服欲のため他国の不義を喜ぶ大国家論（同 XIX, 15; 7），ローマ人の政治道徳の批判（同 II, 20f.）等の国家批判が展開する。それにもかかわらず法治国家は，何らかの形で秩序を維持するかぎり，存在価値をもっている。その様は教会が天上の神の国の模像 (imago) であるように，国家は神の国の転倒した模倣 (perversa imitatio) であり，したがって「その模像の模像」(imago quaedam huius imaginis) であるという模像説によってもよく語られている（同 XV, 2）。この模像説は新プラトン主義的表現をとっているが，「預言的模像」(imago prophetica) として「来るべき真理をそのままに表現したのではなく模像として表示する」象徴的働きが説かれている（同）。また彼の説く小国家論は近代の帝国主義批判の嚆矢といえよう（同 IV, 15）。さらにキリスト教皇帝のあるべき姿を描いたいわゆる「君主の鑑」の中に彼の国家への積極的関わりを見ることができる（同 V, 24）。たしかに現実の大帝国ローマに対する批判はそれを第二のバビロンとみなすように敵対性の強いものであったが，彼は永遠の都ローマの劫掠という悲観すべき事件に対しても，神への信仰によってローマの再建を信じて疑わなかった*49。

---

49) たとえば次のように語られている。「たしかにローマ帝国は〔他の国によって〕取

キウィタスとカトリック教会との関連　次にキウィタスとカトリック教会との関連について考えてみよう。国家におけると同様，教会にも二つのキウィタスは入り混った「混合体」(corpus permixtum) をなしている。この状況は教会の中にも悪人がいて現在は見分けがつかないことを述べた「毒麦の譬え」(マタイ13章24-30) によって印象深く語られている（同 XX, 9, 1)。したがって真の教会（エクレシア）はいわゆる「経験的カトリック教会」ではない。エクレシアは終末において完成された教会となるのであって，そこにいたるまでは悪人も共存する「寄留する教会」として歩んでいる。神の国はこの「寄留」(peragratio) という歴史・終末論的形態において現実の教会の中に現存している。だから終末論といっても，それは黙示録的な世界破局を夢見るものではなく，キリストとそのエクレシアにおいてすでに実現した神の国に基礎をおいている。だから，いわゆる千年王国はすでに信徒の霊的復活において開始している（同）。それゆえ「千年王国は終末論的な事柄から教会史の期間となっている」（ロイター）[50]。それでもなお地上の教会は神の国でなく，終末においてのみ完成する。すなわち，「神の国」（キウィタス・デイ）はエクレシアとしてカトリック教会の本質を形成しながらも，その現状を超えて彼方において完成する。したがって現実の教会は，歴史性と権利の委任を与える神の国を実現していく基本的動向をもってはいても，教会と神の国とは同一ではなく，教会が自己自身を超えて高まる「神の国」をめざす。そこには「寄留する教会」と「完成された教会」との間にエクレシアが次第に形をとる歴史の発展がある。

　しかし，エクレシアは地上の社会に寄留するかぎり，悪人と混合しており，悪人の減少によっても，善人の増加によっても完成にいたらない。また「毒麦の譬え」にあるように善人と悪人の判定は原則的に不可能である。それゆえ，神の恩恵の選びによって神の国を考えざるを得なくなる。『神の国』第5巻9-11章にはキケロが神の予知を自由意志のゆえに否定したことに対する反論が展開する。アウグスティヌスは神の予知の摂理と人間の

って代わられたというよりも，むしろ苦しめられたのであるが，そのようなことはキリストの御名〔が伝えられる〕以前の他の時代にも起こったし，またローマ帝国はそのような苦しみから立ち直ったのである」（『神の国』V, 7)。

50)　H. Reuter, Augustinische Studien, 1887, Neudruck, 1967 S.114.

自由意志との二つを排他的に設定しないで，前者が後者をふくむ形で，したがって自由意志を排除しない必然性が存在することを強調する[*51]。この摂理の中でもローマ帝国の領土の拡大がその徳力に基づいていたことの意義をアウグスティヌスは説き，神の摂理の導きのもとに神の国が起源・経過・定められた終極の三段階を経過することを理解した。そのため教会の中に悪人が闖入し，悪人の手からの救済が人間の目には不確実であっても，神の摂理の観点からすべては解決された[*52]。予定の神は聖徒の数が満ちるとき教会を完成へと導くがゆえに，彼は現実の不完全な教会といえども神の予定によって導かれ，完成を望み見る信仰によって歩み続けることができた[*53]。

---

51) 「神は単に天と地，また天使と人間のみならず，小さくて取るにたりないような動物の内臓，鳥のうぶ毛，野草の小花，木の葉をも，それぞれの〔ものを構成する〕部分の調和や〔そこから生じる〕一種の平和のようなもの〔を与えること〕なしには見捨てたまわなかった。このような神が人間の王国，その支配と隷属とがご自身の摂理の法則から離れた他のものであることを欲したもうたとはとうてい考えられない」(『神の国』V, 11)。

52) 「神は世界が造られる以前に彼らを闇の力から救いだし，その愛する御子の国に移すように選びたもうた。……実際＜主はご自分のものをご存知である＞（IIテモテ2・29)。悪魔はこの人たちをかどわかして永遠の呪いへと誘うことはない。というのは主が彼らを知っておられるのは将来のことが何も隠されていない神としてであって，人の現在に目を向ける人間のように知っているから」(『神の国』XX, 7)。

53) このキウィタスについての中世から現代に至る解釈史として (1) 神権政治的解釈，(2) 観念論的（理想主義的）解釈，(3) 終末論的解釈，(4) プネウマ的解釈が代表的なものとして考えられるが，これに関しては本書終章の叙述を参照されたい。

第Ⅲ章

北アフリカの文化状況

はじめに

　これまでアウグスティヌスの時代の歴史的状況について考えてみたが，次には彼が生まれ育ちまた活躍した北アフリカという文化的環境について考察してみたい。もちろん詳しくは論じることができないにしても，その思想形成にとって重要と思われる要素を指摘しておきたい。

　まず同時代人の心に北アフリカはどのように映っていたのであろうか。紀元前19年の死後刊行された，ウィリギリウスの『アエネーイス』では，ギリシアの英雄アエネーアスがイタリアへ航海する途次，北アフリカのカルタゴ女王ディードと恋に落ちた物語が記されている。だが，英雄はイタリア統治という自己の使命に従って，その地を立ち去った[1]。この物語はイタリアからアフリカがどのように見られていたかを象徴している。ところで同時代人の歴史家でアウグスティヌスと親交のあったオロシウスはその『歴史七巻』の中で当時のアフリカがどのように見られていたかを次のように伝えている。

　　「もし諸々の権力が神に由来するなら，それ以外の権力がそこから生まれてくる王国は，どれほど神に由来していることか。だが，もし諸々の王国が分裂しているなら，何らかの最大の王国 —— それ以外の王国の力はすべてそれに服している —— はどれほど好都合であることか。たとえば最初にバビロン王国があり，次いでマケドニア王国があった。その後にはアフリカ王国が続き，最後にローマ王国があって，それが今日まで存続している。同じく言い表しえない手はずによって

---

1) ウィリギリウスの『アエネーイス』第4歌, 223-237, 岡道男・高橋宏幸訳, 京都大学学術出版会, 157-58頁を参照。

第Ⅲ章　北アフリカの文化状況

世界の四つの極において段階的な区別をもって卓越した四つの王国の主権があった。つまり東からはバビロン王国が，南からはカルタゴ王国が，北からはマケドニア王国が，西からはローマ王国が群を抜いていた」[2]。

このオロシウスの普遍史的な歴史考察は，ローマの史家サルスティウスの『カティリナ戦記』にある「帝権の遷移」の叙述からポンペイウス・トグロスの『地中海世界史』における「四帝国説」を経て受け継がれてきたものである[3]。そこにはフェニキア人が創ったカルタゴがローマの出現以前に地中海世界に卓越した地位を占めていたことが示されている。事実，アフリカはカルタゴの将軍ハンニバルが起こした第二次ポエニ戦争に象徴されるように，ローマに対抗する実力をもちながらも，その後はその属州として留まり，長く「穀物倉」としてローマを経済的に支えてきた。しかし，わたしたちはアフリカには独自な文化があって，そこからアウグスティヌスが歴史に登場し，偉大な文化総合を成し遂げていることに注目しなければならない。もちろん当時のアフリカ文化について論じることは不可能であるが，アウグスティヌスを理解するのに必要と思われるいくつかの特質を指摘してみよう[4]。

そこでまず北アフリカの中でもアウグスティヌスが生まれ育ったヌミディア地方の文化が彼の時代にどの程度ローマ化されていたかが問題となろう。ヌミディアの風土・社会・政治・慣習・宗教などが彼に多くの影響力をもっていた点は，反ローマ的な運動の様相を呈した，ドナティスト運動との関係で指摘されている[5]。しかし，アウグスティヌス自身が農民に通じるベルベル語をどの程度語りえたかなどは依然として不明であるし，父の希望もあってローマの高級官僚となる道を志していた青年時代にヌミディア文化がいかなる意味をもっていたかは明らかにされなければならない[6]。

---

2) Pauli Orosii Historiarum Liber II. cap. 2. Migne Patrologiae Latina, 31, 744-5
3) ポンペイウス・トグロス『地中海世界史』合阪學訳，京都大学学術出版会，497-98頁参照。
4) 当時の北アフリカの一般的文化状況に関しては W. H. C. Frend, The Donatist Church. A Movement of Protest in Roman North Africa, 1952, pp.25-47. Carl Schneider, Geistesgeschichite des Antiken Christentums, 1Bd., 1954, 635-42, Peter Brown, Christianity and Local Culture in Late Roman Africa,1968, in; Religion and Society in the Age of Saint Augustine, 1972, pp.279-300.を参照。
5) W. H .C. Frend, op.sit., p.233f.
6) したがって，三木利英が考えるように「ミラノでの彼の回心は，このローマ的真理

1　北アフリカにおけるローマ化の特質

　北アフリカは1世紀以来その奥地に至るまで開墾され、アウレス山脈を越えてサハラ砂漠に接するところまで耕地が広がり、奥地の高原と台地の谷は3世紀に入る頃から穀物の生産を高め、経済的に繁栄するようになった。土地は豊かであり、地味は穀物に適していた。実った穂は土地の豊かさの象徴であると同時に、スーサ博物館の像に見られるようにアフリカという女神の表象でもあった[*7]。そこにはローマ帝国随一の穀倉があった。それゆえローマの諸都市はアフリカによって養われ、劇場や円形競技場で繰り広げられる見世物に夢中になることができた[*8]。

　実際、アウグストゥスの治世以後には「ローマの平和」が確立され、経済生活や文化生活の進展は、事実、至るところに都市を増加せしめ、都市有産階級の繁栄をもたらした。この都市においてローマ化が著しく進んだ。それは今日に残っている北アフリカのティムガド（現在のタムガディエ南アルジェリアの荒地）の遺跡によっても知られる。その地の碑文には「狩りと浴場と芝居と笑い。これが私の人生のすべてだ」と記されていた。このような都市は、それぞれが計画のゆきとどいた広い中央広場と公共建築物をもち、店舗や住宅地を備え、さらに通常は公共浴場や劇場をも備えていた。ティスドルス（現在のエルードジェム）にはローマのコロッセウムと同じ規模の円形劇場さえあったといわれる。

　アウグスティヌスの時代には広大なローマの版図の北も南も一つの世界に所属し、人々はラテン語を上手に読み書きした。アフリカ人たちもラテン語を癖のある地方的アクセントを付けて発音した[*9]。北アフリカとイタ

（世界性）とヌミディア的要素（土着性）とが、キリストによって融合させられた深い世界史的な瞬間であった」（『キリスト教古代の研究』風間書房，1977，377頁）とか、ローマ帝国に対する批判にヌミディア的要素が反映しているかなどは、断定するには困難である。

　7）　水之江有一『図像学事典』岩崎美術社，12-13頁参照。
　8）　ユウェナリウス『風刺詩』Ⅷ, 118参照。The Satires of Juvenal, trans.by L. Evans, in:Juvenal, Persius etc., by L. Evans (Bohn's Libraries) 1914, p.431.
　9）　アウグスティヌスがローマ市長シュンマクスの依頼を受けてミラノの宮廷で詩を朗読し皇帝に働きかけようとして失敗したのはこれによるとも言われる。本書第Ⅴ章第2節参

リアとの交易は盛んであって，カルタゴからシケリアを経由してローマ近郊の港町オスティアへは夏期になると毎週数隻の船舶が往来し，それも長い船旅ではなかった。またイタリアとの文化交流も頻繁に行われていた。ローマ帝国の貴族たちがアフリカの所有地で蓄積した富や地方の豪族たちの富は，イタリアにおける裕福な家庭で見いだされる富をしばしば上回っていた[*10]。こうした経済的な背景のゆえにアフリカの諸属州は，ドナティストの運動によく示されているように，ローマに対し強い独立意識をもち，何事も自分の力によって決断したいとの強烈な願望をもっていた。

また北アフリカの海岸線に点在しながら広がっている都市と港は地中海貿易によって発展したものであり，そこから道路によって奥地に至るまで都市が広がっていた。港湾都市にはヒッポのように遠くアユニキア時代にまでさかのぼることができる古都もあったし，ローマ人によって建設された都市も多くあった。しかし，四世紀ごろにはこの発展はとまり，ローマ風の町は次第に廃れていき，南ヌミディアはオリーブの林に覆われてしまう。とわいえ，このオリーブから採ったアフリカの油はローマ帝国の全土に供給された。

アウグスティヌスが育った内陸の町タガステは古いヌミディア王国に所属していたが，実際はカルタゴの管轄下にあった。この町は地中海から200マイル（320km）も離れ，海抜2000フィート（600m）もあり，松の森林と耕地さらにオリーブが実る峡谷によって海から隔てられていた。アウグスティヌスはコップの水を見ては海を想像していた（『手紙』7, 3, 6 参照）。人口約二，三千に過ぎないこの町は田舎と区別なく，大部分の人たちは土地を耕作する農業によって生計を立てていた。そして皆等しく貧しかった[*11]。アウグスティヌスの父パトリキウスは，タガステの市参事会員であって，町の中では「最高の栄誉ある階級」に属していた。それゆえ高官のマントを纏っていたとしても，経済的には貧乏であって，『告白』に記されてい

---

10) チュニス（カルタゴ）のバルドー博物館所蔵の「四季」と題された絵ではアフリカのローマ人の生活が季節ごとに示されている。糸杉に囲まれた大邸宅（春），戦時に備えた城塞の館（夏），産物をもって集まってくる人たち（冬）の様子が見事に描かれている。

11) しかし，中には余裕のある人もいた。チュニスにあるバルドー博物館に残されているモザイク画でアフリカのローマ風の大きな田舎家を見ると，当時の生活が偲ばれる。そこには馬場や釣り堀，イトスギの木立に囲まれた二階建ての屋敷が描かれ，馬に乗って裕福な人が小作人たちから恭順の礼を受けている様が見られる。

1　北アフリカにおけるローマ化の特質

るように，その息子に十分な教育を授けることができなかった（『告白』Ⅱ, 3, 5)*¹²。アウグスティヌスは近郊の町マダウラで学校生活を続けることができず，一時タガステの家に帰っていたが，裕福なロマニアヌスの援助を受けてカルタゴの弁論学校に入り，古典教養を磨き，高級官僚への出世の糸口を見つけることができた。こうして彼は学歴によって教師と司教の職に就くことができた。この職種は医者もそうであるが，土地に縛られない職業であって，少数の階級に属していた。

次には北アフリカの行政区分について述べておこう。当時の地図を調べてみると分かるように，アウグスティヌスの時代には北アフリカはリビアからマウレタニアまで，つまりカルタゴからシェルシェルまで，七つの属州に分割された。それはアフリカ・プロコンスラリス，チュニジア，ビザケナ・アルズージュ，トリポタニア，ヌミディア・キルテンシス，マウリタリア・シティフィエンシス，マウレタニア・カエサリエンシスである。当時は都市ごとに一名の司教がおり，ふつう都市の司牧者たちは30から40キロにおよぶ司教区を担当した*¹³。植民地アフリカの総人口は600万と推定されている。カルタゴのような大都市は城外にまで広がっていた。またドゥッガのように土着の町に接して新しく建てられた植民都市もあった。多くの農民は都市内部に住み，毎日城外にある畑に出かけた。

ラテン語が公用語であったが，ヒッポのような大都市でさえ，一部の住民はカルタゴ語（ポエニ語）を話していたし*¹⁴，地方の農村では人々に

---

12)　彼が生まれる十年前に南ヌミディアで飢餓のため農民一揆が起こっている。しかし，彼の家は貧しかったが，一揆の影響を直接には被らなかったであろう。この時代を偲ばせる生活の断片が次のように語られている。「私が青年のとき，座るのを多く求められた仕事についた場合よりも，少年であった私が［鳥を］熱心に追い求めて歩いても，疲れを感じずに長い道程を行くことができたのは何故なのか」（『魂の大きさ』21, 36）と。『告白』の中にはこれと似た少年時代のいくつもの出来事が述べられており，人間であるかぎり昔も今も本質において少しも変わらない生活が保たれていることが知られる。

13)　アウグスティヌスが『洗礼論』の中でアフリカの各地からアルルの宗教会議に参集した司教の名前を多数挙げているように，各都市には司教がいたが，ドナティストの分派活動が勢力をえていた時代には各地にカトリックとドナティストとの司教が並び立つことも多かった。ドナティスト運動の当初からカルタゴではカトリックとドナティストの司教がともに選ばれて対立し，それが北アフリカに広まっていった。アウグスティヌスが司祭になったとき，ヒッポの町ではドナティストの教会のほうがはるかに優勢であったといわれる。詳しくは本書の第9章を参照。

14)　ポエニの意味は不明であるが，地中海沿岸ではポエニ・フェニキア語が使われ，ヌミディア地方ではベルベル語が用いられた。ベルベルはバルバル（粗野な）の変形で非ラテ

ラテン語で説教することができず,説教を分からせるために通訳に頼らざるを得なかった*15。それゆえ都市から離れると必ず原住民ベルベル人の抵抗に会った。そこではフェニキア人の商人やベルベル人の職人などが活躍していた。

したがって当時の北アフリカは不均等にローマ化されていたのであって,東部のチュニジアはローマの影響を最も強く受けた地方であり,ヌミディア,特にマウレタニアではローマ化が遅れていた。それゆえ人々がポエニ語の名前を棄ててラテン語の名前に変えていっても,それでも原住民の面影は残っていた。たとえばパトリキウス,モニカ,アウグスティヌスなどの名前はベルベル人の子孫といえそうである。とくにモニカという名前はよく指摘されるように土着の神である女神アモンに因んで付けられた。このような文化環境から独特な人物が生まれてくる可能性がある。それゆえアマンは言う,「ときに才能の火の粉がこの奇妙な遺伝子に飛び移り,テルトゥリアヌスやアウグスティヌスといった燃え盛るような著作家を生み出したといえよう。彼らはベルベル人の子守り歌を聞き,ラテン文化に育まれ,古典の首枷をひきちぎってアフリカのバロック,絢爛たる文化を花ひらかせていった」*16と。

なお,北アフリカの南部には連綿と続く山岳地帯があって,そこには半遊牧的な部族が住んでいた。彼らは飢餓に迫られると,騎兵部隊を組んで文明化した平地に押し寄せてきていた。だからアウグスティヌスはローマの元老院に「辺境の最前線ばかりでなく,アフリカの属州の至るところで,わたしたちの平和は蛮族の誓言ひとつにかかっている」(『手紙』47, 2)と書き送っている。この地にはオリーブの植林が行われていたが,さらに南の砂漠に接する辺りには遊牧民がなかば独立して不気味な勢力を漲らせていた。そこには武装した農園が点在しているに過ぎず,その生活は文明化した海岸線近くの環境とは全く相違していた。この地域ではヨーロッパが

ン人を意味していた。アマン『アウグスティヌス時代の日常生活』(上) 東丸恭子訳, リトン, 84-85頁参照。

15) この時代の教養階級ではカルタゴ語もしくはベルベル語とラテン語とはバイリンガルに用いられていたが,次第にラテン語が中心となった。しかし,地方ではベルベル語しか通用しなかった。この問題に関して P. Brown, Christianity and Local Culture in Late Roman Africa, 282 ff. を参照。

16) アマン,前掲訳書, 25頁。

ゲルマン民族によって荒廃していたときにも，繁栄を享受できた。その地の大土地所有者たちはローマとの政治的な関係を積極的にもつことなく，自分の領地での穀物生産高の向上，良いワインの製造，狩りの喜びに熱中し，人々の羨望の的であった。それゆえ「彼らだけが生きている」(Isti soli vivunt.『説教』345, 1)[*17]とアウグスティヌスは嘆いた。彼はこういう人たちを含めてカトリックの共同体を遊牧民の急襲や恐ろしいヴァンダル族から護るために心を砕いた。

2　アフリカのキリスト教会とその内部分裂

アフリカでは2世紀を通じてキリスト教の伝道が活発に行われ，多数の教会が設立された。2世紀の終りにはこの教会への改宗者の中にテルトゥリアヌスのような才能豊かな人物が含まれていた。彼はヨーロッパのために神学の術語を創りだした人であり，異教徒の批判家たちや危険な異端者たちに対決する機智に富んだ論争の大家であった。また，洗礼を受けた直後にカルタゴの司教に選ばれたキプリアヌスは教会典礼の純粋性を説き，使徒職の法律的権威を強く主張し，258年に殉教した。さらに4世紀の初めコンスタンティヌス大帝の時代に，アルノビウスとラクタンティウスが異教の思想と対決してキリスト教信仰を弁明する書を著している。

　3世紀にはいるとローマは北方からの脅威にさらされ，皇帝たちはゲルマン人の侵入に対して最前線の護りを固めなければならなくなった。ガリアから北イタリアやドナウ領域を彼らは移動し，宮廷も軍隊も転々として居所を変えていた。この世紀は帝国の危機時代であり，外敵の侵攻のみならず国内での陰謀・反乱・皇帝の暗殺などが相次いで起こった。デキウスは帝国の安定を図って，ローマの神々の加護によって帝国の再建を志し，邪教キリスト教の迫害に踏み切った。4世紀にはローマ帝国は絶えず戦争の緊張状態に置かれ，北方では蛮族の襲撃を受け，東方ではペルシアの攻撃を受けた。それに反してアフリカはよく管理された穀物倉庫であって，頼りになる租税の源泉であった。しかし，ここでもキリスト教会を中心に

---

17)　ブラウン『アウグスティヌス伝』下巻，出村和彦訳，教文館，147-48頁。

大きな波紋を起こす出来事が生じた。

　アフリカのキリスト教会は，行政区分（属州）と同様，六管区と，ヒスパニア（スペイン）に併合されていたマウレタニア・ティンギタナ（タンジール）に分かれており，カルタゴの司教座は，キプリアヌスの時代からビザンツ帝国の侵入まで大きな権威を維持してきた[*18]。アウグスティヌスの時代にはカトリック教会から分離したドナトゥス派がアフリカ教会を二分する勢力を維持していた。しかし，ドナトゥス派とカトリック教会に分かれる以前にマニ教によってアフリカの魂はカルタゴとローマに分裂し，引き裂かれていた。ドナトゥス派はこうした内部分裂した宗教的状況の反映だった。この分派が4世紀を通じてアフリカの歴史を支配し，教会を分裂させ，キリスト教を広めるどころか，人々を宗教紛争の渦巻く熱狂に巻き込んだ。アフリカ人はキリスト教に対する迫害にも屈することなく戦ったが，情熱的な国民性が激情的に信仰の純粋さを主張させ，他人を裁き，善人と悪人を峻別しようとする欲求に取り憑かれてしまった。彼らは周囲にはびこっていた民間の迷信や異教的慣習の残存について反省する余裕がなかった。妥協を許さぬドナトゥス派の司教たちはカトリック教徒がローマ権力に屈服していると非難したが，彼ら自身も自己の勢力を維持するためにローマへ追従せざるを得なかった。そこには同時にローマに対する国民的な反抗運動があったとしても，彼らの中には殉教者となることを熱望するあまり，常軌を逸した行動に走り，聖遺物崇敬を迷信にまで導いた[*19]。

　ディオクレティアヌス帝のキリスト教に対する大迫害に際して聖書と聖器（洗礼や聖餐に使用する聖なる器）とをローマの官憲に手渡すという，裏切り行為を行った司教が多数でてきた。そうした司教のうちの一人が，カルタゴの司教の就任に際して，任命のための按手礼に加わっていたとい

　18）　キプリアヌスはラテン神学の父テルトゥリアヌスと同じカルタゴ出身で，カルタゴの司教となったが，デキウス帝による迫害を受けた。彼はアフリカ教会が混乱したとき，「教会の一致」を主張し続けた。その後ウァレリアヌス帝による迫害が起こり，殉教した。これはアウグスティヌスよりも百年前の出来事であった。「聖キュプリアヌスの行伝」（『キリスト教教父著作集』第22巻，1990年，教文館）と『原典古代キリスト教思想史』第1巻，1999，教文館，と『中世思想原典集成』第4巻，1999，平凡社を参照。

　19）　たとえば「ドナトゥス派の葬儀に見られる異教の残存」を指摘できる。アマン，前掲訳書，29頁参照。

うことから問題が起こってきたのである。つまり，311年にカルタゴの司教メンスリウスが亡くなると[*20]，カルタゴの教会の副司教であったカエキリアヌスが後継の司教に任命された。そのさい任命者の司教たちの一人フェリックスが聖書および聖器をローマの官憲に引き渡したと言われている。ところが，これはそう言われているだけで，だれもその事実を確実に立証しているわけではない。そのことはアウグスティヌス自身も述べており，例えば『手紙』185（「ドナティストの矯正についての書」）の中でこう言っている。「じっさい，彼らは聖書の証言よりも自分たちの論争的主張を選んで提示している。というのはかつてのカルタゴ教会の司教カエキリアヌスに対する訴訟のときに，彼らは証拠だてることもできなかったし，現在もできないような起訴理由を彼に対して投げつけ，カトリック教会，つまり万民の統一から自分たちを分離させたのであるから」（『手紙』185）。また次のように明白に証言されている。「カエキリアヌスが聖なる正典〔聖書〕を裏切った者によって叙階されたのかどうかわたしは知らない。わたしはそれを目撃していない。わたしはそれをただ彼の敵たちから聞いているにすぎない」（同）。したがってカエキリアヌスが事実裏切り者によって任命されたかどうかは立証できない。ただそのように言われているだけである。これに反対して富豪の婦人ルキラの一族からマヨリヌスが金で買収された司教たちによって選ばれた。ドナトゥスに煽動された反対派はローマの司教とコンスタンティヌス大帝に訴え出たが，ともに却下されると，アフリカで擾乱を繰り広げ，分派活動を開始した。ここからアフリカ教会は4世紀全体を通してますます深く悲劇に突入していった。アウグスティヌスがヒッポの司教に任命されたときにはドナトゥス派の勢力の方がカトリックよりも大きかった。

　そのさいアウグスティヌスはアフリカが誇る殉教者カルタゴの司教キプリアヌスの権威に訴えてドナティストを批判し，教会の統一に尽力した。キプリアヌスは厳格主義のテルトゥリアヌスを日々読んで，その教えに従っていた[*21]。だが彼自身はテルトゥリアヌスとは相違して抑制の取れた和

　20）　ディオクレティアヌス帝の迫害にさいしカルタゴの司教メンスリウスがしめした穏健な態度がローマに妥協的だとカルタゴの少数派によって非難された。メンスリウスはローマに赴いて身の証しを立て潔白の身となったが，帰途の旅路で没した。

　21）　Hieronymus, De viribus illustribus, 53.

解の精神によってカルタゴ教会の統一を念願していた。とくにデキウス帝の迫害のとき離教した人たちが教会に復帰できるように努めた。「教会の外に救いはない」とか「教会を母としてもたない人は神を父としてもつことができない」という彼の有名となった言葉は教会の統一への熱意を表している。しかし，彼が誤って教会外の洗礼を認めず，教会に復帰する際には再洗礼の必要を説いた点は是正されなければならない。それゆえドナティストのようにそれを慣例として分派を造ろうとすることは，キプリアヌスの意図に反している。このように考えてアウグスティヌスは次のように言う。「聖なる殉教者キプリアヌスの偉大な模範が彼の手紙の中に残っている。今やわたしは彼に近づくことを欲する。それはドナティストが，彼の権威に対し肉的に追従しているが，彼の愛によって霊的に滅ぼさるべきだからである。……キプリアヌスは，自らと異なった意見をもつ他の人々から分離した教団をつくって別れなかった」（『洗礼論』I, 28）。彼は再洗礼については批判的であったが，『洗礼論』全6巻をこの偉大なアフリカ人の著作と発言でもって満たし，ドナティストが尊重し依存しているキプリアヌスこそカトリック教会の統一に尽くしたことを説いてやまなかった。

　しかし，ドナティストの中にも優れた思想家がいた。それは400年頃没した平信徒の神学者ティコニウス（Tyconius）であって，『聖書解釈の諸規則』（Liber regularum）と『ヨハネ黙示録注解』を書いた。この年長の同時代人からアウグスティヌスは神学の理解において大きな影響を受けている。ティコニウスとの出会いはアフリカに帰還し，司祭に就任するための準備として聖書の研究に専念しはじめたころであった。それは彼の中で新プラトン主義の影響が後退してきた時期に当たっており，ティコニウスによって聖書を哲学的にではなく，歴史的に理解することが始まった[22]。アウグスティヌスは彼の著作の中でも現存している『諸規則』と黙示録の注解書から聖書解釈の原理と終末論の理解という二つのことを学んでいる[23]。こうして『神の国』における教会論つまり善人と見捨てられた者との「混

---

22) ティコニウスは「預言の巨大な森」を通して読者を歩かせ，聖書によって神がどのように歴史に働いているかを理解させるようと試みている。Tyconius, Liber regularum, prol. 1 参照。

23) アウグスティヌスの『キリスト教の教え』III, 30-37に『諸規則』への言及があり，黙示録注解の影響は『真の宗教』48-51に示されている。

合体」(corpus permixtum) としてキリストのからだの理解と黙示録の千年王国説の現実的解釈が説かれるようになった[*24]。

アウグスティヌスが司教として395年から活躍したヒッポ・レギウス（現在のアンナーバ）は，初めフェニキアの植民地であったが，ローマの文化をすすんで受け入れ，すでに千六百年の歴史をもっており，ヌミディア王朝の都であった。そこには公衆浴場，劇場，広場，神殿，豪華な邸宅がならんで，330年ごろにはキリスト教会も完成していた。この町は二つの丘に挟まれた天然の良港で，南にはエドゥー山脈の山々がそびえ，海に面した高台には，現在，聖アウグスティヌス記念教会堂が建っている。そこには昔フェニキアの神バアル・アモンの神殿が立っており，ローマ時代にはサトゥルヌスの神殿があった。時代とともに神殿の名は変わったが，古い土俗宗教は続けられ，信徒も変わったわけではない。

アウグスティヌスの説教には，ヒッポの町を代表するさまざまな職業が語られている。たとえば織物工，仕立屋，金銀細工師，陶工，靴職人，大工，野鳥捕獲業者が説教に登場する。彼はこれらの職人たちの働く姿を見ており，古いお祭りに行かないで教会にやってきた彼らに親しく語りかけている。職業の価値について彼は「あなたは自分の職業や仕事を非難してはいけない。そうではなく，金儲けに目がくらんで神を畏れることを忘れたあなた自身を，あなたの心を非難しなさい」と語っている[*25]。また彼は「職業に貴賎はない。悪しき労働者がいるだけだ」と付言している。だが，ヒッポの町には偶像崇拝や見世物の商売人また売春や淫売宿などに関わる人も多くいた。この種の人たちはもちろん教会にやってこなかったし，彼らについては何も語っていない。彼が語っている自由業は教師，文法学者，法学の教授，修辞学の教師，法律家，そして特に医者だった。郷里で受けた鞭による教育を苦々しく回想して，彼は「あなた方にとって，わたしは父であり，棒を振り回す文法学者ではありません」とユーモアをこめて聴衆を安心させている[*26]。

24）詳しくは本書第VIII章「歴史の神学」参照。
25）アマン，前掲訳書，66頁。
26）アマン，前掲訳書，66-68頁。

3 アフリカの異教主義
—— マクシムスとアウグスティヌスとの往復書簡による ——

　北アフリカの原住民であるベルベル人は宗教的には混交した民族であった。彼らは自らの神をもっていても，フェニキア，エジプト，ギリシア，ローマなどの神々を受け容れていた。しかし，わたしたちは異教主義 (paganism) という名称でをアフリカに土着した民間宗教の意味で用いる。この名称は一般的にはキリスト教以外のギリシア・ローマの伝統的な宗教を意味し，当時のローマ世界では元老院の貴族階級を中心とした古い信仰の復興運動が盛んであったし，哲学的な世界観として普及していた「新プラトン主義」も知識階級に強い影響力を維持していた。また，政治的宗教として皇帝崇拝もローマ的な統一原理として強制力をもって支配していた。こうした問題はローマ世界の宗教として考察すべき事柄であって，それはアウグスティヌスによって『神の国』第1巻から第5巻にわたり詳しく論じられている。

　ヌミディアの平原の住民はカルタゴ人と同様ギリシア・ローマのオリュンポスの神々を礼拝することはなく，彼らは「高い神」サトゥルヌスを聖なる山で祀り，この最高神に対し，イスラエル人が恐ろしいシナイの神ヤハウェに対したのと近い関係を保っていた。そのため土着の宗教は恐怖と犠牲による贖罪および儀式による浄めを主な行事として守っていた。しかもディオニュソスの祭礼と同じく酩酊と歌唱と舞踏によって没我的な経験が求められ，夢やトランス状態はありふれたことでもあった[*27]。こうした異教が当時は根強く残存していた。というのは，キリスト教が国教となって以来，教会に大挙して加わった群衆はほとんどが半異教徒であって，死者の祭りのような原始的な儀式が維持されていたからである[*28]。

　郷里に近いマダウラでアウグスティヌスが教育を受けた教師たちも異教徒であった。彼らは神々の像が祀ってある広場を好んで散策していた（『手紙』17, 2）。その地には異教徒で雄弁術の教師マクシムスが活躍し，

---

27) ブラウン，前掲訳書，上巻37頁。
28) ブラウン，前掲訳書，上巻242頁。『手紙』29, 9参照。

彼と親交をもっていた。マクシムスが都市に住む初期キリスト教徒のポエニ語名ミギンやナンファモなどを皮肉ったとき，すでに司祭になっていたアウグスティヌスは，自分の内に潜むベルベル人の血に目覚め，これを揶揄する者に身のほどを思い知らせたことがあった。ここにはアフリカという特別な文化的な環境が反映しているので，この点をマクシムスとアウグスティヌスとの往復書簡を手がかりにして次に論じてみたい。

マクシムスからアウグスティヌスへの手紙は「手紙16」として残されている。マクシムスはギリシア神話に出てくるオリュンポスの神々が神霊として集まっていても主神ユピテルが唯一神として君臨しているのであるから，キリスト教徒のミギンやナムファモをユピテルよりも上位に置くのは正しくないといってアウグスティヌスにこの批判的な手紙を送った。

「オリュンポスの山が神々の住まいであるとギリシア神話にありますが，確証されてはいません。しかし，わたしたちの町の広場は恵みある神霊たちの群れによって占められているとわたしたちは洞察し確信しています。そして実際，最高の神は一であり，初めなく，自然による子孫なく，偉大にして気高い父のようであるという確実な真理を否定するほど愚かで乱心した人がいるでしょうか。神が造った世界に広がっている神の諸々の力をわたしたちは多くの名称によって呼んでいます。というのはわたしたちは皆，神の本当の名前を確かには知らないからです。実際，＜神＞はすべての宗教に共通の名称です。こうしてさまざまな祈りによって，神のいわばからだがばらばらに崇められているのに，わたしたちは神の全体を礼拝していると思っているのは確かです。ところが，わたしはそのような誤りに我慢できないことを隠しておくことができません。誰が一体電光を放っているジュピターよりもミギンを上位に据えたり，ユノ，ミネルバ，ヴィナス，ヴェスタよりもサナメヌスを，またなんと酷いことには，すべての不死なる神々よりも〔アフリカの〕最初の殉教者ナムファモを上位に立てたりすることに耐えられましょうか」。

ここにはアフリカの宗教事情が反映しており，伝統的な異教に対してキリスト教は間違った宗教であると批判されている。こうした事情は「そして神々の神殿の中でローマは幻影によって誓う」とあるウェルギリウスの預言が現実に生じていることを示すものである。しかも，キリスト教徒が

隠れたところで神を礼拝しているのに対し,「実際,わたしたちは敬虔な祈りをもってすべての人が見たり聞いたりしているところで真昼に公然とわたしたちの神々を礼拝し,その心にかなう犠牲を捧げて恵みをえており,このわざがすべての人によって認められ,是認されるように努めています」と主張する。しかし,彼は論争するつもりはなく,ホメロスの言葉に従って「おのおのは自分の好きなことに惹かれていく」ことにしたいと言って手紙を終えている。

これに対しアウグスティヌスは返書を書いて次のように反論した(『手紙』17)。マクシムスの手紙は真面目な議論とはいえず,主張の論拠が薄弱で矛盾しており,冗談を言っているに過ぎないと書き始める。

「実際のところ,最初にオリュンポスの山とあなたがたの広場*29との比較がなされましたが,あなたがたが神聖なものと呼んでいるあの物語が教えているように,ユピテルがその父親に対して戦争を起こしたとき,かの山に自分の陣営を張ったことを想起させる以外には,その比較は何を目的としているのかわたしには分からない。さらにあの広場の中には二つの軍神マルスの立像があって,その一つは素手で,もう一つは武装しており,その反対の方に置かれていた人間の肖像は三つの指を前方に差し出し,市民にとって敵意を燃やす悪霊を押さえようとしていることを思い起こさせます。ですから,真面目に議論するのではなくて冗談を言う方をあなたが選んだのでないとしたら,あの広場に言及されたことによって,そのような神霊たちの思い出をあなたはわたしに甦らそうと意図されたのだと考えてもよかったのでしょうか」(『手紙』17)。

次いで「神々が偉大な唯一神のからだである」というあなたの主張はこの種の神を汚す冗談としか考えられない。「もし本当にあなたがあの神は唯一であると主張なさるなら,神々はその怖ろしさとその権能が死せる人間の像によって制せられるような神のからだをもっている,とあなたは言うのでしょうか」。オリュンポスの神々は多神教であって,主神はいたが唯一神ではなかった。それに対しマクシムスは神を唯一最高とみなす土着の信仰を組み入れているために,神の観念に混乱が生じている。さらにミ

---

29) この広場に異教徒の崇拝する立像が多数立っていたことを指している。

ギンやナムファモというアフリカ人の名前を彼が揶揄したことに対してアウグスティヌスは「アフリカの人〔であるあなた〕がアフリカ人〔であるわたし〕に手紙を書き，二人ともアフリカに定住しているというのに，カルタゴ人の名前が非難されるべきだとお考えになるほど，ご自身のことを全く忘れることはできなかったはずです」と批判する。しかも「ナムファモとは幸運な足をもった人以外の何を意味しておりましょうか」と言い，「このカルタゴの言語があなたによって否認されるとしたら，学識ある人たちによって伝承されているように，多くのことが賢明にもカルタゴ人の書物の中に記録されるようにと命じられていることを，あなたは否定しなければなりません」と反論される。実際，ウェルギリウスもヘラクレスが「ナムファモ」として来るように願っている。こうした名前を嘲笑すべきではない。

　「だが，もし嘲笑を歓ぶのでしたら，あなたがた〔の宗教〕にも風刺の材料が多く見いだされます。肥やしの神ステルクティウス，洗浄の女神クルアキナ，髪の毛を剃ったヴィーナス，恐怖の神ティモル，蒼白の神パロル，熱の神フェブリスその他この種の無数のものがあって，これらの神々のために偶像礼拝者であった古代のローマ人たちは神殿を造り，礼拝を捧げるべきだと考えたのです。あなたがたもこれらを無視したならば，あなたはローマの神々を蔑ろにしたことになります。そこからあなたがローマの祭典に参加していないことがお分かりでしょう。それにもかかわらずあなたは，ローマ人たちの祭壇に献身しすぎたかのように，カルタゴ人の名前を軽蔑し，嘲っています」。

異教の礼拝が公に行われているとの主張に対しアウグスティヌスは次のように言う。

　「あなたが公に神々を礼拝しているのに，わたしたちはもっと秘密な集会所を使用しているという理由で，あなたがたの祭儀の方がわたしたちのそれよりも優っているとあなたが主張しておられる点に関して，わたしはまず次のことをお尋ねしたい。あなたはどうして，少数の聖別された者たちの目にだけ委ねられるべきであると考えているバッカス神のことを，忘れてしまわれたのですか。次に，あなたがご自分らの祭儀が公に祝われていると言われる場合に，あなたがたの市会議員たちや都市の重だった人たちが，自分らの都市の街路に出て，バ

ッカスの祭りさながら暴れ回り狂乱している有様を，わたしたちが鏡に映すように面前に描き出すことを企てないとでもお考えになったのでしょうか。この祭りを挙行してあなたがたに神霊が宿るならば，正気を失わせる神霊がどのようなものであるのかお分かりのはずです」。

終わりにアウグスティヌスは不敬虔な罵詈讒謗に陥らないためにカトリック教会の真実な姿を示している。マダウラにも教会が建てられており，キリスト教徒は死人を礼拝したり，神によって造られたものを神霊として崇めたりしないで，万物を造り創造された唯一の神が礼拝されていると明言している。この手紙には異教の実体がよく記されている。このことは古代社会においては一般的に言えることであって，アウグスティヌスが『神の国』第4巻で詳述しているように，世界には民族の神々，守護神のダイモンや妖精またニンフなどが満ち溢れていた[*30]。しかし，彼が司教をしている間にアフリカでは公共の場から異教はすっかり追放され，偉大な神殿は閉鎖され，神像はしばしばキリスト教徒によって破壊された。また古代都市とその守護神との連携を高らかに歌った碑文は砕かれて街路の舗装に使われた[*31]。こういう状況では異教徒のいらだちは高まるばかりであった。だから何か不幸が起こるとキリスト教徒が迫害を受けることになった。4世紀の中頃には「雨が降らないとそれはキリスト教徒のせいだ」ということばが一般に使われていた[*32]。したがってゴート族によるローマの略奪を契機にキリスト教への非難が沸き上がったのも理解できる。

4 アフリカでの教育と文化生活

次にアウグスティヌスが受けた教育を通してアフリカの文化について考え

---

30) この点に関して R. Lane Fox, Pagans and Christians, 1987, p.137 ff.
31) ブラウン，前掲訳書，下巻，13頁。
32) R. Lane Fox, op. cit., p. 425. 既にテルトゥリアヌスも同じ内容のことを語っていた。「ティベル川が城壁を越えると，ナイル川が畑に氾濫しないと，天が〔雨を降らさないで〕静止していると，大地が揺れると，飢饉があると，伝染病がはやると，すぐに＜キリスト教徒をライオンの前に＞との声があがる」。したがってアウグスティヌスは「彼らが公然と拝んだり，あるいは現在まだ秘かに拝んだりしている偽りの神々が，きわめて不浄な霊どもであり，また悪意と欺瞞に満ちた悪霊（ダイモン）であることを示さなければならなかった」（『神の国』IV, 1）。

4　アフリカでの教育と文化生活

てみたい。ポシディウスが書いた伝記『聖アウグスティヌスの生涯』を読むと，多くの友人の群が彼を取り巻いているのに気付く。その人たちの中には郷里から一緒にミラノまで同行して学問に励み，後年アフリカのカトリック教会に重要な働きをする有為な青年たちが含まれていた。彼らはアウグスティヌスの回心後カシキアクムの討論に参加した人たちや郷里のタガステで修道院風の共同生活を営んだ人たちであった。ここでは古代ローマの公共生活が新しい形態をとって生まれた。というのはタガステの住民たちも屋外の公共広場で生活するのが常であって，友人や取り巻き連中と日がな一日談笑する習慣であったから。ここから人々の間で名声を博したいといった野望などが懐かれたことであろう。こうしたタガステでの生活習慣がいつの間にかその後の生活を導いたといえよう[*33]。ここからアウグスティヌスの友情に関する特別な思いが生まれてくる。その様子は『告白』に生き生きした叙述で記されている[*34]。

　さて彼が受けた教育によって当時のアフリカの文化的な状況が知られる。その教育内容は極めて貧弱なものであった。当時にいたるまでローマはヘレニズム文化をラテン化する力がなく，ギリシア語の学校とラテン語の学校とが併設されていた。そこでアウグスティヌスはラテン語とギリシア語をタガステの初等教育のときに学習せざるをえなかった。中でもギリシア語は苦手で，「幼少の時代から詰め込まれてきたギリシア語が，どうしてあんなに嫌だったのか，その理由はいまだに十分説明がつかない」と回顧している（『告白』 I, 13, 20）。ギリシア語を日常語としないラテン世界の子どもたちにとってギリシア語はラテン語よりも学習するのは当然困

---

33)　ブラウンは言う，「アウグスティヌスは友人や近親者がそばにいることなしには片時も過ごしたことはなかった。初代教会にはこれほどまでに人間関係のあり方によって規定されている思想家は他にいない」（前掲訳書，上巻，37頁）と。

34)　「さらに友人たちのうちには，それとは別に私の心をひきつけるものがありました。それは，ともに語り，ともに笑い，仲良く助けあう。たのしい本をいっしょに読み，冗談をかわしたり，尊敬しあったりする。ときには，人が自分自身と仲たがいでもするように，にくしみあうことなく仲たがいする。そういう仲たがいはきわめてまれであるけれども，かえって，はるかに多い意見の一致に味をそえる結果となる。何かを教えあったり，お互いから学びあったりする。友人がいないときにはいらいらした気分で待ちこがれ，来ると大よろこびで迎える —— こういったことです。そして顔つき，ことばつかい，目つき，無数の愛情あふれるしぐさを通じ，愛する者と愛し返す者との心から生じるこれらの，またこれに類するしるしによって，私たちの心は，まるで薪にたきつけられたかのようにいっしょに燃え上がり，多くの魂はただ一つの魂になってしまうのでした」（『告白』 IV, 10, 13）。

難であった*35。学校での教材もウェルギリウス，キケロ，サルスティウス，テレンティウスといったラテン文学に偏っていた。しかし，彼は幼少の頃からラテン文学に親しみ，教養を身につけることができた。彼は『手紙』の中で言う，「ギリシアの哲学者たちの意見，いや実際は，キケロの対話編のあちこちから集められたつぎはぎの意見の断片を知っているだけで，彼らの哲学大系をギリシア語の書物の中で十分に展開されたようなそのままの姿で知っているわけではない」*36と。だから彼は同じ手紙の中で人々はラテン語しか話せない学生だった自分のことを「大馬鹿者」と考えたことであろうと回顧している。しかし，少数の書物の中でも「過ちを犯さなかったばかりでなく，賞賛されないような詩句は一行たりとも書かなかった」(『信の効用』6, 13) と言われるウェルギリウスを精読し，暗記した記憶から全著作の中で42816回も引用することができた*37。同時にこの古典作家の詩句の半行を引用するだけで彼は，ローマ世界の教養ある敵対者たちと対決して正確に自説を展開することができたし，キリスト教的教養世界の代表者ともなることができた。

　さらに彼はマダウラで教育を受けた。「文法教師」(grammaticus) の学校で文法と弁論術を学んだ。ここでの教育は弁論学校の予備課程で，修辞学を除いた自由学科の六教科を学習した。そこではギリシアのホメロス，ローマのウェルギリウス，テレンティウス，ホラティウスなどの詩文が朗読・解説・評価された。それに歴史と地理が加わり，カエサルやタキトゥスまたリウィウスも学んでいる。「ラテン語は大好きだったのです。それも，小学校の教師に習ったラテン語ではなく，文学士と呼ばれる先生方から教えられたほうです。……この上級の学科においてわたしは自分自身漂流の身であることを忘れ，アエネアスとやらいう者の漂流物語を暗記し，恋ゆえに自殺したディドの死に涙をしぼっていました」(『告白』I, 13, 20-22)。

　アウグスティヌスはマダウラでは上級の弁論学校に進まず，立身出世を

---

35) 古代末期の教養は二か国語によってなされていたから，アウグスティヌスは当時の思想家がすべて身につけていたギリシア語の知識をほんの僅かしか修得していなかった。彼は他の教父に比べてギリシア思想を翻訳に頼って修得せざるをえなかった。

36) 『手紙』118, 2・10，ブラウン，前掲訳書，上巻，40頁からの引用。

37) ブラウン，前掲訳書，41頁参照。

望んだ父の希望を入れて，アフリカの中心都市カルタゴの弁論学校に進学した。当時の弁論術は「上等なおしゃべり」と彼によって批判される以上に重要な意味をもっていた。法治国家ローマでは法廷弁論術が重視され，弁論術は政治と法曹界に活躍するための教養とみなされていた。若者はこれによって文学的な教養と説得的な言論の力と思考力を養ったのである。この弁護士の職から行政官への道が通じていた。当時の学校では若きキケロの習作『発想論』(De inventione) がラテン弁論術の教科書として用いられたらしい[*38]。しかしキケロには『雄弁家論』(De oratore) があって，弁論家の本来的な理想像が提示され，現実の諸問題を法学を含む哲学的な教養によって解決する道を説いた。そのためアウグスティヌスは「学習の順序に従って」キケロの『ホルテンシウス』を読み，哲学に方向転換するに至った。このように彼が受けた教育によって北アフリカの文化状況が知られる。

そこで彼が送ったカルタゴでの生活を回顧しておきたい。『告白』第3巻の冒頭でアウグスティヌスは「私はカルタゴにきた。するとまわりのいたるところに，醜い情事のサルタゴ（大鍋）がぶつぶつと音をたててにえていました」と語っている[*39]。事実，彼の時代にはアフリカ文化はその爛熟期を迎えていた。実際16歳のときヌミディアの田舎町からカルタゴにやって来た彼は，歴史的な記念物が多数林立し，優美な彫像群によって美しく飾られた町に驚嘆したことであろう。彼の青春時代はここで開花することになった。

ローマ人はアフリカの繁栄を基盤としてカルタゴを再建した。カエサルやアウグストゥスがローマやイタリア諸地方からの入植者をこの町に住まわせたので，カルタゴは海外における第二のローマとなった。ローマの守護神の煌めきを思わせ，太陽の光に燦然と輝くカルタゴの町は，吟遊詩人たちに霊感を吹きこんだ。彼らはカルタゴの美に眩惑された。それは文化的にはローマ化されはしたが，その中身は土着民のベルベル人のものであった。「遠方に海を見下ろすビルザの丘には，白亜の邸宅がオレンジの花咲く庭園の中で光り輝いていた。属州総督の館は町の中央に位置し，公共

---

38) 岩村清太『アウグスティヌスにおける教育』創文社，21頁。
39) T. S. エリオットはこの言葉に現代人の愛の状況を読みとっている（『荒地』西脇順三郎訳，「世界名詩集大成10　イギリスII」平凡社，156頁）。

広場は廻廊とバシリカに囲まれていた。カルタゴには，全体が屋根に覆われ，半円形をした音楽堂，劇場，円形闘技場，壮大なアントニヌス公共浴場などがあった。都市参事会員たちはこの町を飾り立て，豪華な建造物で覆った」[*40]。町の広場の上にはビルサの丘があり，総督たちの館が立っていた。彼らは文学の趣味をもち，古典教育によって高い地位についていた。この総督としてシュンマクスがこの町にやってきたのとアウグスティヌスがキケロを読んで哲学に目覚めたのは同じ頃であった。シュンマクスは青年を援助して将来は自分の役に立つようにもくろんでいた。アウグスティヌスはこのかつてのカルタゴの総督の推薦をえてミラノに向かうことになる。

　彼はまだ若かったにもかかわらず，また将来の立身出世には障害であったけれども，身分違いの女性と非公式に結婚した。

　ここで当時のアフリカが生んだすぐれた著作家たちを紹介しておきたい。1世紀にはマニリウスが占星術に関する韻文の手引きを書いた。2世紀にはマルクス・アウレリウス帝の家庭教師であったフロントがいた。また魔術と宗教と性とを独特に混ぜ合わせた『黄金のろば』（変身物語）を書いた流行作家アプレイウスはアウグスティヌスが教育を受けたマダウラの出身であった。彼はまたプラトン哲学についての入門書『ソクラテスの神』も著わし，それは長く影響力を保った[*41]。この書の内容をアウグスティヌスは『神の国』で検討し，神とダイモンとは区別されているのであるから，その表題は『ソクラテスのダイモン』とすべきであると語っている（『神の国』VIII, 14, 2）。そのように神々と人間とを仲介するダイモンとして神霊を占う魔術的要素がここでは認められる。事実ローマ帝国では魔術を施すことはれっきとした犯罪行為であり，「魔術師」と呼ぶことは侮辱でも悪口でもあった[*42]。また，晩餐会での会話を有効に進めるための

　40）　アマン，前掲訳書，21頁。
　41）　アプレイウスの『ソクラテスの神』について Apuleius, On the God of Socrates. in: The Works of Apuleius, 1876. を参照。
　42）　アプレイウスは魔術を用いたという嫌疑をかけられて法廷に突き出された。彼はプデンティラという名前の女性と結婚したとき，彼女が以前婚約していた人の義兄弟が彼女の結婚話を聞いて，アプリウスが彼女を魔法で魅惑し，媚薬でもって籠絡したと告発した。この虚偽の告発に対して彼は弁明せざるをえなかった（R.L.ウイルケン『ローマ人が見たキリスト教』松本宣郎訳，ヨルダン社，161頁参照）。

一種のリーダース・ダイジェストとなった『アッティカ風の夜』の著者アウルス・ゲリウスもいた。アウグスティヌスが『神の国』を書いたときの論敵マクロビウスがいた。彼の手になる「スキピオの夢」（キケロの『国家』最終巻）に関する注釈書は，中世のヨーロッパにとって新プラトン主義哲学についての主要な情報源となった[*43]。さらに自意識の強い異教徒マルティアヌス・カペラもいた。彼はおそらくアウグスティヌスの寿命が尽きた後に『文献学とメルクリウスとの結婚』を創作し，それはウァロの『訓練の書』(Disciplinarum libri) を寓話的に改作したもので，読者に七つの自由学芸（文法・弁証法・修辞学・算術・幾何学・音楽・天文学）の初歩を教え，教養がいかに人を天国に導きうるかを示した。

　アウグスティヌスはこのようなアフリカの知的伝統の下で育っており，キケロやウェルギリウスまた新プラトン主義の下で鍛えられて，アフリカの文化的伝統によって教養を積み時代を指導する人物となった。だが，わたしたちがアウグスティヌスに関心を寄せるのは，単に学問的関心のみではなく，彼の人格・人柄そのものにも個人的にひかれる。ハルナックはアウグスティヌス的人間とゲーテのファウストとを比較し，両者の類似性を指摘している。というのは真理を探求しようとする燃えるような情熱，絶望の淵への沈潜，永遠の愛による救いなどの類似性がそこに見られるからである[*44]。だがアウグスティヌス自身の人となりにもあのファウスト的二面性が認められる。異教徒だった父から受け継いだ抑制されない生の享楽，飽くことのない名誉心と世知に富んだ知性，これに対し敬虔なキリスト教徒の母モニカから受けた優しく温い心情，高貴な魂，清い愛とが彼のうちに二元的に対立抗争し，相争って激突し，ここからあの豊かな精神的内面の世界が形成された。これはあたかもプラトンのエロースのごとくであり，エロースの神がポロス（豊富）とペニヤ（窮乏）から生まれ，哲学の地盤となっているのに似ている[*45]。このような心情と精神的内面性から生じる豊かな思想は，とくに彼の生前にも，人々に親しまれ，最もよく

---

43) チャドウィック『アウグスティヌス』金子晴勇訳，教文館，10-11頁参照。
44) ハルナック『アウグスティンの懺悔録』山谷省吾訳，岩波文庫，23頁。
45) このエロースが知識の観点から見られるとき，「無知の知」ということがプラトンによって示唆的に説かれているのであるが，この「無知の知」(docta ignotantia) という術語もアウグスティヌスに発するとされているのも不思議ではない（『手紙』130, 15, 28）。

読まれた,『告白』に活写されている。『告白』はわたしたちがみずからの姿を写し見る鏡であるとも言われており,そこでの自己省察と内省分析による思索の方法こそ彼をして「最初の近代人」たらしめている[*46]。

このようにアフリカの土地と太陽は人間アウグスティヌスを育成した。土地は民族を鍛え,太陽は人々を覚醒させ,行動力を育んだことであろう。アフリカが育てた情熱的な精神は以前にはテルトゥリアヌスの過激な異端批判やキプリアヌスの教会愛を生み出した。それに対して内省的なアウグスティヌスは静かな情熱を心に秘めながら修道士から司教となって教会のために生涯を使い尽くした。そこではいつもアフリカの友人たちが協力して大きな役割を担った。

5　友人との共同生活と修道院生活

アウグスティヌスがアフリカに戻って最初に開始したのがタガステにおける修道生活であった。これは友人との共同生活から生まれたので,彼の友人に対する関係を若い時代にさかのぼって考えてみたい。友人の中でもアリピウスはタガステの出身であり,アウグスティヌスとは親戚筋の人であった。彼は一緒にカルタゴに行き,一足先にローマに渡り,アウグスティヌスをローマに来るように勧誘しただけでなく,ミラノにも同行した。そればかりか『告白』第8巻によると彼はアウグスティヌスとともに回心を体験した。その後も生地タガステの司教に選ばれ,生涯アウグスティヌスの片腕となって働いた。またネブリディウスは裕福なカルタゴの異教徒出身で,「わたしと一緒に生活し,真理と知恵とのいともかぐわしい研究をする」ためにローマとミラノに同行したが(『告白』VI, 10, 17),病弱のゆえにカシキアクムの討論には参加しなかった。彼はタガステで共同生活を送った後,390年に死去した。アウグスティヌスは彼のことを「甘美な友」(dulcis) と呼んだ(『告白』VIII, 6, 13; IX, 3, 6)。387年のネブリディウス宛

---

46) それゆえにわたしたちは個人的な関心を彼に感じて魅了されるのであるが,告白といっても,単に近代的自我の目覚めから生じる自然主義的告白文学とは異質である。というのは,「告白」が同時に神の「讃美」をも意味しているからである。つまり告白は自己意識の産物ではなくて,神意識の原点となっている。

5　友人との共同生活と修道院生活　　　85

の手紙には当時の精神的な雰囲気がよく表れている。

「わたしは一般的にいって感覚的なものの障害から生じる心配事で困惑したり圧倒されたとき，あなたもよく知っている次のちょっとした推論によって〔いっそう新鮮な〕気分へ向かって高まります。すなわち＜精神と知性は目や視力よりも優れている。このことはわたしたちが知覚するものよりも，認識するものの方がいっそう優れていないとしたら，そうはならないであろう＞。……わたしが神の助けを求めて，神に向かって，また最も真実に真理であるものに向かって，超越しはじめるとき，時折永続する事物の前味によって満たされるので，各人が自分自身にとって現臨しているのと同じく，自分の内に現臨しているものの存在を信じるために，先の推論がわたしにとって必要であることを時に不思議に思います」(『手紙』4)*47。

ネブリディウスは返書の中で共同生活への希望の実現をアウグスティヌスが怠っていると非難した。これに対する返書にはアウグスティヌスの友情が次のように語られている。

「あなたは手紙でわたしたちがどうしたら一緒に生きることができるかということの方策を立てることを怠っていると非難しています。それは重大な非難であり，もしそうであれば〔わたしたちの友情にとって〕とても危険なものでしょう。……あなたにとって最適な乗り物があなたにさし向けられるべきでしょうか。わたしたちの友ルキニアヌスによればあなたが駕籠でなら無事に移動できるできると保証しています。しかし，あなたの母上が，健康なあなたがいないことにさえ耐えられなかったとしたら，まして病弱なあなたがいないことには耐え

---

47)　最初期に属する386年にカシキアクムでゼノビウス宛に書かれた手紙のなかでアウグスティヌスは哲学研究に没頭しながら，ゼノビウスに対し心からの友情を吐露している。「わたしが想うに，身体的感覚に触れるすべてのものは，まことに一瞬たりとも同じ状態にとどまることができないで，流れ去り移っていき，何ら現実性をもたない。……真の神聖な哲学は，このような事物に対する愛をきわめて有害で呵責を生み出すものとして抑制し鎮めるように教え，心がこの身体とかかわっている間にも，絶えず同一であって過ぎゆく美を喜ばないものに全身を傾けて熱愛し燃え立たせる。……それでもあなたが身体の上でわたしたちから離れ，空間的に分かれている場合には，あなたとお会いしてあなたを見ていないのをわたしは嘆き，もし許されるなら兄弟たちのためにも会いたいと願い求めている」(『手紙』2)。このゼノビウスは『秩序』を献呈した知人で，そこでの討論に参加を予定していたが，それは実現しなかった。彼は後にローマ政府の文書長官になったことしか知られていない。

られないであろうと思います。わたし自身があなたのところへ行った方がよいのでしょうか。しかし，当地にはわたしと一緒に行くことができない人たちがいますし，思うに彼らを見捨てることは赦されるべきでないのです。……こういうわけですから，あなたもまた，どうしたらわたしたちが一緒に生活できるかを，共通の幸福のために思いめぐらすという一事が残っていることがお分かりでしょう」(『手紙』,10)。

アウグスティヌスはネブリディウスが病気であって，その死が近いことを予感していたようである。彼はアウグスティヌスの回心後しばらくして亡くなった。

ミラノで回心を促したポンティキアヌスの談話にエジプトの修道士アントニウスの回心の物語があって，アウグスティヌスは初めて修道生活のことや，ミラノにもそれがあることを知った[*48]。回心直後ミラノの近郊カシキアクムにあった友人の別荘で彼は友人たちや母と共同生活をし，いくつかの対話編を残しているが，ここにキケロが行ったような哲学的探求の共同生活に対する彼の年来の憧れが実現している。洗礼を受けた後郷里に帰ってからも，彼は友人たちと修道の生活をおくっていた[*49]。初期の著作『カトリック教会の道徳』には当時修道院が西方でも急速に普及しつつあったことが記されている[*50]。彼が営んだ修道生活の模様はこの著作によく反映している。そこには「この世の魅惑を軽んじて放棄し，もっとも純潔でもっとも聖なる共同生活を行うために集まり，祈祷と読書と談話のうちに日々を送る人々」が集い，彼らは「慎み深い，謙譲で穏やかな人々であり，自分たちの功徳の源泉である神に対し，その意にもっともかなう犠牲として，完全な同心一致と完全な瞑想の生活とをささげている」。だが，同時に「労働と断食」とが重んじられ，労働は古代社会におけるよう

---

48) 『告白』VIII, 6, 14；15参照。

49) タガステの集団は修道院とは呼ばれなかった。それは「兄弟の共同体」と呼ばれていたように，財産を共有し，質素で素朴な生活を営んだが，形式的な誓約も，制服も，定められた規則と服従の要求もなかった。この人たちは後の修道院よりもはるかに知的であった。この集団は名称をいまだもっていないけれども，それ事態としてはローマ時代のアフリカにおける最初の修道院的な集団であった。

50) 『カトリック教会の道徳』熊谷賢二訳，創文社, 99, 105-06頁参照。

51) 前掲訳書, 101-03頁。アウグスティヌスの『修道士の労働』は修道院における労働の意義を説いたものとして重要である。『再考録』によるとこの書は，カルタゴの司教アウレリウスの要請によって，カルタゴ近郊の修道院に集まった人たちの間に生じた対立を解く

な奴隷のわざではなく，断食も苦行を意味しないで，それによって獲られた食物を社会の困窮者に配分する奉仕のわざを意味した[*51]。

　司祭になったときもこの生活を継続しようと願って彼はヒッポに修道院を立てた。ポシディウスによると「アウグスティヌスは司祭になると間もなく教会の中に修道院を設立した。そして神のしもべたちとともに，聖なる使徒たちの時代に制定された規律と生活様式にのっとった生活を始めた。そこで特に留意された規則は，その団体の中では，だれも私有のものをもたず，すべての人がすべての物を共有し，各自必要に応じたものを支給されるということであった」[*52]。そこには聖職者も数人参加したが，その共同生活は主として平信徒の兄弟たちから成り立っていた。入会した兄弟たちは手工業者や貿易商の事務員として働いて生活を維持した。この人たちはアウグスティヌスがタガステを立ち去ることによって解散した平信徒たちに比べて教養の面では劣っていた。そこでは詩編や聖書から作られた賛美歌がうたわれた。アンブロシウスが自作した賛美歌をアフリカのカトリック教会の礼拝式で用いるのはほんのわずかしか許されなかった。さらに清貧に対する形式的な誓約は求められなかったが，すべての人は修道院にはいるとき財産を寄進した。この時代には社会的な不安が高まり，ゲルマン諸民族の侵入もあって，修道院の中の方が経済的な安定を約束していたからである。

　彼が経営した修道院では東方で見られような厳格な禁欲は実行されず，ぶどう酒は病人に許可されていたし，客が来たときは，肉食も許された。修道院に入る際にはその習慣に基づいて修道服を正装として着せられ，街路でもすぐ身元がわかるように特別の帽子をかぶった。彼らは音楽会や円形劇場から帰って来る群衆から喜捨を受けることに慣れなければならなかった。アウグスティヌスはこうした生き方を，彼らの生活が来世の価値に照らしてのみ意味がありうる（『説教』46・10），という言葉をもってきわめて正確に定めた。「来たるべき世界のことを考えない人，神の究極的約束を受けるためということ以外の何らかの理由のためにキリスト教徒であ

ために書かれた。ある者は使徒に倣って自活し，他の者は信徒の施しによって生活することを主張した（『再考録』II, 47）。アウグスティヌスは身体的な労働の必要性を強調し，神から霊的な報いを受けるためには神の僕は自活すべきであると説いた。
　52）　ポシディウス『聖アウグスティヌスの生涯』（前出）33頁。

る人は，いまだなおキリスト教徒ではない」(『説教』9・4)。間もなく修道女のための建物もできた。アウグスティヌスの姉妹で，未亡人になった人が女子修道院長となった。

　人々が修道院に入ったとき，処理できない問題を持ち込んでいることが多かった。彼らは厳粛な修道の誓願をなし禁欲生活をはじめるに際し，以前からの生活態度を改めず，飲酒や貪欲などの悪徳を放棄しなかった。そのため修道院は修道に不適格な人や人生の落伍者のための病院のようになった。それでもここで訓練を積んだ修道士たちの多くは後に司祭や司教として活躍し，アウグスティヌスをも側面から援助した。

　彼は自分の修道院規則を作成した。この規則は伝承される際に二つの明白な系統をもって今日に伝えられている。一つは男子修道院のためのものであって，『神の僕のための規則』(Regula ad servos Dei) である*[53]。他は女子修道院の姉妹たちのために作成された版であり，『手紙』211に含まれている。両者には若干の異動があっても，内容は変わっていない。この法規は今日まで続いている規律「修道会会規」(Regular Canons) の基である。その規則はきわめて簡潔であり，特徴として認められる点は，悔悛への誘導を説かず，過度の苦行に反対していることである。「キリストの清貧」をめざす彼の理想は質素な生活と自己訓練とを伴った観照的な静けさであって，自己嫌悪や自然的感情の抑圧を意図していない。ましてや健康を害することは論外であった。しかし，経済的な貧困は当時の北アフリカを覆っており，その解決は容易ではなかった。次に，この点を彼の司牧活動から考えてみたい。

　アウグスティヌスの司教としての活動の中で北アフリカの文化事情と関連の深い点をまず考えてみよう。彼は回心とともに教授職と結婚を放棄し，進んで禁欲生活に献身し，このような生活がアフリカ教会にあまねくゆきわたるように願っていた。すでに4世紀の後半には聖職者は結婚すべきではないという意見が興っていた。その動機は主として禁欲主義に由来しており，結婚の放棄は古代においてはつねに偉大な威光に結びついていた。彼はキリスト教徒が皆修道士になるように期待したわけではないが，キリ

---

53) この修道院規則は篠塚茂訳「アウグスティヌス修道規則」『中世思想原典集成』4，平凡社，1086-105頁と茂泉昭男『輝ける悪徳——アウグスティヌスの深層心理』186-99頁に訳出されている。

スト教的な訓練によって幸福な生活を送るように願った。アフリカ教会における聖職者たちは，福音書の中にある完全な生活をめざして，一般に童貞を守り，清貧の道を歩んだ。それゆえアウグスティヌスは彼らに「聖なる火よ，うるわしい火よ」(『告白』XIII, 25)と印象深く呼びかけている。とはいえ彼は修道士たちが修道院に閉じこもって社会から隔絶しないで，むしろ社会に奉仕するように説いた。教会が彼らの奉仕を必要とする場合には，彼らは司教として，あるいは教区の司祭として奉仕する要請には従うべきであると説得した。とくに修道女たちは病人の世話をしたり，捨子を救助するという社会的な役割をもっていた。実際，古代社会では赤子が保護されないと，命の危険にさらされる場合が多かった。またひどく貧しい家族もあって，子供の数が増えると経済上の危機に陥り，子供たちを奴隷商人に売る機会さえもない家族が多かった。捨子や孤児たちは司教たちにとり世話をすべき特別な存在であった。しかも福祉施設はただ教会の資金に頼る以外になかった。その資金も不十分で，いつもアウグスティヌスの悩みの種であった。だが，教会の資金が少なくても，何もないよりましであった。そのさい彼の姉妹たちの活動が大きな意味をもった[54]。ポシディウスによると彼は困窮した人を「自分と同じ貧者」と呼んでいた。そして教会の財産や喜捨による収入のすべてを貧者の必要に当てた[55]。このことを直接反映しているのは貧困や困窮した人に対する配慮である。これは司教の特別な責任と考えられていた[56]。

また，罪を犯して監獄に抑留されている人たちに対する執り成しも司教の任務であると考えられた。当時は法律を破った人に対する配慮は司教の手に委ねられていた。アフリカの司教代理マケドニウスへの手紙にはヨハネ福音書8章に語られている姦淫を犯した女に対するイエスの執り成しが収監者に対してなされるべきであると勧められている。たとえば，彼の教区外の者でカトリックの司祭を殺害したり傷つけたかどで告発された過激な暴徒ドナティストに対する配慮に示されており，彼は友人でローマの政

---

54) チャドウィック，前掲書，106-7頁参照。
55) ポシディウス，前掲訳書，70頁。
56) 当時は一般に困窮した両親では病気や障害のある子どもをもつと，赤ん坊を捨てることによってそれから免れようとした。見捨てられた子どもを引き受けて救ってくれる人たちを彼はほめている。また教会に救いを求めてきた極貧の人々に対する援助も司教の仕事であって，彼の手紙に中には借金の返済を手伝った人への感謝が示されている（『手紙』20）。

治家であったマルケリウスに手紙を書き,「わたしたちは神の僕の殉教があたかも報復であるかのように同害でもって復讐されるべきだとは願っていない」(手紙133)と調停している。これらは,古代末期の最大の思想家アウグスティヌスが教会のために配慮した,獅子奮迅の司牧活動のほんの一例に過ぎなかった*57。

(付記) 本章のテーマ「北アフリカの文化状況」はアウグスティヌスとその時代に関して不可欠な内容であるが,北アフリカは古代ローマ社会の一地方であるがゆえに,その研究も主としてドナティストの研究を中心にこれまで進められてきたといえよう。もちろん,ファン・デル・メールやピーター・ブラウンなどの優れた伝記的な研究には北アフリカの文化事情が個別的には詳しく伝えられていた。しかし今日ではアマンの『アウグスティヌスの日常生活』によって詳細な研究成果が発表されるようになった。とくにこのアマンの研究に導かれて,わたしはこれまで主としてアウグスティヌスの『手紙』によってその文化状況を叙述してみたが,その成果はきわめて不充分であり,広大な研究領域がやっと視野に入ってきたに過ぎない。

---

57) 詳しくは F.van der Meer, Augustinus der Seelsorger, 1953; Lee Francis Bacchi, The Theology of Ordered Ministry in the Letters of Augustine of Hippo, 1998 を参照。

第Ⅳ章

プラトン主義とキリスト教

はじめに

　アウグスティヌスが青年時代の思想的な遍歴において新プラトン主義から決定的な影響を受けたことはよく知られている。とはいえ，その新プラトン主義の内実は何であったのかと問うと，必ずしも明らかではない。実際，彼が新プラトン主義者のいかなる書物を読んだかという問題ひとつをとっても，多くのことが論じられたけれども，必ずしも明瞭となっていない[*1]。古代末期において教養人が哲学として受け入れたものは，ストア哲学とプラトン主義との混合形態であって，ストア派の倫理学にプラトン主義の形而上学とアリストテレスの論理学の若干を加えたものであった[*2]。この点はアウグスティヌスの『告白』で語られている読書遍歴に現れているだけでなく，『自由意志』においてもその第1巻はストア哲学によって議論が進められ，第2巻になるとプラトン主義が優勢となり，第3巻で初めてキリスト教が指導的になることに示されている。しかし古典一般ではなくてプラトン主義こそ彼の思想形成に決定的な役割を果たしたと考えられるので，この点に限って考察してみたい。

　2世紀から3世紀にかけて活躍したアフリカの神学者テルトゥリアヌスは『異端者への抗弁』において「アテナイとエルサレムとの間にいかなる関係があるか」と問い，それに応えるかのように『護教論』では「いった

　1）　とくに次の研究はすぐれた意義をもっている。P. Courcelle, Recherches sur les Confessions de saint Augustin, Paris, 1950, 93-138, Die Entdeckung des Christlichen Neuplatonismus, in: C.Andresen, Das Augustinus-Gespräch der Gegenwart, 1962, S.125-81.
　2）　チャドウィック『初期キリスト教とギリシア思想』中村・井谷訳，日本キリスト教団出版部，16-17頁。

い哲学者とキリスト教徒との間に, いかなる類似点があるというのか。哲学者はギリシアの弟子であるが, キリスト教徒は天国の弟子である」と述べた[*3]。この神学者の言葉としてよく引用されている「不合理なるがゆえにわたしは信じる」というパラドキシカルな命題も哲学の合理性と信仰の不合理性を対決させている。キリスト教と哲学との絶対的な異質性の主張は, グノーシス的な思弁的な混合を拒絶すること意味しており, パウロのアテナイのアレオパゴスにおける演説（使徒言行録17・16-34）や「人間の言い伝えにすぎない哲学, つまりむなしいだまし事」（コロサイ2・8）という哲学に対する批判に看取される。この批判の背後にあるのはグノーシス派の異端であって, 単純な信仰に反対した思弁的な理論であった。この対決においてキリスト教とヘレニズム世界との出会いが生じている。しかし, 対決から出発したこの出会いはやがて古代の末期にはいると, ヘレニズム文化を受容する道がプラトン主義によるキリスト教の弁証という形で起こってくる。こうして教父哲学が誕生し, それはプラトン主義とキリスト教との総合としてアウグスティヌスにおいて完成するに至る。

1 キリスト教教父におけるプラトン主義

2世紀の中葉からキリスト教とヘレニズム文化との交流がいっそう進展していき, やがて両者の対決から総合への道が始まる。この交流は次第に深まりを増し, 教会の主流を形成するようになっていった。こうした潮流を教会史家A.ハルナックは「福音のギリシア化」といっている。もちろん, この運動や傾向によって福音の本質が覆われてしまっているので, キリスト教にとっては不幸な出来事であるとも考えられる。しかし, ギリシア的な合理的精神によって素朴な福音信仰が反省されているのであるから, P.ティリッヒが主張しているように「聖書宗教の基礎に立つ存在問題の採用」という積極的評価をこれに適用することもできる[*4]。この運動に対する解釈と評価は異なっていても, ギリシア古典文化との交流がキリス

---

3) Tertullianus, De praescriptione haereticorum, 7. Apologeticum, 46, 18.『護教論』金井寿男訳, 水府出版, 136頁。

4) P.Tillich, Biblische Religion und die Frage nach dem Sein, 1956, S.54.を参照。

教に新しい進展をもたらしていることは明瞭な事実である。

　2世紀の後半にはヘレニズム時代の神秘的な宗教思想であったグノーシス主義（グノーシス「霊智」によって宗教を解釈した立場）がキリスト教世界に勢力をえてきた。サトルニウス，カルポクラテス，バシレイデス，ウァレンティヌス，およびマルキオンなどが勢力をもつにいたった。これらのキリスト教グノーシス主義という異端分派との対決というかたちでキリスト教は新しい思想上の展開を見たが，これに加えてローマ帝国によるキリスト教の迫害が一段と強化されるようになった。この弾圧に対抗してキリスト教の真理を弁護し，道徳生活における健全性を訴え，さらに異端を論駁する護教家が多数登場してきた。彼らは学問上「弁証家」（アポロゲーテン）と呼ばれている。2世紀にはアリスティデス，ユスティノス，タティアノス，アテナゴラス，テオフィロスが，3世紀にはテルトゥリアヌス，エイレナイオス，クレメンス，オリゲネスが，4世紀にはアタナシオスとアンブロシウスなどが，そして5世紀にはアウグスティヌスが，それぞれ代表的弁証家として活躍した。ここでは先ず2世紀のユスティノスをその典型として考えてみたい。

ユスティノスとプラトン主義　ユスティノス（100年頃—165年頃）はパレスチナに生まれ，ギリシア哲学とくにプラトンの影響を受け，イデアの神秘的直観にいたろうとしたが，啓示による方法のあるのを知ってキリスト教に入信し，後にローマでキリスト教を講じた。しかし，マルクス・アウレリウス皇帝の治下迫害を受けて殉教した。彼は一生の間「哲学の衣」を脱ぎ捨てなかったように，キリスト教を「安全で有益な哲学」として説いた。キリストは神のロゴスを完全に実現し，人間化された真理であるとみなした。プラトンも同じロゴスにしたがい，不完全ではあるが真理を語ったと説いた。そこからプラトン哲学はキリスト教にいたる準備段階となり，ロゴスを完全に実現したキリスト教を迫害するのは誤りであると力説した。

　こうしたキリスト教の弁証論はギリシア哲学によってキリスト教を基礎づけ，キリスト教をギリシア化するものである。彼によって「キリスト」はユダヤ的な「メシア」に代わって「ロゴス」として捉えられた。キリストが先在の神的ロゴスであるのは至高なる神の現れであるからにほかなら

ない。またすべての理性的存在には普遍的なロゴスが「種子的ロゴス」として分与されている[5]。したがってソクラテスをキリスト教徒と考えることができるし，キリストは「正しい理性」の化身であって[6]，哲学者でもあり，幸福に至る道を教える真の教師でもある[7]。それゆえ山上の説教は完全に自然法と一致している。この結果，世界を知性界と感性界とに二分し，知性界の原理たるロゴスが感性界に「受肉する」ということが説かれるようになった。「メシア」には民族をその苦難から救済するという「連帯」の意味が含まれていた。それゆえ，ヨハネ福音書の冒頭で用いられている「言」(ロゴス) が「神の力」を意味し，非哲学的な意味で考えられていたのに，プラトン主義者がキリスト教に回心することによって，天上界のロゴスの受肉としてイエスが説かれるようになった[8]。しかし，弁証家たちの哲学は，グノーシス主義とは相違して，まずキリスト教の基本信条を信じた上でそれを哲学的に弁明したのであるから，やがて異端の論駁への道を開くとともに，キリスト教信仰の存在論的解明を試みたといえよう。

オリゲネスと新プラトン主義　2世紀の終わりごろにアレクサンドリアには教理問答学校があって当時の学芸の一大中心地となっていた。この学校はキリスト教の最初の組織的な学園である。そこではクレメンス (150頃―211頃) やオリゲネス (185頃―254頃) が活躍した。オリゲネスは新プラトン主義の開祖アンモニオス・サッカスの教えを受け，豊かなギリシア哲学の教養をもってキリスト教の教義を哲学的に解明した。こうしてキリスト教のギリシア化はいっそう徹底されているが，イエスがキリストであるという宣教の実質はヘレニズムの世界観をもって守り貫かれており，こういう形でヘレニズム世界にキリスト教は積極的に語りかけていった。

---

5) ユスティノス『第二弁明』8・1―3；10・8, 13
6) ユスティノス『第一弁明』12・7；『第二弁明』2・13；9・4
7) ユスティノス『トリフォンとの対話』142・3；3・4参照。
8) このような思想史上の特質についてハルナックは『キリスト教の本質』のなかで次のように判断している。「ロゴスをキリストと同一視したことは，ギリシア哲学と使徒の遺産とを融合する決定的な点となり，ギリシアの思想家たちを使徒の信仰に連れてきた。私たちの多くの者にとってこの同一視は受け入れがたい。なぜなら〔ギリシア〕世界と倫理についての思考は私たちを実在するロゴスに導かないからである。この〔思考〕形式は当時の人々の興味を吸収し，福音の単純さから人々の心を分離させ，福音をさらに著しく宗教哲学に変えたのである」(『キリスト教の本質』山谷省吾訳，岩波文庫, 204頁)。

オリゲネスは『原理論』において神・世界・人間について多くの意見を参照しながら聖書を解釈し，信仰の思索を展開している。また，彼はマルキオンのグノーシス的な見解，つまり新約聖書におけるイエスの父なる神と旧約聖書の創造神とを区別する見解，さらにプラトン主義的な哲学説，聖書の擬人的表現の字義通りの理解などに対する批判を試みた。キリスト教と新プラトン主義との総合という雄大な試みはこの書のなかで行われた。彼の学説の要点を次にあげてみる。

（1）彼は神の非物質性を論証しようとし，「神は霊である」と語る福音書の意味を探求した。彼によると「すべての知的存在，すなわち非物質的存在の中で，最も名状しがたく，最も測りがたく卓越している者こそ神である」*9。この神は「純一な知的存在，モナス〔一〕，いわばヘナス〔単一性〕であり，精神であって，あらゆる知的存在即ち精神の始原であるところの源泉である」*10。

（2）彼の学友プロティノスが神なる一者からの世界の流出を考えたのに対し，彼は神の世界創造を説き，始原における創造は理性的被造物，つまり精神（ヌース）の創造であって，精神は自発性をもち自由意志によって神に近づくことも離反することもできる。なお，この物体的世界は堕落した精神の修練の場として造られたのである。さて神の創造において神から生まれた知恵は「将来の被造物の可能態と形態のすべて」を秩序として所有しているが，この知恵の内なる神秘と秘密とを開示する働きがロゴス〔言〕と呼ばれる。このロゴスは人間を罪と死の力から解放するため救い主となられた*11。神はこのロゴスにおいて被造世界に関与するため，ロゴスは被造物ではないが，神に従属する。元来それは神と同質（ホモウシオス）であるが，世界への媒介性のゆえに神に対して従位に立っている。

（3）彼はプラトン哲学の真髄を継承している。宇宙は大きな生ける被造物であって，ロゴスによって存在する。そこには星辰を含む他の多くの存在があって，霊魂を吹きこまれており，人間の魂に住み家を与えている。

9）　オリゲネス『諸原理について』1, 1, 5., 小高毅訳，創文社，56頁。
10）　オリゲネス『諸原理について』1, 1, 6. 同，56頁。この源泉は「善をなす力，創造する力であって，一瞬たりとも無為であったことがあると考えるのは条理を逸したことであり，不敬なことでもある」（オリゲネス1, 4, 3., 前掲訳書，87頁）。
11）　オリゲネス1, 2, 4., 前掲訳書，64頁。「神のロゴス，神の知恵が〈道〉となられた」。

宇宙には始源と終わりがあっても更に世界が継続するがゆえに，最終的な万物更新（アポカタスタシス）の時は果てしなく遠く，復活は単なる挿話となってしまう。人間学においてプロティノスと類似している点が多く，魂は無限の将来と無限の過去において永遠であり，その創造は時間の外にある。それも神の恩恵によるのみならず，その本性上永遠なのである。個々の魂は純粋叡知であったから，魂は究極的にはその状態へと回復される。人間の魂は天使の地位にまで上昇することもできれば，悪魔の地位に転落することもできる[*12]。ここでは異教的見地に対する譲歩が多くの点で見られる[*13]。

（4）人間は創造されたとき「神の像」として造られたが，「似姿」という完全さは世の完成のときまで保留されている。そのためには熱心に神を模倣し，完全な似姿をとらなくてはならない[*14]。しかし自由意志によって人間は堕落したので，天使とサタンとの中間に位置している。だからキリストに学んで，完全なロゴスの認識に進み，死すべき身体も「霊的身体」となり，天に昇りゆくことによって「永遠の福音」は完成する。

（5）新約聖書のキリスト教は聖書の寓意的方法によってプラトン主義的に解釈される[*15]。思弁的な精神にとって，それは書かれた文字の勝手な解釈から逃れる唯一の道を提供した。オリゲネスの論敵ケルソスも「ユダヤ人やキリスト教徒のなかでも，道理をわきまえた者たちは，これらのことを寓喩的に解釈する」として注目されていた。これがポルフィリオスにも伝わり，古代文書の権威に従いながら自説を盛り込む手段となった[*16]。

---

12) 魂の運命はひとえにその地上での生き方に依っており，悪しき意志は罰を受けるが，神の正義はつねに救済的であって制裁的ではないから，その罰は永劫ではない。善なる意志は一時的に「地上の楽園」に住み，認識を高めてより高い段階へ進む。こうして魂は今の身体よりも巧緻な物質から成る身体を纏うが，パウロの言う「霊的な身体」も一時的な妥協の産物となっており，魂は身体を徐々に脱落し，プラトンと同じく，最終的には身体をもたないものとなる。

13) この時代にはキリスト教の終末論の思想が流動的で，確定されておらず，2世紀以後のシュネシオスとネメシオスは魂の先在に対する信仰を述べており，身体の復活と世界の終末に関しても疑念を抱いていた。また，ニュッサのグレゴリオスでさえ，永遠の劫罰を退けて，すべての魂は楽園の状態に回復されるという希望を語っている。

14) オリゲネス3, 6, 1., 前掲訳書, 267-68頁。

15) このように古典を解釈する方法はアレクサンドリアで行われていたものであって，ホメロスのテキストに深い真理を読み込む手段として考案されていたものであった。ユダヤ人はそれを旧約聖書に応用し，グノーシス主義者はそれを新約聖書に適用した。これがクレメンスやオリゲネスに継承された。

このようなオリゲネスの優れた学説もあまりにプラトン主義的な内実のゆえに当時はその正統性について疑問視され、魂の先在説・キリストの父への従属説・万物の救い・身体観などが異端とみなされ、543年のユスティニアヌスの勅令で、オリゲネスの革新的な思想のほとんどすべてが異端と断定された。それゆえ西方キリスト教の思想を決定したのはオリゲネスではなくアウグスティヌスであったといえよう[*17]。

ニカイア公会議とアタナシオス　さて、神を父・子・聖霊の三位一体として説くことは人間との交わりを拓いたキリスト教の神の観念にとって決定的に重要な信仰経験に属する。新約聖書の中にはすでに萌芽として三位一体の考えが至る所に見られるが、明白な教説となっていない。元来ユダヤ教は厳格な一神論であり、異教は多神教であった。キリスト教はユダヤ教から一神教を受け継いできたのであるから、神の他にキリストを神とすることは多神教に転落するように考えられた。そこで一神教の伝統に立ってキリストを神とみなさない異端が多く現れてきた。こうした異端思想との対決からキリスト教の最大の教義である三位一体が確立された。この異端にはグノーシスの異端、キリスト仮現説、モナルキア主義（養子説とサベリウス主義）その他があった。その中でも最大の異端はアレイオス（336年没）主義であった[*18]。この一派による異端と分離の運動は当時の最大の係争となり、これを解決すべくコンスタンティヌス大帝によってニカイアの公会議（325年）が開催され、三百人の司教が召集された。この会議によって「ニカイア信条」が定められた。

アタナシオスは教会政治に早くから携わり、助祭になり、司教の神学上の助言者として、ニカイア公会議に同行した[*19]。アレイオス論争はすで

---

16) E. R. ドッズ『不安の時代における異教とキリスト教』井谷嘉男訳、日本基督教団出版局、150頁以下参照。

17) オリゲネスの学統に属する思想家には教会史の父であるカエサリアの司教エウセビオス（ca263-339）、カッパドキアの三大神学者、カエサリアのバシレイオス（ca330-ca379）、ナツィアンツの司教グレゴリオス（ca329-389）、バシレイオスの弟でニュッサの司教グレゴリオス（ca331-396）が輩出して、次に言及するアタナシオスの信仰をオリゲネスの学問の下に定着させようとしたものと評価されている。

18) アレキサンドリアの司教アレイオスは、オリゲネスの説いたキリストの父への「従属説」をさらに徹底させて、キリストを神と同一視することを否定した。

19) 彼は295年ころ生まれ、少年時代に最後の迫害を経験してはいたが、青年の頃には

にエジプト周辺をこえて拡大しており東方の全体に衝撃を与えていた。彼は論争に参加することによってすでに巨大な勢力となっていた反対党の勝利に打撃を与え，以後54年にわたって常に変わらない確信と柔軟さをもって，またさまざまな表現と手段とに訴えて，三位一体の信仰を貫いた。

　コンスタンティウス2世帝の寛容政策によってアレイオスが恩赦を与えられて，教会に復帰することを赦されたとしても，アタナシオスはアレイオスを再び受け入れることはできなかった[20]。教会で重要なことは，この世界での目論みではなく，永遠なる問題である人類の救済である。世界も理性も人類を救済できなかった。そのためにロゴスであったキリストが受肉しなければならなかった。彼はわたしたちの肉体を取ることによって，わたしたちの性質を神の永遠の生命と結びつけた。こうして受肉は救いの決定的な出来事となった[21]。彼は「最高の学識と勤勉の人，オリゲネス」をよく知っており，一人よがりの解釈上の濫用者であるアレイオスから守ろうとした[22]。

2　新プラトン主義の影響

アウグスティヌスは384年法廷弁論術の教師としてミラノに招聘され，この地で有名なカトリックの司教アンブロシウスの説教を聞き，幼き日に培かわれていたカトリック教会の信仰が再び彼の心に力強く作用しはじめた。と同時に彼は新プラトン主義の書物，恐らく当時ウィクトリヌスによりラテン語に訳されたプロティノスの『エネアデス』と二，三のプラトン

新しいローマ帝国内の教会組織の中に固く組み込まれ，正統信仰を確立した。この教会は彼にとって所与の事実であり，終生これに忠誠を尽くした。彼はこれまでのギリシア教父と異なり，キリスト教哲学の学問的雰囲気に馴染んでいなかった最初の思想家である。つまり，彼は教会人であって，学校によって教育されたのではなく，アレキサンドリアの教会行政の職務によって訓練された。この地には大規模な教会に附属する機関があり，それによってエジプトと北アフリア一帯が管轄された。
　20)　彼は「真理に逆らって異端を発案し，公会議によってアナテマを課せられた」人を受け入れることは原則的にありえないという立場を固守した（アタナシオス『アポロギア』2・59・5）。
　21)　アタナシオス『異邦人に対する教え』40。
　22)　アタナシオス『ニカイア教令論』27，1。

の対話編などを読み，その哲学によって彼の心をそれまでいたく苦しめてきた問題，とくにマニ教の影響から来た唯物的神観と悪の起源の問題を理論的に解決した。

アウグスティヌスとプラトン　アウグスティヌスはプラトンについて最初期の著作『アカデミア派駁論』から40年後の『神の国』に至るまで繰り返して言及している[*23]。だが，直接読んだのはキケロのラテン訳『ティマイオス』だけである（『福音書の一致』I, 22, 35）。同様に書物としては『パイドン』を知っており（『神の国』I, 22），『パイドロス』や『国家論』は何らかの抜粋の文集などによって知っていた。なかでも哲人王の支配，洞窟の比喩，ウルの神話，世界制作神デミウルゴス，永劫回帰の循環，イデア世界，人間学的三区分（理性・気概・欲望），四元徳，想起説，神と人との区別，ダイモンなどについて論じており，これらの知識はウェルギリウス，キケロ，ウァロ，プロティノス，アプレイオス，ポルフィリオスなどの著作から学んだと思われる。彼にはギリシア語の知識がわずかしかなく，聖書やクリュソストモスの一節を自分で訳せる程度のものにすぎなかった（『ユリアヌス駁論』I, 6, 22参照）。

彼は初期の著作でプラトンとその追随者とを過度に賞讃した点を『再考録』で反省している。初期の著作『真の宗教』の全体が明らかにしているように，プラトン学説の多くはキリスト教と一致していると考えた[*24]。そのさい，「真理は内的人間の内に宿っている」（『真の宗教』39, 72）という主張にはイデアの存在に関する新しい理解があり，イデアの精神における内在が説かれた[*25]。このイデアの直観は人間にとって究極的な幸福で

23）アウグスティヌスは初期の著作において輪廻転生の説に従ってプラトンとプロティノスを同一視している。彼は言う，「すべての強情さと頑固さが死滅して，哲学のうちで最も純化され最も光に満ちたあのプラトン〔の教え〕が，誤謬の雲を突き破ってその輝きを現わしたのは，特にプロティノスにおいてであった。この人はプラトン派の哲学者で，人々が自分たちはプラトンと一緒に生きていると思うほど，プラトンとよく似ているとみなされた。しかし，時代の隔たりがある限り，むしろプラトンがプロティノスに再び生まれ変わったと考えるべきであろう」（『アカデミア派駁論』III, 18, 41）と。またアウグスティヌスはプラトンおよびその同種の語を全著作で252回使っている (Augustine through the Ages. An Encyclopedia, ed. by A. D. Fitzgerald, 1999, p. 651)。

24）『真の宗教』以外では『手紙』118，『神の国』VIII, 11などがある。

25）彼は中期プラトン主義からイデアが神的精神の外部ではなく内部に存在するという考えを得ている。たとえば『八三の諸問題』47節はプラトンのイデア説について重要な所説

あると考えられた。

　実際，彼の精神的な発展の途次，『告白』第7巻が物語っているように，知的な回心はプラトン主義者の本を読んで生じた。ここに述べられている書物は，後述するように，マリウス・ウィクトリヌスによって訳されたプロティノスとポルフィリオスの著作であって，プラトンのものではない。さらにプラトン主義への接近は『真の宗教』でプラトン主義とキリスト教との相違は「僅かな言葉」にすぎないと語られている点に顕著である[*26]。

　2世紀の弟子たちであるプロティノスとポルフィリオスを含めてプラトンこそアウグスティヌスが異教徒との決定的な出会いをもった中心的な存在である。『神の国』第8-10巻で古代ギリシア・ローマの最善の思想家を問題にしている。彼によると古代の哲学者たちは幸福を探求したが，彼らにはそれを生み出す力がなかった。またプラトンはソクラテスの愛知活動をピタゴラスの観照と結合させた。さらにプラトンは神を存在の原因，理解の根拠，生活の秩序と定義しており[*27]，これによって哲学の三部門である自然学・論理学・倫理学の基礎を築いた（『神の国』VIII, 4;『アカデミア派駁論』3）。哲学者は神を享受する（同 VIII, 6）。神は形態的なものではなく，すべての可変的な物体と霊とを超越する。すべて可変的な事物は生命のない物体から植物，感覚的生，理性的生，創造された霊に至るまで，真実に存在してはいても，恒常不変な神にその存在の由来をもっている。神の主な属性は恒常不変性 (incommutabilitas) である。神は造られたものではなく，よいわざはよい神によって造られた（同 XI, 21）。それゆえ存在には位階があって，恒常不変の神が最高であり，その下にあるすべての存在は可変的であって，物質は最低存在である。そして人間はその中間に位置する。

を含んでおり，イデア＝普遍は「神の精神の中にある思想」であると主張することによって聖書の一神論を弁護している。

　26)　『真の宗教』4, 7.「僅かの言葉と文章を変えれば (pucis mutatis verbis atque sententiis) 彼らはキリスト教徒となったであろう」。アウグスティヌスはエジプトから金を持ち出して自分のために使ったユダヤ人のことを引用し，これを比喩としてキリスト教徒がプラトン主義から真理を持ち出して聖書を解釈するのに役立ててもよいという（『キリスト教の教え』40, 60-61『告白』) VII, 9, 15. もちろん彼はプラトン主義をキリスト教の教えを用いて解釈している。

　27)　彼の言葉によるとそれは現実の創造者，真理の照明，幸福の授与者となる（『神の国』VIII, 5)。

2 新プラトン主義の影響

アウグスティヌスはキリスト教の復活の教義をプラトン的な「身体からの逃避」に対抗して弁護する[28]。また歴史の循環説や輪廻説も批判する（同 X, 30; XXII, 12）。さらに『三位一体』ではプラトンの想起説が批判される（『三位一体』XII, 15, 24）。アウグスティヌスは青年時代に哲学への改宗者としてこの説によって翻弄されたが、必ずしもそれを受容したわけではなかった（『再考録』I, 4, 4; I, 8, 2参照）。彼はこの説を独自の照明説によって拒否する。とはいえプラトンでは想起説と照明説とが並行して説かれているがゆえに、彼の照明説の淵源はプラトンの『国家』第6巻の「善のイデア」にある[29]。

プラトンの想起説が個物をみてイデアを想起する先天的な能力であるのに対し、照明説というのは、イデアを神の精神の内に置き、それをまさしく神的なイデアとし、人が精神の内で真理を求めるとき、神の言葉であるキリストが真理自身として精神を照明することによって、個物は真の認識を獲得すると説く。プラトンでは精神は想起作用によってイデアを捉えるのに対し、照明説では神の子キリストが神の精神であるイデアと人間の精神とを媒介し、イデアは光となって真の認識を獲させている[30]。

アウグスティヌスは『ティマイオス』以外はプラトンを直接読んで知ったのではないにしても、彼はプラトンを古代の最大の哲学者として尊敬した。だが、想起説が魂のイデア界における先在に基づいていた点を彼は疑問視し、キリスト教の観点からそれを修正しなければならなかった。しかし、修正だけでは不可能の場合もあった。とくに真正なプラトン主義者たちは受肉による救済を決して認めなかった。ところが受肉の真理は回心以来彼の思想的核心となっていた。事実彼は「プラトン主義者」を経てキリスト教に導かれたがゆえに、修正を施した上でプラトン主義を採用して、キリスト教に役立てようと試みた。

---

28) 金子晴勇『アウグスティヌスの人間学』（前出）90-93頁参照。
29) プラトン『国家』第6巻、19.508D-509B参照。
30) この照明説の古典的箇所は『教師』11, 38である。そこでは次のように語られている。「わたしたちが知解することができる普遍について、恐らく言葉によって真理に聞くように促されるが、わたしたちは外で話したり音を響かせる人に聞くのではなく、内奥にあって精神そのものを支配する真理に聞く。しかし、教えるのはこのように耳を傾けられ、内的人間に住むと言われる、キリストつまり不変な神の力にして永遠の知恵である」。詳しくは R. H. Nash, The Light of the Mind. St. Augustine's Theory of Knowledge, 1969, pp. 94-101; G. O'Daly, Augustine's Philosophy of Mind, 1987, pp.204-13を参照。

新プラトン主義の特質　新プラトン主義の哲学によれば，目に見える感覚的世界の背後に真に実在するイデアの世界があり，この世界を統括する神は純粋な霊であり，一者である。そしてこのイデアを捉える人間の魂も霊的であるから，目に見える感覚的で物質的な世界の介在を経ることなく，神と人間とは直接に関係する。ここから「神と魂とを知りたい。それ以外は何も知りたくない」(『ソリロクイア』I, 2, 7)という彼の思索の基本的態度が表明された。そこで，神は一切の存在するものの根源であるから，マニ教徒が神に対抗して存在するという悪は，実は，「存在の欠如」(privatio boni) もしくは「善の喪失」にすぎない。こうして彼を悩ましつづけた神の存在と悪の問題は理論的には一応克服された。

しかし彼はプラトン派の書物の中で神の言が神から生まれたとあったが，わたしたちの中に受肉したとは読まなかったと言う。彼はキリスト教的眼をもってそれを読んだのであった。このことは当時のプロティノスの哲学に対するカトリック教会の評価が肯定的であったことを反映している。それゆえ彼は『真の宗教』の中でも，プラトン派とカトリックの相違は「わずかの言葉と思想」にすぎないと言う(『真の宗教』4, 7)[*31]。この僅かな相違の中に神の言の受肉が含まれていることは明らかであるが[*32]，彼をしてこの相違に気付かせた神秘的体験はいかなる特質をもっているのか。

知恵への愛としての哲学が理性の立場に立つ限り，プラトンからプロティノスにいたる歴史が示しているように，その究極するところは神秘的脱自である。それはプラトンにおける知性の回心やプロティノスの神秘的脱自体験に明らかである。知恵への愛はみずからの日常的あり方の彼岸に脱することにより初めて清められた純粋なる姿を獲得するにいたる。アウグスティヌスも新プラトン主義の強い影響のもとでこのような脱自体験をなしている。そのさい，脱自体験がそこまで導いてきた思惟の終局を意味しないで，新しい地平を切り開く出発点をなしていることと，体験が一時的

---

31) 『真の宗教』についての詳しい研究は拙著『アウグスティヌスの人間学』第1部第4章「超越——内面性の問題」139-69頁を参照していただきたい。

32) この点に関しては『告白』第7巻, 18・24-21・27を参照。詳細な研究は R.Crouse, paucis mutatis verbis: St. Augustine's Platonism, in : Augustine and his Critics, ed.R. Dodaro and G. Lawless, 2002, p.37ff.を参照。

であったという瞬間性が逆に人間の有限性とそれにもとづく罪の自覚という，換言すると，神の観照と罪の自覚とが二重になって啓示されている。彼は次のように語っている。「わたしが初めてあなたを知ったとき，あなたはわたしを引き寄せ，わたしが見るべきものは存在しているが，わたしはまだそれを見うる者となっていないということを，わたしに知らせた。そしてはげしい光線をあてて弱い私の視力を突き放されたので，私は愛と恐れにわななきました。そしてあなたからはるかにへだたり，似ても似つかない境地にいる自分に気づきました」（『告白』VII, 10, 16）。この注目すべき心の不安と戦慄の叙述の中で，神を知るということが同時に神と人間との存在の「似ても似つかない」不等性における遠い距離と隔絶の自覚となり，哲学的知見の実現自身のうちに救済とキリスト啓示を，つまり受肉の真理を要請する必然的契機が含まれていることが知られる。

プロティノスとポルフィリオス　プロティノスは，ポルフィリオスの伝記によると[*33]，同門のオリゲネスと同じように，最小限の食物と睡眠，せいぜい菜食主義者のとる食事および風呂に入らない禁欲生活を送っていた。「彼はいつも身体の中にいることを恥じていたように思われた」。また自分の肖像を書かせなかった。というのは肖像は身体の影であって，身体が精神の影であるがゆえに，それは精神の影の影に過ぎないからであった。そして自分の誕生日を一度も祝ったことはなかった。男女の多くの弟子たちにとって，プロティノスは人生の大小の決断に際し相談にのってくれる父親のような存在であった。彼はうそを見抜く超自然的な眼識をもっていた。そしてキリスト教徒の司教たちのように，紛争の仲裁を頼まれた。

　プロティノスの思想の全体像は存在の五段階説によって最もよく説明される。一者が最高存在であって一者の下にある階層の低いレベルのすべて

---

33)　ポルフィリオスは264年にローマに移りプロティノスのもとで哲学を学んだ。プロティノスは神経質なポルフィリオスに自殺を思いとどまらせ，シケリアに帰省させた。その後彼はローマに帰り，ある学校の校長となった。さきの伝記によると彼は一度だけ一者との神秘的合一の経験をもった。プロティノスでさえも生涯にただ4回神的に照明された経験をもったにすぎないが，この等しい経験のゆえに自分がプロティノスの著作を編集するにふさわしいと彼は確信していた。こういう仕方で彼は師がその弟子の批判的精神と霊感にみちた経験を高く評価していたことを伝えている。この伝記ではプロティノスが類例のない天才であり，守護する神霊の導きの下にあって，その精神は知性活動の絶頂においても集中力をすこしも緩めなかった天才である，と賞賛している。

は区別され，一者が完全に善いのに対し，それらは存在が減少し，善に関して少しずつ劣っている。階層の頂点には段階的に三つの神的存在，つまり一者，精神，魂がある。これらは三にして一なる関係にある[*34]。その下には身体と質料が属している。魂は物を生産する力をもっており，善なる一者から存在階層の反対の極に存在している質料は，宇宙的な用語で言うと，形相を欠いた非存在という全くの悪である[*35]。

ポルフィリオスの教説はその師プロティノスのそれと似ていた。新プラトン主義学派の中には神々の祭儀に関して意見の不一致があった。プロティノスとポルフィリオスとは，神霊をなだめるために犠牲を捧げるべく祭儀に参加することに対して態度を保留していた。ポルフィリオスは「魂の帰還」(De regressu animae) という論文を書いた。これはアウグスティヌスによって受容され『真の宗教』に色濃くその影響の跡を刻んでいる[*36]。彼は，神殿での犠牲や外面的な儀式の行事が魂の清めに役立たず，犠牲後の肉食の習慣は菜食主義者には肯定できなかった。魂の清めはただ「身体から逃避すべし」(omne corpus fugiendum) によってのみ到達しうる。彼は「あなた自身に帰還するようにあなた自身で訓練しなさい。みすぼらしい

---

34) プロティノスは存在階層の頂点に一者・精神・魂があると教えた。一者は最高の善である。その下には完全に善いということよりも存在が減少している精神がある。しかしさらに段階を下った魂は物を生産する力をもっている。善なる一者から存在階層の反対の極に存在している質料は，形而上学的に言えば形相を欠いた非存在という全くの悪である。プロティノス『エネアデス』5, 1「三つの原理的なものについて」，アウグスティヌス『神の国』X, 23参照。なお，プロティノスとキリスト教徒の思想上の親近性に関しては A. Hilary Armstrong, Plotinus and Christianity, in: Platonism in Late Antiquity, ed. S. Gersh and C. Kannengiesser, 1992, p.115ff.を参照。

35) これがマニ教の善悪二元論を克服する手がかりとなったプロティノスの学説である。この質料に備わった宇宙的で非道徳的な「存在の欠如」としての悪は，魂における道徳的悪の根となっている。「質料がなければ，道徳的な悪はあり得ない」(『エネアデス』I・8・14)。魂に質料が現在していることが魂の弱さを引き起こし，魂の転落の原因となっている。それと同時にプロティノスは魂の出現と下降とが，魂の潜在的な力の実現のためにも，また魂が低次の感覚の世界に尽くすべき奉仕のためにも，必要であると考えた（同IV・8・4-5)。これを見てもプロティノスでさえ明確で首尾一貫した理解に達していないと思われる。回心の後にアウグスティヌスはプロティノスの誤りを正そうと努めた。

36) ポルフィリオスは「存在を所有するすべてのものは，それが存在を所有するかぎりで善である。身体でさえそれ自身の美と統一をもっている」と言う。アウグスティヌスは『真の宗教』40, 74で同じことを語っている。そこでタイラーはアウグスティヌスに見られる新プラトン主義からプロティノスを引いたものをポルフィリオスに帰した。ここから『告白』第7巻にある「プラトン派の書物」はポルフィリオスの著作であると推定した。Willy Theiler, Porphyrios und Augustin, in: Forschungen zum Neuplatonismus, 1966, S.161ff. 参照。

半端ものの堆積へと散乱し零落している霊的要素のすべてを身体から切り離して集めなさい」と，また「魂は知性である本当の自己を発見することによって真実に豊かになることができる」，さらに「わたしたちの目ざす目標は存在の観照に達することである」と語った[*37]。これらの言葉をアウグスティヌスの『告白』は反響させている。事実，ポルフィリオスは肉食を絶ち，性生活を禁欲することによって魂は次第にその身体上の足かせから解放されうると説いた。

　ポルフィリオスはプロティノスの五段階説から存在の連鎖の頂点に存在・生命・知性活動からなる神的三肢すべてが相互的に関わりながら，内的に統一されているという思想を取り出した[*38]。この究極的な存在の運動から律動的な発出が起こっているがゆえに，永遠な魂の運命は魂が由来するところへ向かって帰還することである。魂は生まれながら不滅なのである。彼は晩年にキリスト教信仰と聖書の歴史的信憑性とに関して批判した[*39]。

　ミラノのプラトン主義者たちのグループは，彼らのところにやってきた修辞学の新参教授の心を，ウィクトリヌスが翻訳したプロティノスとポルフィリオスの手になる小冊子でもって，しっかりとつかまえた。その小冊子の中でアウグスティヌスは悪の問題と非質料的な超越界の神秘的経験について学び，青年時代に彼を苦しめていた問題に対する新しい知見に到達している。

新プラトン主義による神秘的な経験　ミラノのプラトン主義者たちを通してアウグスティヌスは「ギリシア語からラテン語に訳されたプラトン派のある書物」を読むことになる（『告白』Ⅶ, 9, 13）。この書物は当時普及していたプロティノスの訳書であると考えられるが，ポルフィリオスの

---

37) チャドウィック，前掲訳書，37頁からの引用。
38) 『神の国』(X, 23) では「父なる神」「子なる知性」「宇宙霊魂」がポルフィリオスでは三位一体をなしていると紹介されている。アウグスティヌスによるとこの考えはキリスト教において実現している。
39) これに対してアウグスティヌスは『キリスト教の時代について』(De tempore christianae religionis) で反論している。この書は『異教徒を論駁する六問題』1巻，あるいは『手紙102』の第2問に付けられた題目である。その一部が『聖徒の予定』9, 17に再録されている。『手紙』226, 3をも参照。

訳書をも指していると考えられる[*40]。

そこでまずアウグスティヌスの体験でよく引用される古典的な出典箇所を考察しよう。

「そこで私は、それらの書物から自己自身に立ち返るように勧められ、あなたに導かれながら、心の内奥に入っていきました。それができたのは、あなたが助け主になってくださったからです。私はそこに入ってゆき、何かしら魂の目のようなものによって、まさにその魂の目を超えたところ、すなわち精神を超えたところに、不変の光を見ました。それはだれの肉眼によっても見られるあの普通の光ではなく、それと同類だがもっと大きく、はるかに明るく輝き、その明るさで万物を満たすような光りでもありませんでした。私が見たのはそういう光ではなく、このようないかなる光ともまったく別のものでした。……そしてはげしい光線をあてて弱い私の視力を突放されたので、私は愛と恐れにわななきました。……そのときはるかに高いところから……という御声を聞いたように思いました。……その声を私はまるで心に聞くように聞いたのです」(『告白』VII, 10, 16)。

このテキストには①内面への転向がはじめに述べられ、次に②「魂の目」によって自己を超えたところに不変の光を見る体験が語られている。さらに③不変の光の照射をうけ、突き放されるという経験が示されている[*41]。しかし「魂の目」による光の認識の挫折は、神の側からの声を啓示として聴く「心の耳」に向かわせている[*42]。

「思考を習慣からひきはなして、反対するさまざまな幻想の群れから身を遠ざけ、ある光を注がれたことを悟り、<不変なものは可変なも

---

40) 前者の説に関しては、R. O'Connell, Saint Augusthine's Platonism, 1984を参照。後者の説に関しては、W. Theiler, op. cit., S.160ff.を参照。なおマニ教との関連に関してはTh. O'Loughin, The Libri Philosophorum and Augusthine's Conversions, in: The Relationship between Neoplatonism and Christianity, ed., Th. Finan and V. Twomey, 1992, p.101ff. を参照。

41) ここには『真の宗教』で述べられていた三段階の図式が説かれている。『真の宗教』30, 54; 31, 57; 32, 59; 39, 72; 42, 79; 55, 108; 55, 113.参照。

42) 続くテキストにおいてアウグスティヌスは「魂の目」による光の認識についていっそう詳しく述べている。そこには「段階的な発展」(gradatim) があって、①外的な物体から②身体を通して感覚する魂へ、③動物と共通する魂の内なる能力へ、④さらに推理能力を経て⑤知性的認識に高まり、⑥不変の光によって⑦「存在するもの」の一瞥に達している。それは神の直観という神秘的認識であった。

のにまさる＞と何の疑いもなく叫んだとき，その光によって＜不変なもの＞自体を知ったのです。……そしてついに，おののくまなざしで (in ictu trepidantis aspectus)＜存在するもの＞を一瞥するにいたりました」(『告白』VII, 17, 25)。

しかし，この神秘的直観は，回心後のオスティアにおける神秘的体験の叙述では，次のように描かれている。

「さて私たちは，知恵について語り，あえぎ求めながら，全心の力をこの一挙にこめて (toto ictu cordis)，ほんの一瞬にそれに触れました。……たったいま，私たちがすすんでゆき，万物をこえてとどまりたもう永遠の知恵に急速な思惟によって (rapida cogitatione attigimus) 触れたように，その者ご自身を聞くとき，この状態が持続して，これとはおよそ比較にならないたぐいの他のもろもろの表象がとりのぞかれ，ただこの一つの直観に見る者の心が奪われ (rapiat)，吸い込まれて，深い内的歓喜に引き入れられるとき，そして，いまあえぎもとめ，この一瞬悟りえたもの (hoc momentum intellegentiae) が，永遠につづく生命となるとき，それこそはまさに《汝の主のよろこびのうちに入れ》といわれるときではないか」(同 IX, 10, 24-25)。

ここに神秘的体験の核心をなす「神秘的合一」が「拉致」の事実によって示されている[43]。だが，ここで注目しなければならないのは，前のテキストに語られていた，「一瞬の直観」の後にも後退しないで，その至福に留まるにはどうすればよいかが示されている点である。それは，ここに語られているように，思惟による知的直観が神自身の啓示の声を聞くことによって支えられなければならないということである。つまり神の声を聞く「心の耳」の受容作用なしには「拉致」は起こらないといわざるをえない。見るという直観の作用は，なお，依然として，対象との間に主客の距離と分裂を前提している。これに反し，啓示の声を聞く作用は，元来，受動的であるのみならず，語られた言葉が直接心の肉碑に刻み込まれるため，断固たる態度をもって生の方向転換たる回心を引き起こしている。

---

43) 神秘的な拉致体験について金子晴勇『ルターとドイツ神秘主義』創文社，151-59頁参照。

3 神秘主義とキリスト教的霊性

アウグスティヌスは新プラトン主義を経てキリスト教の救いに到達した。この歩みは彼の神秘主義や霊性にとって重要な意味をもっており，著作においても次第に神秘的な霊性の思想が成熟するようになった。

　アウグスティヌスが神秘主義者であるか否かについて意見はさまざまであるが，彼が好んで用いた「神の観照」「神の直観」「神の享受」という言葉によって，通常の理性による認識以上のものが表現されていることは確実である。西洋思想史においても神秘主義にはさまざまな形態が見られるが，アウグスティヌスに発しドイツ神秘主義に向かう中世キリスト教神秘主義の流れは，信仰の敬虔な生活から生まれ，キリストとの一体感のなかに生き続けて，ヨーロッパ的な霊性を育成してきた。しかし，彼の思想においては中世で説かれた神と魂との「神秘的合一」は，彼の著作の中では暗示的にしか表明されず，むしろ神と人との異質性が強調され，この断絶を克服する「道」がキリストにおいて示される。こうして「神の観照」は将来の究極目標にされ，現在は愛を潔め，意志を強化する恩恵の下での生活が力説された。ここからキリストとの愛の交わりが強調され，たとえば『ヨハネ福音書講解』で次のように説かれる。「それでは神を心から信じるとはどういうことか。それは信じることによって神を愛し，信じることによって尊重し，信じることによって彼のうちに入り行き，その体に合体されることである」（『ヨハネ福音書講解』XXIX, 6.）。この体というのは神秘的な「キリストの体」をさしており，ここにキリストと信徒の魂との信仰による神秘的合一が説かれていた。こうして「人なるキリストから神なるキリストへ」と向かう超越となる。それゆえ「この人なるキリストから神なるキリストへというアウグスティヌスの命題は，高く聳える灯台のごとくすべての全世紀にキリスト神秘主義が向かうべき，目的への正しい道を示している」（グラープマン）[*44]。

---

44) M.Grabmann, Augustins Lehre von Glauben und Wissen und ihr Einfluss auf das mittelalterliche Denken, in: Aurelius Augustinus hrsg. M.Grabmann und J. Mausbach, 1930, S.93.

そこでアウグスティヌスの神秘的霊性を神の観照や神秘的合一に至る道程として説かれている魂の七段階説と三段階的図式を問題にしてみたい。

アウグスティヌスの初期の著作『魂の偉大』には神の観照に向かう七段階が述べられている。そこでは，①生命現象，②感覚，③学術，④徳，⑤静寂，⑥接近，⑦観照，が区別され，魂が観照に向かって超越すべきことが説かれる。同じ初期の著作の中で霊的な発展の七段階は『マニ教を反駁して創世記を論じる』（388-390）で述べられている。ここでは七段階が比喩的に解釈されている。同じころに『真の宗教』（389-390）が書かれ，認識における七つの段階が示されている。最終段階では宗教とは神との結合であると語られる。「彼らの援助によって唯一の神に向かって探求し，わたしたちの魂を唯一者に結びつけて —— ここから宗教と言われたと考えられる —— わたしたちはあらゆる迷信から遠ざかる」（『真の宗教』55, 111）。しかし，理性の認識作用において神に向かって上昇する歩みの目的が段階的に把握されており，形態的なものから非形態的なものへと方向づけられた初期の哲学の姿勢が維持されている。さらに『主の山上のことば』と『キリスト教の教え』にも段階的な発展が心理的な要素を加えながら語られているが，それでも初期の著作においてはプラトン主義の認識学説が支配的であって，神に向かう段階の理性的な説明が主たる傾向である。終わりの二著作に示されているように魂の心理学的分析にとどまらず，そこから離れて心情的な愛の傾向を正しく導く意図をもって神に至る道行が段階的に説かれている。この時期には司祭から司教となっていて，彼は聖書の研究にいっそう努めていることが知られる。

中期の代表作『告白』から『三位一体』で叙述されている神秘的霊性の発展段階に目を向けてみたい。そこではもはや七つの段階を取らないけれども，いっそう簡潔な構成が与えられ，上昇的な超越の歩みは既述のように三段階的な図式を取るようになっている。はじめに，①内面への転向が述べられ，次に②「魂の目」によって自己を超えたところに不変の光を見る体験が語られている。さらに③不変の光の照射をうけ，突き放されるという経験が示されている。ここには『真の宗教』で述べられていた三段階の図式が説かれている。

また彼自身の神秘的経験は『告白』第7巻でプロティノスの書物を読んだときの出来事として叙述されている。そこには次の二つの注目すべき点

が認められる。①神秘的脱自の決定的瞬間においても自己省察が続けられ、覚醒した意識の下で思惟が火急的になり、認識が愛と同化している。②神の認識が一瞬のことであり、それに長く耐えられないことから人間存在の有限性とそこから生じうる罪とが自覚されている。したがって神と魂との「神秘的合一」ということはこの経験の中に入ってこない。しかし「魂の目」による光の認識の挫折は、神の側からの声を啓示として聴く「心の耳」に向かわせている[*45]。ここにキリスト教に独自な霊的な経験が入ってくる。

　このことは先に触れたように回心後のオスティアにおける神秘的体験では「拉致」とし捉えられたが、アウグスティヌスは『創世記逐語講解』の最終巻でパウロの神による「拉致」体験を霊的な経験として解釈しようと努めている。そこでは「あなたの隣人を自分のごとく愛しなさい」（マタイ22・39）という戒めを事例として取り上げ、それとの関連で三種類のヴィジョンについて語っている[*46]。ここでは身体的感覚による視像と霊による視像に加えて、第三の愛による視像が区別されている。そのさい「霊」(spiritus) という用語はキリスト教的な霊性の意味からはかけ離れており、像を形成したり再生したりする構想力として考えられている。このことはヘーゲルが宗教の立場を絶対知に至る前段階として表象知と規定したのに似ている。これに対して第三の愛の作用には最高の視像が求められ、それは「精神の直視によって」(per contuitum mentis) 実現される。そのとき人は何らの模像をもつことなく霊的に愛の意味を捉える。アウグスティヌスによるとこれが模像を伴わない直観知 (intelligentia) である。

　晩年のアウグスティヌスは人間が霊的に誕生しなければならないことを

　　45）　この点に関しては金子晴勇『アウグスティヌスの人間学』280-83頁参照。なお、「聞く」作用の意義については U. Duchrow, Sprachverständnis und biblisches Hören bei Augustin, 1965, S.73-89を参照。また聴覚の作用に関しては金子晴勇『人間学講義』知泉書館、96-100頁参照。

　　46）　De Genesi ad litteram, 12, 6, 15. 三つの種類のヴィジョン（視像）というのは、①眼を通したヴィジョンで、これによって文字そのものが読まれる。②人間の霊を通したヴィジョンで、不在の隣人であっても想起される。③精神の直視によるヴィジョンで、これによって愛そのものが理解され洞察される（ロマ1・20）。これら三つのもののうち、第一と第二は日常経験で明らかであるが、「これに対して愛が理解され洞察される第三のものの場合、ものそのものでない、ものに類した模像といった類のものをいっさい持たないある類のものを含んでいる」と語られている。

強調した。『神の国』の最終巻ではこれを「霊的な誕生」として次のように語っている。「使徒は，人間が敬虔と義に従ってかたち造られる霊的誕生 (institutio spiritualis) を，このような肉的誕生になぞらえて述べている。＜たいせつなのは植える者でもなく，水を注ぐ者でもなくて，成長を与える神である＞（Ⅰコリント3・7）と」(『神の国』XXII, 24, 2.)。このような魂の新生こそキリスト教人間学の核心をなすものであって，人間の自然本性の改造をもたらすのである。アウグスティヌスはこの観点に基づいて再度七つの段階説を述べている[*47]。しかし，彼が強調したのは，真理の認識と善への愛に段階的に昇ることが知恵と諸徳を身に付けて神の至高にして不変なる善を強く欲求することに基づいている点である。これを可能にしてくれるのが「霊的な誕生」に他ならない。そのときの霊の状態を彼は次のように語っている。

「もはやどんな悪にも染まらず，これに支配されず，これに屈することなく，戦いがほまれとなる相手も失せて，まったき平和に達した徳のうちに完成するとき (pacatissima virtute perfectus)，人間の霊はいかばかりのものとなろうか。神の知恵が最高の至福を伴ってその源から汲まれるとき (Dei sapientia de ipso suo fonte potabitur, cum summs felicitate) 誤謬もなく労苦も伴わない万有の知識は，いかほど大きく，いかほどうるわしく，いかほど確かなことであろうか。身体 (corpus) があらゆる点で霊 (spiritus) に従い，これに十分養われて他の栄養を少しも必要としないとき，その身体はいかほどすぐれているであろうか。それは肉の実体を持ちながらも肉的な壊敗はまったくなく，魂的ではなくて霊的になるであろう (non animale ,sed spiritale erit)」(『神の国』XXII, 24, 5.)。

これがアウグスティヌスの霊性の理解であって，彼は最晩年のペラギウス論争の諸著作でもペラギウスの人間の本性に立脚した自然主義的な道徳

---

47) 『神の国』XXII, 24, 3.「こうして神は，①人間の魂 (anima) に②精神 (mens) を与えられた。精神を座とする理性と知性 (ratio, intelligentia) とは，子どもにあってはまだ眠ったままで，いわばないに等しいのであるが，年齢が進んでくると目ざめ，大きくなって知識と教えとを受け取ることができるようになり，③真理の認識 (perceptio veritatis) と④善を愛する能力をもつようになる。精神はその能力によって⑤知恵 (sapientia) を吸収し，⑥諸徳 (virtutes) をそなえ，……ただ⑦神の至高にして不変なる善のみを希求すること (desiderio boni summi atque inmutabilis) によってのみ，悪徳に打ち克つのである」。

哲学と対決して，自然本性の「霊的な誕生」を説いてやまなかった。そこではキリスト教的な基盤に立った絶対的な恩恵が「活動的な恩恵」(gratia operans) や「先行的な恩恵」(gratia praeveniens) として説かれた[*48]。

　アウグスティヌスの「魂の七段階説」と「三段階の図式」は中世に受け継がれて神秘主義を説くための方法として積極的に採用された。しかし，アウグスティヌスにおいては神秘主義が説く観照と合一についてはいつも終末論的保留がなされ，希望の下に置かれた。したがってプロティノスの影響によって叙述された神秘主義よりもキリスト教的な霊性の確立のほうに彼の関心は向けられていた。

終わりに

すでに述べたように，回心に至る途上でマニ教の二元論を克服するのに新プラトン主義が大きな助けとなった。彼は新プラトン主義のプロティノスおよびその弟子のポルフィリオスの著作によって神の霊的認識に到達し，同時に悪とは善の欠如 (privatio boni) にすぎないとの洞察によって，悪を意志における高慢たる罪として把握するにいたった。彼は新プラトン主義の主知主義的傾向を全面的には排斥せずに，また主意主義的な側面をとくに受け入れ，これとキリスト教との総合を目ざした。当時のミラノには新プラトン主義のグループがおり，その思想はキリスト教徒によって積極的に受容されていた。したがってアンブロシウスやシンプリキアヌスのような指導者もこうした傾向をもっていた。

　アウグスティヌスは生涯を通して聖書の権威をもっとも重んじたけれども，プロティノスからの影響は晩年にいたるまで認められる。そのさいプラトン主義の伝統がカトリックの信条と両立しうるならば，彼はそれに異議を唱える理由を全くもたなかった。もちろん彼は異教的なプラトン主義者たちが多神教，永劫回帰の世界，魂の転生を受け入れた点で間違っていると考えた。古代の霊魂再来の信仰は余りにも宿命論的であったがゆえに，

---

48) この恩恵概念の発展については J. P. Burns, The Development of Augustine's Doctrine of Operative Grace, 1980 の研究を参照。

全能の創造神の観念とは両立できなかった。というのは神はその贖いの力により理性的被造物を神との交わりという真の目的へと導こうとするからである。とはいえ一般的にいってプロティノスにおける美の観念や究極目的としての神の観照，また神的照明に対する信念，さらには魂とその清めの主張などに影響の跡は明らかである。彼がプロティノスから受容した学説としては，①哲学の概念，②その対象（神と魂），③知恵の目的としての幸福，④知性と悟性との区別，⑤観照にいたる諸段階，⑥不変の真理の神的性格，⑦神の創造者・叡知的光・恩恵という三重の役割，⑧種子的理念の学説，⑨善の欠如としての悪，⑩内面性の強調などがあげられる[*49]。

しかし，プラトン主義とキリスト教徒との距離は次第に自覚されるようになり，三位一体についてもキリストの受肉を否定するポルフィリオスと対決するにいたった。この点は身体論にもっともよく示されている。初期の影響でキリスト教と相容れない問題点は晩年に『再考録』で批判されている。新プラトン主義者らに対する主な批判点をあげると次のようになる。①受肉と復活の否定，②十字架の秘儀の否定，③神の子の謙虚に対する無知，④徳の源泉として恩恵を説かない点が問題視され，さらに⑤非人格的な神，⑥宇宙の永遠性，⑦二世界説，⑧想起説，⑨身体＝牢獄（ソーマ＝セーマ）学説，⑩魂の不滅論証など。これらはキリスト教の観点から批判的に修正されている[*50]。

アウグスティヌスの最初の伝記を書いたポシディウスによると最晩年にヴァンダル人が北アフリカに侵入し，ヒッポの町をも包囲した。司教アウグスティヌスはそのような惨事に取り囲まれながら死の床に伏していた。だが，彼を慰め力づけたのは，死を迎えたときの優れた信仰者の模範と哲学者プロティノスの言葉であった。ポシディウスは『アウグスティヌスの生涯』の中で次のように印象深く語っている。

「その後しばらくして全能の神のみ旨により，種々様々の武具に身をかためた大軍が，スペインから船で海を渡ってアフリカになだれ込み，やがてこの地方にも突進してきた。それらの敵は，野蛮なヴァンダル

---

49) E. Portalié, A Guide to the Thought of Saint Augustine, pp. 99-101.
50) E. Portalié, op.cit., pp. 101-103.

人やアラン人で，ゴート族やその他いろいろの民族も混じっていた。かれらは，全マウリタニヤとその他のわれわれの州や地方をも席巻し，ありとあらゆる残忍な行為と暴虐のかぎりをつくし，略奪と殺傷と種々の拷問と放火と，その他数えきれないほど多くの嫌悪すべき悪行を行ないつつ諸処方々を荒らし回っていた。かれらは，老若男女を問わず，神の司祭や聖職者に対しても，教会の装飾や道具や建物そのものに対しても，なんら容赦する気配を見せなかった。このとき神の人アウグスチヌスは，この残忍きわまりない敵の襲撃と席巻とがすでに起こり，また起こりつつあることに対して他の人々と同じような受け取り方はせず，それらのことについて，もっと高い観点から深慮をめぐらしていた。そしてこの襲撃が魂の危険と死をもたらすであろうことを予知して，他の人にもまして夜となく昼となく涙を流し，涙はかれの昼夜のパンであった。……無数の教会のうち残ったのは，カルタゴ，ヒッポ，キルタのわずかに三つの教会だけであった。これらの都市が破壊を免れたのは，神のいつくしみによることであった。それらの都市は神と人との守護にささえられて破壊されずに残っていたのであるが，アウグスチヌスの死後，敵は，住民の見捨てたヒッポの町を焼き払ってしまった。アウグスチヌスはこれらの災禍のまっただ中にあって，ある賢者のことば，すなわち，＜木や石が落ち，死すべきものが死ぬことを驚くべきことであると思っている人は，偉大な人ではない＞ということばを口ずさんで，ひとり慰めていた」[*51]。

ここに「ある賢者のことば」とはプロティノスの『エネアデス』からの引用である[*52]。このようにプラトン主義の影響は最後の際まで認められる。しかし，このポシディウスが後世に伝えたヴァンダル族の蛮行の記事は，不幸なことに，それがとくに史上まれに見るほど暴虐無頼だったという印象を与えてしまった[*53]。というのはこの種の蛮行は似たような多くの例のひとつにすぎなかったのに，たまたま知識人の多いヒッポの町であばれたために，後世まで目立つことになってしまったからである。実際に

---

51) ポシディウス『アウグスティヌスの生涯』28章，熊谷賢二訳，創文社，85-87頁。
52) Plotinos, Enneades, I, 4, 7
53) 松谷健二『ヴァンダル興亡史』白水社，57-58頁参照。続く叙述もこの研究によっている。

はヴァンダル族には先住民の補助部隊がかなり多数いたはずで，彼らにはローマ人への恨みも深く，復讐の好機と考えられたし，ヴァンダル族は解放軍と映ったであろう。だが，本格的な攻城機材をもたなかったヴァンダル族は要衝ヒッポ・レギウスを武力では陥落できなかった。また，八万の軍隊を維持するためには一か所に長く留まっていられなかった。ヒッポの町を守り抜いたローマの軍人ボニファティウスがローマ政府に召還された後になって，つまりアウグスティヌスの死後一年たった後に，ヒッポ・レギウスはヴァンダル族の手によって陥落した。それは431年8月のことである。幸運にもアウグスティヌスの貴重な蔵書などは無事だった。

第V章

「不安な心」の軌跡と思想形成

はじめに

「ミネルヴァのふくろうは黄昏がやってくるとはじめて飛び立つ」と言われている。ミネルヴァはローマの知恵の女神を指しており，この言葉はヘーゲルが『法の哲学』の序文でもちいてから一般によく語られるようになった。彼は歴史における発展の過程が成熟段階に達したとき，現実をその実体において捉える哲学思想が登場し，知的な王国の姿で自己を形成すると考えた[1]。この意味ではアウグスティヌスの時代は古代末期であってローマ帝国が終焉を迎えており，彼によって形成された思想はキリスト教古代の総決算であると同時に中世世界の新しい開始でもあった。とはいえ，キリスト教がローマ世界で公認され，その布教活動が認められたとしても，背教者ユリアヌス帝の政策にも現れていたように，異教徒との対立と反撃は至る所で続発したばかりか，北アフリカのキリスト教会は，カトリックから分離したドナティスト運動によって真っ二つに分裂していた。したがって，先にドッズの指摘した「不安な時代」がこの時代には広汎に浸透し，それに促されて「新しい風潮」が起こっていた。一般的には当時は伝統的な異教の考え方が支配的であって，唯一の至高神が諸州を治める総督のように支配していると信じられたが，それが根底から動揺を来たし，グノーシスや神秘主義に示された内面性への理解が進み，政治的にも宗教的にも，実に多くの不安要因をかかえていた[2]。

---

1) その意味は「現実がその形成過程を完了しておのれを仕上げた後にはじめて，哲学は時間の中に現れる」ということである（ヘーゲル『法の哲学』藤野・赤沢訳，世界の名著「ヘーゲル」中央公論社，174頁）。
2) 本書第I章2節参照。

こうした時代に特有な不安がアウグスティヌスの作品にはどのように現れているのであろうか。わたしたちは本章においてこの点を考察したい。事実，彼のどの著作をとってみてもこうした時代の問題と深くかかわっている。純粋に理論的な著作といわれる『三位一体』といえども，ニカイア公会議からカルケドン公会議の間に起こってきた教義上の大問題に深く関わっていた。このような時代拘束性のゆえに彼の思想は歴史的に優れた影響を時代に与えたし，それを通してキリスト教思想の基本的な骨格もできあがり，そこからキリスト教文化の統一的な型というべきものが形成された。そこでまずこの文化の型について考察する必要があろう。人間の行動がその個々の営為においてどれほど多様であっても，自己のうちに中心をもっている人格である以上，各個人には行動の基本線があり，そこから統一的な型が生まれ，自然に備わってくる。このように個々の文化の中にも統一的な形や型が形成され，そこに文化の類型化が生じている。

　歴史的考察は各時代に内在している問題を歴史の大きな流れから巨視的に考察しながらも，その時代に生きる人間自身の体験からも微視的に把握すべきである。すでに第1章で述べたように古代世界における最大の出来事は民族と国家が誕生し，それが帝国にまで発展した歴史であった。帝国の巨大組織は民族と国家の権力を相対化し，個人をその拘束から解放しはじめた。この時代にイエスの「神の国」の福音が働きかけて，新しい人格的共同体を実現すべく歩みをはじめた[3]。そこには民族や国家といった「生命共同体」(Lebensgemeinschaft) によっては，ましてや帝国によっては原則的に解決できない内面的な人間，つまり心の救済問題があった。ローマ帝国の崩壊は民族の拘束を相対化しただけでなく，民族やポリスをも超えてプシュケーや心といった内心の深みに対する自覚を導き出した[4]。

　アウグスティヌスが生きた時代はこうした変革期にあたっており，それまで比較的安定していた社会が政治的な要因によって変化し，生活地盤が激しく動揺を来し，人間自身の精神状態も破綻する危機を迎えていた。それはまさしく「瀕死の世界」（ドーソン）であった[5]。わたしたちはこの状態をアウグスティヌスが青年時代に経験した「不安な心」から解明する

----

3) 本書の第Ⅱ章2節参照。
4) 本書第Ⅰ章2節参照。
5) 本書第Ⅰ章6節を参照。

ことができる。

1 青年時代の内的な危機

アウグスティヌスはその青年時代にどのような内的な危機に見舞われたのか。ベルンハルト・グレートゥイゼンはアウグスティヌスの全思想を「不安な心」において捉え、それと正反対の人間観をアリストテレスのもとで捉えている[*6]。アリストテレスにおいては世界を一つの閉じた空間と見なすギリシア人に特有な傾向が顕著に表れ、無類の明晰さをもって視覚的世界像が物の世界として表現された。しかも人間はこの世界の諸々の物の一つとなっている。つまり人間は客体的に把握されうる多くの類の一つとして捉えられた。それゆえ人間的な自己認識の深い次元はまったく現れて来なかった。もちろんソクラテスが説いたように、知恵の探求は自己の無知の自覚から生じると考えられた。ところが彼らの目は主としてコスモスに向かい、人間に向く場合でも、コスモスの一部としての人間に向かっていたにすぎない。ここにギリシア的愛知活動としての哲学の出発点がある[*7]。だが、世界は単にコスモスとしてあるのではなく、その内実は人間世界のポリスをも含んでおり、これがアリストテレスの時代には崩壊に瀕していた。ポリスに代わって支配したのはローマ帝国であったが、これもすでに古代末期には政治的にも精神的にもその滅亡の兆しが濃厚に現れていた[*8]。

---

6) B. Groethuysen, Philosophische Anthropologie, 1969, S. 37.「人間はここでは問題的であることを止めている。ここでは、人間は、いわば、つねに第三人称における自分について語っている。人間は自分自身にとって＜一つの例＞にすぎないのであり、彼自身を＜わたし＞としてではなく、ただ＜彼＞として意識している。

7) たとえばアリストテレスは次のように言う。「けだし驚異することによって人間は、今日でもそうであるが、あの最初の場合にもあのように知恵を愛求し（哲学し）始めた。ただし、その初めは、ごく身近の不思議な事柄に驚異の念をいだき、それからしだいに少しずつ進んで大きな事象についても疑念をいだくようになった。たとえば月の受ける諸相だの太陽や星の諸態だのについて、あるいはまた宇宙の生成について。ところで、このように疑念をいだき驚異を感じる者は自分を無知な者だと考える。…この無知から脱却せんがために知恵を愛したのだ」『形而上学』出隆訳、岩波文庫、上巻、28頁。

8) こうして世界が没落しつつあったため、分裂したアウグスティヌスの魂にとっては、ただ分裂した世界だけが真理であるように映った。ブーバー『人間とは何か』児島洋訳、理想社、24-29頁参照。

このように時代の苦悩をアウグスティヌスはその著作『告白』の冒頭で「不安な心」(cor inquietum) という言葉をもって表明した。「心」は人間の存在を動的に表現するときに好んで用いられた言葉である。しかも，それは苦悩や悲惨ばかりでなく，矛盾や謎を秘めた存在をもいう。たとえば「わたし自身がわたしにとって大きな謎になった」(『告白』IV, 4, 9) と言われる。「謎」(quaestio) とは「問題」のことで，いまや人間が大問題となって彼の前に立ちはだかっている。この謎は，髪の毛のように簡単に数えられないし，理性の光も届かない人間の心における深淵である。だから「人間そのものが大きな深淵 (grande profundum) である」(同 IV, 14, 22) と言われる。人間そのもの，また人間の心の深みの測りがたさの前に立ち，彼は驚異の念に打たれた。その驚異は内面的な深みをたたえるものとして現われており，やがてここからギリシア的驚異に対する批判が次のように表明された。「このように考えるとき，わたしは強い驚異の念に打たれて，驚愕するのである。人びとは外に出て，山岳の高い頂に，海の巨浪に，河川の広漠に，星辰の運行に驚嘆しながら，自分自身には目もくれない」(同 X, 8, 15)。このように内面的な心が大問題となっているとき，自己の内心を顧みず，外の自然に目がそれて，それらに驚いている態度が批判される。ここに新しい哲学思想の出発点があることに気づかされる。

では，このような内的な危機はどのように起こってきたのか。それはいつ頃から感じられたのか。それはおそらくカルタゴの弁論学校で学習の順序に従って読んだキケロの『ホルテンシウス』によって生じたのではなかろうか。

一般的にいってキケロは本来政治家であって，思想家としては折衷主義者にして独創性を欠いていると考えられてきた。だが，それにもかかわらず，歴史において彼に優ってよく知られ学ばれてきた著作家はいない。たとえばプルタルコスの『英雄伝』中の「キケロ」を参照すると，皇帝アウグストゥスは彼を「偉大なる学者にして偉大なる愛国者」と断言している[9]。また政治・法律・制度・社会思想・倫理と道徳にわたって創造されたローマ文化の様式の枠組みとモデルは彼の思想に基づいており，古代末期とルネサンスに計り知れない影響を及ぼした[10]。しかし，アウグスティヌス

---

9) Plut. Cic. 49 プルターク『英雄伝』風間喜代三訳，「世界文学全集」5，筑摩書房，293頁。
10) さらにラクタンティウスの『神の制度の要約』，アンブロシウスの『義務について』

1 青年時代の内的な危機

はキケロに対する賛辞を著作の至るところに表明しただけでなく，彼によって自分も修辞学と哲学を学びはじめている。

アウグスティヌスは弁論術を修得することによって出世の糸口をつかもうとカルタゴの弁論学校に学んだ。そこでの学習の順序に従って弁論術を学んでいたとき，弁論術の大家キケロの『ホルテンシウス』によって哲学を学び，それまで続けてきた感性的な生活を反省するようになった[*11]。実際，感性によって満足しなかったところにアウグスティヌスの天性の資質が窺われるし，感性が知性と激突し，それによって激しい「内心の分裂」を経験したところに彼の心性の高さが示される。というのは当時，彼は熱情的な感性の燃えるような快楽に身をゆだね，名誉を追求し，とくに性愛の虜となっていたから。「わたしを喜ばしたのは何であったか。それは愛し，愛せられることではなかったか」(『告白』III, 1, 1) とある。そしてこのような熱烈な愛の人に「哲学」すなわち「知恵にたいする愛」を喚起させたのが「哲学への勧め」を述べたキケロの『ホルテンシウス』であった。

では，彼は『ホルテンシウス』で何を読んだのか。このことは一般には『三位一体』第14巻に引用されているキケロの文章から推測される。しかし，そこで語られているのはキケロの理想主義的な宗教理解であって，「わたしたちは自然本性の認識と知識によって至福なのである」(『三位一体』9, 12) という短い見解に過ぎない。それよりも『ユリアヌス駁論』第4巻における「異邦人の哲学」と「キリスト教哲学」との比較によってアウグスティヌスが当時何を学んだかを知ることができる。彼は両者のいずれが他に優っているか簡単に言えないと言った後に，「キケロが身体の快楽に反対して精神の活動力について語っていることに注目しなさい」と警告して，キケロの次の言葉を引用している。

「プラトンが真実にかつ熱心に悪人どもの罠にして食い物であると語っている身体の快楽は追求されるべきであろうか。実際，快楽によっ

や手紙などはキケロをモデルとして書かれている。ヒエロニュムスの「わたしはキケロ主義者であってキリスト教徒ではない」との発言，ペトラルカの手紙やエラスムスの『キケロ主義者』に顕著に示されている。

11) この書物はその後見失われ，断片のみ残っている。たとえば『三位一体』第14巻9, 12；19, 26や『ユリアヌス駁論』第4巻72；78に引用されている。

て引き起こされ目覚めさせられないような，いかなる健康に有害なもの，いかに容色と身体との形を損なうもの，いかに恥ずべき損失，いかに不名誉なものがあろうか。快楽の衝動がとても大きくあればある程，それは哲学に敵対的となる。身体の大きな快楽は思想と一致することはない。それよりも大きな快楽がないような快楽を享受するとき，誰が精神に注意を向けたり，理性活動を開始したり，総じて何かを考えたりできようか」*12。

アウグスティヌスは続けて「最初の人類の生活について，身体の復活について，何も信じていなかった人」でもこのように言っており，「わたしたちは真実で宗教的な敬虔の哲学によって肉が霊に敵対して，霊が肉に敵対して欲しているのを学んだ。だから，信仰をもっていない人たちの真実な議論を聞いて，赤面すべきである」とユリアヌスを批判する。つまり「キケロは霊と肉との戦いがどこから起こっているのか知らなかったのに，彼はあなたが行っているような肉の情欲に好感をもっていなかった。むしろ彼は情欲を激しく非難した。それなのにあなたは情欲を非難しないだけでなく，非難している人たちを激しく怒っている」（『ユリアヌス駁論』IV, 72）*13。さらにアウグスティヌスは「このような見解の哲学者たちは，たとえ仲保者によって人間を自由にするために与えられた恩恵を見ていなかったとしても，あなたよりもっと明瞭にアダムの子どもたちの上に置かれた重いくびきと神の力や正義を見なかったであろうか」（同78）と語ってユリアヌスを批判した。

キケロはその根底において宗教的性格を色濃くもっており，宗教を「敬虔な感情」と考え，次のように語っている。「神々への信仰にかかわるあらゆる問題を注意深く再検討し，いわば＜読み直す＞ (relego) ことを行っ

---

12) キケロ『ホルテンシウス』(Hortensius) 断片。続けてキケロは言う，「この快楽の渦はとても大きいので，人々は日夜全く間断なく自分の感覚が快楽の高みに引き上げられるように刺激されたがる。良い精神を授けられた人は自然がわたしたちに快楽を全く与えなかった方を選ばないだろうか」と。

13) さらにアウグスティヌスは『ホルテンシウス』の最後の部分を引用して罪とその罰との認識の重要性を指摘する。「時折昔の人たち……は，わたしたちが前世で犯した罪のために受ける罰を支払うように生まれたと語ったとき，これら人間生活の誤謬と辛苦から何らかの真理を瞥見したように思われる」。そしてアリストテレスがいうように，エトルリアの海賊によって残忍な仕方で殺された人たちのように，身体は固く縛り付けられ，生者が死者に結びつけられるように魂も身体に堅く結びつけられている（キケロ『ホルテンシウス』断片）。

た者たちは，この＜読み直す＞行為にちなんで＜敬虔な者＞(religiosi)と呼ばれた」と[*14]。この敬虔の感情は神々が人間に授けたものであって「崇敬や畏怖といった感情が消えてなくなるのが必然であるなら，これらの消滅とともに，わたしたちの生活には大混乱と破綻とが待ち受けるだろう」と言われる[*15]。それゆえキケロの宗教は本質的には汎神論であっても，この哲学の宗教的性格のゆえに，アウグスティヌスは自らの幼い頃から親しんできたキリスト教を思い出したといえよう[*16]。

2 「不安な心」の軌跡

こうした感性と知性による「内心の分裂」はその後の経験から次第に深められて，幾多の冒険的な試み・挫折・絶望などの紆余曲折を経て徐々に心中深く形成されていった。こうして『告白』の冒頭に語られる「不安な心」の表明にまでいたる。そこで彼の生涯に決定的な転換を与えたミラノでの回心にいたるまでの道程を考えてみよう。もちろん，ここでは「不安な心」が「内心の分裂」として自覚されてくる出来事をとりあげ，生涯と思索とが緊密に結びついている体験を顧みてみよう。

彼が最初キケロの『ホルテンシウス』を読んだのは19歳のときであった。その後，彼はマニ教の合理主義にひきつけられ，さらにアカデミア派の懐疑論や新プラトン主義というういずれも当時の流行の哲学を遍歴して，ミラノにおける回心にいたる。こうした歩みの方向はすでにキケロの書によって準備されていた。彼は言う，「もしわたしたちがもっている魂が永

---

14) キケロ『神々の本性について』第2巻28節，72，邦訳（前出）134頁。

15) キケロは続けて言う，「かくして神々にたいする敬虔な気持ちがなくなれば，信義や人間社会の絆，さらには諸徳の中でも唯一際だつ正義の徳といったものも，おそらく消えてなくなるだろう」と（キケロ前掲書，1, 2, 3-4. 邦訳，6-7頁）。

16) テスタールの研究『聖アウグスティヌスとキケロ』によると，アウグスティヌスがキケロの『ホルテンシウス』によって知恵の探求に向かったのは，この哲学の宗教的性格から来ており，これがアウグスティヌスにキリスト教を思い出させ，聖書をもう一度読んでみようという気持ちにさせた。したがって彼がキケロのうちにキリストの御名がないことに不満を覚えたというのは，単なる形式の問題ではなく，『ホルテンシウス』の結論部の問題性に基づく不満であったという。この解釈は妥当していると思われる（片柳栄一『初期アウグスティヌス哲学の形成』創文社，57-59頁参照）。

遠で神的であるなら，わたしたちはその頭を自然的活動，つまり推論と知識の探求という活動の中にもたせることが多くなり，人類の悪徳と過ちに捕らわれることが少なくなって，天上に上昇し，そこに帰還することが容易になるであろう」[17]と。この帰還のモチーフはプラトン主義的であり，知恵の探求が宗教的な用語で表現されている。こうして知恵の探求である哲学が天性において宗教的であったアウグスティヌスに点火され，「信じられないほどの内的な情熱をもって」知恵の学に彼は憧れ「知恵そのものを愛し，求め，捉え，保ち，堅く抱いて，離さないようになった」(『告白』Ⅲ, 4, 8)。

ところでキケロの哲学に触れてアウグスティヌスは神の許に帰ろうと立ち上り始めたが，キケロの書物の中に真の知恵なるキリストの御名が見出されなかったため，彼は甚だしく失望した。キケロの哲学によってひとたび知恵への愛に目覚めた彼は，当時旧約聖書の擬人的神観を否定し，ゾロアスター教の二元論とグノーシスとをキリスト教に混合し，合理主義を標榜するマニ教徒の仲間に加わった[18]。マニ教徒たちは，神が質料や形体をもっていると妄想する極端な唯物論を支持し，かつ世界は悪の実体と善の実体とから成立し，この二原理の対抗と反発とから一切の事象は合理的に説明できると主張した。彼がマニ教に期待していたものは真理の理性的認識であった。

だが，それにもかかわらずマニ教徒として過ごした9年間の生活は，傲慢不遜にして悲惨であって，たとえば口だけ「真理」を唱えていても，内実のない虚偽，信心深かった母に対する反逆と裏切りに過ぎなかった。「彼らの心はまったく誠実を欠いていた。彼らは，＜真理，真理＞と叫んでそれについて多くのことを語ったが，真理は彼らのどこにもなかった」(『告白』Ⅲ, 6, 10)。なかでも友人の死の体験により襲われた試練と絶大な不安についての記述は真に迫っている[19]。ここには「心の不幸」が友の

---

17) 『ホルテンシウス』断片『三位一体』XIV, 19, 26におけるキケロの引用による。

18) マニ教とは善悪二元論において妥協知らずの合理主義者であった。実際二つの本性を主張する二元論が徹底的な「理性的根拠」に立って論じられている。たとえばそれを曖昧にするフォルトナトゥスの議論でさえ聴衆によって批判されている。『フォルトナトゥス駁論』19「アウグスティヌス著作集7」78-79頁参照。

19) この心の絶望的な閉塞状態について彼は次のように語っている。「この悲しみのために，わたしの心は，まったく暗黒となり，どこを眺めても目に見えるものは，ただ死のみ

不在として感じられているが,「人間の魂はどこに向かおうとも,あなたのうちにある以外の他のところでは,悲しみに釘付けられるだけである」(同 IV, 10, 15) とあるように,神が心の友として求められた。そこで彼はマニ教の誤謬にとらわれていた時を想起して,「おお真理よ,真理よ……すでにそのとき,わたしの心はその真髄から,どんなにあなたを慕って喘いでいたことだろう」と心中を吐露した[*20]。このような満たされない真理愛こそ彼の「不安な心」の内実となった。

しかし,マニ教の神話的で物質的な世界観は多くの問題を彼に残した。彼らの説く神の霊というのも実は物質的であって,微細な物質が非物質的属性と考えられていた。このような神観と悪の理解はやがて新プラトン主義によって克服された。

アウグスティヌスは384年マニ教徒たちの支援によってローマの市長シュンマクスの推薦をえて,法廷弁論術の教師としてミラノに招聘される。ミラノはローマ帝国の西半分の主要な政治的都市で,皇帝の所在地であった。弁論術の教師は皇帝とその年の執政官に公式の賛辞演説を献じることになっていた。保守的な異教徒シュンマクスは異教の祭儀に対する公金の使用を続けるように働きかけ,カトリック勢力の伸張に対決して新しい異端であるマニ教と手をくみ皇帝に訴えていた。しかしこの提案はミラノの司教アンブロシウスによって退けられた[*21]。当時の皇帝ウァレンティニ

であった。わたしにとって故郷は苦悩となり,父の家は不可解な不吉なものとなり,友がいないため故郷は恐ろしい拷問に変わった。……わたし自身がわたしにとって大きな謎となり,わたしは自分の魂に＜なぜ悲しむのか,なぜわたしをひどく苦しめるのか＞とたずねたが,わたしの魂は何も答えることができなかった」(『告白』 IV, 4, 9)

20) マニ教の世界観の真理契機について要約して述べておきたい。ヘレニズム時代以来,ギリシア的教養と学問による新しい世界像が宗教に与えた影響は大きく,キリスト教の世界にグノーシス主義が流入し,キリスト教を改造する傾向を帯びていた。マニ教自体もキリスト教の宗教的諸表象を合理化した形態であり,当時のグノーシス主義のあらわれであった。マニ教の二元論的世界理解をアウグスティヌスが真理として受け入れようとしたのはこのような精神史的境位から理解できる。そこには凝人化した神人同形説に対する批判と悪の起源に対する理解への共感も働いていた。マニ教の神学は神話的起源を保っているが,その宇宙論は哲学的な合理主義を表明しているとみてよい。しかもその宇宙論は二元論的であり,古典文化の統一的世界像が崩壊した古代末期には強力な力を振るっていた。

21) アンブロシウスはアウグスティヌスよりも14歳年上で,すでにミラノの司教を11年間勤めていた。ミラノには宮廷との関連で怪しげな異邦人,アリウス派の異端者,異教に妥協する者たちが満ちていた。アウグスティヌスが簡単にはアンブロシウスに近づけなかった理由はここにある。彼のミラノ滞在について詳しくは近山金次『アウグスティヌスと歴史的世界』慶応通信,第3章「アウグスティヌスのミラノ滞在」83-113頁を参照。

アス2世は未だ年少のカトリック洗礼志願者であった。アンブロシウスは皇帝に向かってシュンマクスの要請を聞き入れるなら自分の教会から追放すると警告した。そこでシュンマクスはアウグスティヌスのような有能な配下をミラノに送って皇帝に働きかけた[22]。ところが他ならないこのアウグスティヌスはアンブロシウスの説教に触れることによって皮肉にも幼き日に培かわれていたカトリック教会の信仰に復帰したのであった[23]。

と同時に彼はミラノの新プラトン主義者たちと親しく交際するようになり[24]、その哲学によって彼の心をそれまでいたく苦しめてきた問題、とくにマニ教の影響から来た唯物論的神観と悪の起源の問題を理論的に解決した。神は純粋な霊であり、すべての存在の根源であるから、マニ教が説く神に対抗する存在である悪は、実は、存在の欠如にすぎない。これによって神の存在と悪の問題が理論的に解決を見た。彼は新プラトン哲学の指導を受けて神の神秘的な体験にまで進んでいった。実際、知恵への愛としての哲学が理性の立場に立つ限り、プラトンからプロティノスにいたる歴史が示しているように、その究極するところは神秘的脱自である。

「そこで私は、それらの書物から自己自身に立ち返るように勧められ、あなたに導かれながら、心の内奥に入っていきました。それができたのは、あなたが助け主になってくださったからです。私はそこに入ってゆき、何かしら魂の目のようなものによって、まさにその魂の目を超えたところ、すなわち精神を超えたところに、不変の光を見ました」（『告白』Ⅶ, 10, 16）。

しかし、この神秘的な脱自体験は哲学的な思索の頂点であっても、この体験が一時的で瞬間に終息した点とそれによる人間の有限性によって罪の自覚が起こってきた。したがって神の観照と罪の自覚とが、二重になって啓示されたことによって新しい地平が切り開かれた。こうして神を知ることが同時に神と人間との絶対的な懸絶の自覚となり、哲学から信仰への思想における大いなる発展となった[25]。

---

22) T. D. Barnes, Augustine, Symmachus, and Ambrose, in: J. McWilliam (ed.), Augustine from Rhetor to Theologian, 1992, pp. 7-14.およびブラウン、前掲訳書、75頁参照。

23) とくにアンブロシウスがその説教で旧約聖書を象徴的に解釈することによってマニ教の批判から聖書を擁護していることが彼に大きな感銘を与えた。

24) 恐らく当時ウィクトリヌスによりラテン語に訳されたプロティノスの『エネアデス』と二、三のプラトンの対話編などを読んだと推定される。本書第Ⅳ章第2節参照。

ここでわたしたちはアウグスティヌスの「不安な心」のありさまを顧みると，それは理性と感性とのすさまじい戦いとそこから生じた内心の分裂として理解できる。これこそ彼が言う「病める魂」にほかならない。彼は新プラトン主義のもとで万物の究極的実在者，一者である霊なる神に「一瞬の瞥見」によって触れることができた。こうして知恵への愛は真理の探求をめざしその究極の目的に達したとしても，それは一瞬のことに過ぎず，直ちに日常的習慣の世界に転落し，そのことによってかえって神を渇望するようになった。それゆえに彼は言う，「そしてわたしは，もはやそれよりも確実な認識をあなたについて求めず，ただ恒常的にあなたの中にながらえることのみを願った」（『告白』VII, 1, 1）と。そのためには愛そのものを清め，強固にしなければならない。彼はこの愛の清めをまず新プラトン主義に従って行い，感覚的愛を滅却しようとしたため，官能を楽しむ熱情的な彼の本性に対する恐ろしい戦慄すべき闘争が引き起された。とくに婦人にたいする官能的な性愛との激しい戦に見舞われた。そこで彼は性愛を否定し，結婚をも断念するようになった。

　一般的に言って，キリスト教の時代に入ると，神への愛と現世への愛が衝突し，激しい内心の分裂が経験された。パウロのローマ書第7章後半の「悩める人」がその典型である。アウグスティヌスもパウロと同じ経験をし，『告白』第7巻で「内心の分裂」を体験しており，二つの愛は互いに攻めぎ合い，心を引き裂く状況として語られる。「あなたの美によってあなたに向かって引き寄せられるやいなや，わたしの重みによってあなたから切り離され，うめきながら下界に転落していった。この重みというのは肉の習慣のことである」（同 VII, 17, 23）。この内心の分裂した方向は同書

25）新プラトン主義の哲学は，理性の霊的純化を強調する観念的一元論であるがゆえに，その必然的傍系として感性の浄化ではなくその滅却を倫理的目標としていた。したがって，この哲学の強い影響のもとにあったアウグスティヌスの回心は感性にたいする断乎たる否定の遂行として生ぜざるを得なかった。このことは回心の動機となった聖書の言葉「宴楽と泥酔，淫乱と好色，争いとねたみを捨てよ。あなたがたは，主イエス・キリストを着なさい。肉の欲を満たすことに心を向けてはならない」（ロマ13・13-14）が何よりも明らかに物語っている。それゆえ彼の回心はキリスト教による新プラトン主義の倫理観の実践を意図していたとも，もしくは哲学によるさまざまな繋縛からの自由という理想をキリストの恩恵（当時彼は受肉において恩恵を考えていた）により実現しようとしたとも理解できる。回心はあくまでもキリスト教への回心であるが，内容的には新プラトン主義の倫理の実現が意図されていたとみなすことができる。

の第8巻になると明瞭に二つの意志の闘争となっている。「このようにわたしの二つの意志が，一つは古く一つは新しく，一つは肉により一つは霊による意志が，たがいに争いあって，その闘争によりわたしの魂を引き裂いた」(同 VIII, 5, 10)。したがって「それは全くわたし自身のわたし自身にたいする争闘であった」(同 11, 27) と彼は言う。このような内心の分裂こそ彼の「不安な心」の回心直前の姿であった。

　386年の暮にアウグスティヌスは遂に決断の時を迎えた。回心はミラノの「庭園のある家」で起こった[*26]。アウグスティヌスの健康は喘息と声が出なくなることによって弱っていた。このことは彼の不安定な状況の兆候とみるべきか，それとも決断に伴う副次的原因によるものであるかどうかは分からない。彼は自分の教授職を放棄することを決心し，それと共に世俗的職業への野心も放棄した。最大の難関は結婚への意志をいっさい放棄することであった。婦人なしに生きることができようか。彼は宮廷の役所で働いているアフリカ出身の友人からミラノで禁欲生活をしているま集りのあることを知った。またエジプトの隠者アントニウスが富を捨てたことも聞いた。アントニウスの生活はアレキサンドリアの司教アタナシオスによって書き記され，西方の読者のために直ちにラテン語に訳されていた。彼らが禁欲生活を実行しえたとしたら，どうして彼にもできないことがあろうか。それとも彼の意志は弱すぎたのか。

　彼の回心はキリスト教的古代に生じた典型的なものであった。というのは古代的な教養を尽くして彼は自己形成を行い，キケロによって知的な回心を経験し，さらに新プラトン主義によって哲学的な最高の認識を体得していたからである。それゆえ彼の回心は「世紀の回心」といわれる。その著作『告白』には彼がどのように古代思想を自己のものとしていったか，またそれによっては内心の不安と葛藤また苦悩が癒されず，キリスト教の福音によって初めていかに金銭・名誉・女性に対する欲望に打ち勝つことができたかが語られている。とりわけ，女性に対する欲望は手強く，理性と感性との二元的な相克に引き込まれ，激しい内心の分裂を引き起こし，それからの救済を彼は願い求めた。このような自己の罪性の自覚から，その救いを求める生き方と探求の態度はパウロには見られなかったものであ

---

26) そこに居合わせたのはアリビウスであり，彼はその年までマニ教を信奉していたが，後にタガステの司教となった有能な法律家であった。

る*27。その回心はこの欲望に打ち勝って，心身の全体をあげて神に献身することによって初めて成立した。彼の回心は，パウロのローマ人への手紙第13章13-14節を読んで起こっているように，身体的な欲望，つまり情欲からの解放が中心的な問題であった*28。こうした内心の分裂によって生じる苦悩からの救済を求めて回心がここに起こっている。

3 「不安な心」とは何か（『告白』第1巻，1章1節）

これまで考察してきた「不安な心」は『告白』の冒頭に最も纏まった仕方で述べられている。これをテキストに即して解明してみたい。彼は次のように語りはじめる。

> 「〈主よ，あなたは偉大であって，大いに誉め讃えられるべきである。あなたの力は大きく，その知恵ははかりがたい〉（詩編145・3；147・5）*29。しかも人間は，あなたの被造物の小さな一断片*30でありながらも，あなたを讃えようと欲する。人間は自分の死の性を身に負い*31，自分の罪の証拠と，あなたが〈高ぶるものを退けたまう〉（ペテロの手紙第一，5・5とヤコブの手紙4・6）ことの証拠を，身に帯びてさまよい歩いている。それにもかかわらず人間は，あなたの被造物の小さな一断片として，あなたを讃えようと欲する。喜びをもってあなたを

---

27) パウロとアウグスティヌスの救済体験の相違については金子晴勇『ルターの人間学』創文社，135-43頁参照。

28) したがって内心の分裂は心身問題と関連しており，「貞節」の声と「情婦」の声との戦いとしても叙述されている。このような対決状態にあっても，なお，不決断の内にさまよっていたとき，自己の外から聞いた「とれ，よめ」(tolle, lege) の声に促されて聖書を開き，その言葉にしたがって回心の決断がなされた。

29) この文全体は旧約聖書のからの引用である。詩編の章節番号は新共同訳『聖書』（日本聖書協会）に合わせてあるが，アウグスティヌスの使用したイタラと称せられている旧約聖書ラテン語訳（これはギリシア七十人訳からの重訳である）はこれと章節番号および時に内容も相違している。

30) 「小さな一断片」(portio) は被造物の中でも極微な存在を意味し，宇宙における人間の地位を表している。だが，同時にはかない存在なるがゆえに神をたずね求める「被造者感情」（R. オットーの言葉）をも表明している。

31) 「死の性」とは可死性のことであるが，人祖アダムの罪により死が人間に入ってきたと聖書では説かれており，アウグスティヌスもこれに従っている。「ローマ人への手紙」5・12以下参照。

讃えるように励ますのはあなた自身である。なぜなら，あなたはわたしたちをあなたに向けて造りたまい，あなたのうちに憩うまで，わたしたちの心は不安に駆られるからである」[*32]。

　わたしたちが『告白』を読んでみると直ちに気づくのは，その文章の特異な形式である。そこには「主」と呼ばれている「神」に絶えず呼びかけながら思考が展開している。つまり，三人称の一般的な叙述形式ではなくて，神に二人称形式で対話的に呼びかけながら進められている。ヤスパースはこのような態度を「呼びかける思考」(appellierendes Denken) と呼んでいる[*33]。しかし，「あなた」と神に向かって絶えず語りかけているのであるから「対話的思考」(dialogisches Denken) というべきである。アウグスティヌスの最初期の著作は皆プラトンに倣って対話形式で書かれていた。その中には『ソリロクイア』のような「自己との対話」もあった。『告白』の形式は，この『ソリロクイア』の「自己」を「神」に移し，具体的な対話の代わりに「神に呼びかける」叙述になっている。したがって，普通の対話形式と違って，神と人との間に会話のやり取りがなく，神に呼びかけながら間接的に読者に向かって語りかけがなされている。さらに，このテキストで気付くことは旧約聖書の詩編が三回も引用されていることである。とりわけ最初の引用文に神への賛美が高らかに歌われているように，詩編は元来イスラエル人の賛美歌であった。この神「賛美」が実は自己の罪の「告白」と一つになって『告白』の特異な文体を生み出している。このような叙述の仕方に慣れない人は，当初違和感をもつかも知れないが，しばらく読み進めていくと，この思考形式がどんなに生き生きした思索を生み，単なる主観的思考を超えた優れた仕方で真理をとらえるかが知られる。

　この『告白』冒頭の一節はこの著作の全体を，また彼の全思索の本質を，きわめて明瞭に表明している。そこで，重要と思われる点をいくつかあげてみたい。

　32）　この言葉は『告白』の全思想を解く鍵となるもので，「あなたに向けて」(ad te) 人間は創造されているゆえに，神から離れては不安であり，「あなたの内に」(in te) 憩うことが求められている。本章の主題「不安な心」(cor inquietum) はこのテキストに表明されている。なお，プロティノスにとっても魂は一者においてのみ平安を見出している（『エネアデス』VI, 7, 23, 4参照）。

　33）　K. Jaspers, Drei Qründer des Philosophievens, Plato, Augastin, Kant, 1957. S. 109ff.

3 「不安な心」とは何か

　（1）彼は最初旧約聖書の「詩編」を引用し，神の偉大さを高らかに賛美しているが，次にその偉大さを人間の卑小さと対比させて，神と人との絶対的距離を知るように導いていく。人間の卑小さは「あなたの被造物の小さな一断片」という言葉に適切にも示されている[*34]。ところで，被造物が創造者の意志に従って存在するかぎり，そこには意志の一致のゆえに両者の間に対立はさほど明瞭には意識されない。この対立がはっきりと意識されるようになるのは，人間の意志が「高ぶり」により創造者に反逆し，「罪」を犯すときである。このとき神は「高ぶるものを退けたもう」ゆえに，神と罪人との対立は，対立の度合いが最高度に達する。この状態はこのテキストでは罪の結果引き寄せた「死の性」と「罪の証拠」および高慢を退ける神の審判として述べられる。人間の現状はこのような悲惨な堕落した状態にあって，その中を「さ迷い歩いている」と語られる。

　（2）このような神と人との絶対的断絶は両者の関係の廃棄を意味しているのであろうか。「それにもかかわらず」という言葉は絶対的断絶を認めたうえでの関係の回復を示す。この回復が生じるためにはまず人間の自己のありのままの姿が素直に認められねばならない。それは「あなたの被造物の小さな一断片」としての自己認識である。この認識は同時に自己の創造者に対する賛美を含んではいるが，自己の犯した罪の重荷のゆえに賛美の声は声にならないほどか細い。ただ，神からの力強い励ましによってのみ「喜びをもってあなたを讃える」ことが生じる。それは恩恵の働きである[*35]。この自己の状態は次に「不安な心」として描かれる。

　（3）こうして『告白』の中で，否，彼の全著作の中で最も有名な言葉が語られる。すなわち「あなたはわたしたちをあなたに向けて造りたまい，あなたのうちに憩うまで，わたしたちの心は不安に駆られる」と。さて，

34）しかしこの卑小さはパスカルが『パンセ』のなかで宇宙の無限空間と対置してとらえた人間のはかなさと似ているが，実は相違している。宇宙と人間との対比はたとえその差が無限に大きくとも，単なる「差異」にすぎない。差異は対立の程度が弱く，相対的にとどまっている。それに対しアウグスティヌスはここで，人間がその一断片である「被造物」と「創造者」との対立を考えている。すると宇宙内部での相対的な対比の段階を超えた高度の対立が立てられていることになる。

35）『告白』を書いていた頃の中期のアウグスティヌスは，このように神人関係の絶対的断絶が自己認識と神の側からの恩恵の働きとによって回復されると考えている。実際，このような自己認識は自己の弱さを明らかにするがゆえに，この弱さが恩恵によって強められなければ，神との関係を回復するには至り得ない。

既述のように人間が神によって造られた被造物であるということは、永遠なる神と性質を異にする可死的生命のことだけを意味しない。それは「あなたはわたしたちをあなたに向けて (ad te) 造りたもうた」とあるように、神への対向性をも意味する。このように被造物に創造の初めから与えられている根源的な対向性は「あなたのうちに (in te) 憩うまで」安きを得ないと語られるように、その目標とするところは神の内にある平安である。この平安に至までの状態は「わたしたちの心は不安に駆られる」と説明されている。「不安」(inquietus) は「平安」(quies) を失った状態であっても、心理的な「落ち着きのない」状態ではない。この場合「心」(cor) は心理的状態でも心的素質でもなく、人間存在の全体的動態を表明していると考えられる。というのは「あなたに向けて」(ad te) と「あなたのうちに」(in te) という言葉は、さきに述べた神との断絶状態を前提としており、この状態を『告白』で多く用いられる「あなたから離れて」(abs te) で言い表せば、三つの前置詞 (ad, in, abs) によって神との関係の喪失と回復とが動的に示されるからである。さらに「不安」は「心」の内的な存在において起こっており、「恐怖」のように外的現象（たとえば地震や雷）によって生起するものとは根本的に相違する。こうして『告白』の全思想はこの一文によって見事に表現されていることがわかる。なぜなら、神から離反して罪のうちにさ迷っていた者が自己の罪を「告白」し、神のうちに憩うことによって平安を得、神を「賛美」するために、この書は書かれたからである*36。

4 司牧活動から来る精神的変化

アウグスティヌスは37歳の391年にアフリカの北岸にある小都市ヒッポ・レギウスの信徒たちの強い要請によって司祭に任ぜられ、やがて42歳で司教となり、キリスト教界を代表する神学者として活躍するようになる。その翌年『告白』を執筆し始め、『キリスト教の教え』（第4巻は426年）や『三位一体』さらに『創世記逐語注解』の大作の執筆をも開始する。この

---

36) このテキストの解釈について金子晴勇『アウグスティヌスの人間学』創文社、234-40を参照。

聖職者となるという外的な変化が，聖書研究と司牧の仕事へ彼を向けさせ，数多くの異端邪説との対決へと彼を巻き込んだ。変化は最初，外からの働きかけによって生じたが，それは大きな精神的変化をも伴った*37。この精神的変化のうちにわたしたちは彼の人間学的自覚のいっそうの発展を跡づけることができる。この種の発展は変化や転向を意味しない。なぜなら萌芽として最初からあった思想がそれと原理的に異質な思想との混合から解かれて，それ自身の本来的姿を明確にするからである。初期の作品では新プラトン主義の哲学とキリスト教とは矛盾しないものとしてともに受容されている。やがて新プラトン主義の思想のなかでもキリスト教と全く異質なものが切り捨てられたが，その思想における永遠的意義と内容は保存される。そこには彼自身が認めているような人間そのものの理解の深化があるように思われる。次に列挙するものはその主たる発展として考えられるものである。

　アウグスティヌスの生涯と思想を知るためには『告白』とならんで彼が晩年に書いた『再考録』が読まれなければならない。これらの書物を読むと，彼の若き日の体験と思索が次第に深まり，進歩し，発展している様子が明らかとなる。とくに司教に就任した年を境として彼の思想が哲学的傾向から神学的傾向へと移っていることが指摘されよう。彼は内的な，あるいは外的な歴史的諸条件によって影響を受けながらも，その基本的な思想に変化はなく，ただいっそう深められていくにすぎない。その一点を押すと，彼の全思想が生きて動く支点，地球をも動かすアルキメデスの点を彼は所有している。これこそ「不安な心」のあり方・構え・動態なのである*38。

　彼は司祭に任ぜられる頃までは回心当時の精神状態のもとにあった。このことはこの就任の年に完成した『真の宗教』を読んでみるとわかる。こ

---

　37) ライチェンシュタインは『真の宗教』が古代的な思考に立っていたのに，司教就任を期にキリスト教的思想家に転じたと主張する。Reitzenstein, Antike und Christentum, 1963, S. 63f.

　38) それゆえヴィンデルバントはアウグスティヌスの哲学を「内的経験の形而上学」と呼び，ベンツは「意志の形而上学」と呼んでいる (W. Windelband, Lehrbach der Geschicter der Philosophtic, 1924, §22, S. 231ff., E. Beng, Marius Victorinus und die Entwicklung der a bend ländischen Willensmetaphysik, 1932, S. 364ff.)。実際，不安という人間の状況は今日キルケゴールによって摘出され，ハイデカーにより実存の根本的あり方，世界—内—存在という現存在の根本的情態性として哲学的考察の中心に据えられている。

の書物は初期の思想を代表するものであり，哲学と宗教，したがってプラトン哲学とカトリック信仰の一体性を主張しており，彼は確信をもって「プラトン的なキリスト教」を説いた。だが初期の著作の中にも彼の精神状態が次第に変化しつつあることが見出される。たとえば『カトリック教会の習俗』あたりから聖書の言葉の引用が著しく多くなった。ここに重要な変化のきざしが見えるし，『自由意志』の第3巻には人間の現実へ向けて鋭い洞察が示され，原罪の事実が指摘されている。つまり現実の人間のうちに見られる致命的欠陥として無知と困難（無力）とが原罪として指摘され，そこから恩恵の必要が強調された。彼は司祭に任ぜられるにあたり，何よりも先ず聖書の研究に没頭し，キリスト教の本質についての理解を次第に深めて行き，その成果が『キリスト教の教え』となって表明された。

　ヒッポの司祭に就任したことは，キリストを信じる哲学者アウグスティヌスをして少数の親しい友人からなる哲学的グループを離れさせ，牧会の仕事に転じさせ，それに励むようにさせた。そのことにより彼は社会のさまざまな階層の人々とも親しく接し，一般的なカトリック信徒からなる教会にも触れるようになった。と同時に，当時北アフリカ教会が巻込まれていた諸々の異端に対し，司教として教会会議に列席し，みずから筆をとり，異端論駁とカトリック教会を擁護する仕事にたずさわるようになった。

　教会史上で有名なドナティスト論争やペラギウス派との論争がそれである。教会の内部のみならず，外部から教会に向けられた非難に対しても彼は教会のために筆をとっている。410年アラリクスの率いる西ゴート族が永遠の都ローマを攻略したさいに，その滅亡に対する責任がカトリック教会に向けられた。これを論駁するために書かれた『神の国』はとくに有名である。この書物は後世に与えた影響から言っても，当時学問上の教養の卓越性から言っても，比肩を許さないほどすぐれたものであった。

　アウグスティヌスが司祭に，次いで司教に就任したことは，彼の生涯の外的出来事に属している。しかし，このことは彼に精神的な変化をもたらした。聖書の研究を通し救済の強い確信に達して後，彼はみずからの心の深刻な苦闘の跡を『告白』において記述できるようになった。だが，わたしたちはどのような精神的変化が知恵を探求してきた彼に生じているかを，とくに彼の哲学的思索と関係する点に限って考察してみたい。

主知主義から主意主義への変化　初期の哲学的対話編では人間の究極目的は神の観照と至福の境地に達することに置かれ、ここに至る道として理性の道と信仰の道とが二つながら説かれていた。だが、司教として社会のさまざまな階層の人々と親しく接し、教会と社会の現状をつぶさに知るに及んで、彼は現世において神を観照し、至福の境地に達することがいかに困難なものであるかを知るようになった。それゆえ、この世での主な営みはむしろ神と真理の至福直観にいたる準備にあり、そのためには信仰による心の清めが必要であると彼は説いた。ここで彼の強調点が人間の心や意志、また愛や欲望を清めることに置かれ、従来とってきた主知主義的傾向から主意主義的傾向に変わった。その理由は、彼が以前よりも一層深い洞察を人間の本性について自覚するようになったからである。

原罪の理解　司教に就任したころに書かれた書物の中で、彼は「すべての人間は……いわば一つの罪の塊りである」(『八三の諸問題』68, 3) と言う。晩年に入ってから彼は人間の自由意志を弁護するペラギウス派に対する論争をなし、人間の本性が「壊廃の塊り」であると繰り返し語ったが、司教に就任した頃すでにこのような認識に達していた。このように人間の本性が全く壊廃しているという認識の背後には、古代末期の世界苦とペシミズムが反映しているともいえる。だが彼がこのような認識に達したのは、聖書の教えに基づいてどこまでも真剣に自己の内なる罪を考察していった真摯な態度による。そしてこの本性の全体的壊廃の認識とともに新しい神学的思惟の地平が開かれた。それはまず神観に表れている。

神の超越性　人間の本性の全き壊廃の認識は、同時にかつ必然的に、神の超越性──存在論的に言っても、倫理的に言っても──の主張となる。創造者なる神が被造者なる人間に対し全く異質的に隔絶しているのみならず、このような神の超越性が今や本性の壊廃認識とともに倫理的に強烈に自覚された。回心の当時、彼は新プラトン主義の哲学のもとにキリスト教を理解していたときにも、神の超越性は決して見失われていなかった。だが霊の働きによって同じく霊である神に触れると説く神秘主義の哲学には、神と人間の魂との質的同一視、したがって神の世界内在説が潜んでおり、汎神論的傾向が認められる。アウグスティヌスはこのような神観に較

べて，キリスト教の創造神という超越的神観がいかに異なっているかを今や気づくようになり，神と人間とが何らかの形で等しいものとみなす哲学的神観をしりぞけ，このような立場こそ罪の根源なる宗教的な傲慢にほかならないと説いた。こうして神と人間との絶対的な懸絶が強く感得されたことによって，神と人間との仲保者キリストについての理解にも変化が生じてきた。

受肉の神学　　初期の哲学的著作では，キリストが真理自体なる神の似姿，真理の輝き，神の叡知，知恵の暗黒を照らす光，内なる教師などであると言われ，神性の面に強調点が置かれた。しかし，今や神の僕の形をとって人間のもとまで下った人なるキリスト，人間を罪から贖い，救いたもう人間性の面が強調されるようになる。ここからキリスト論に変化が生じ，ロゴスと言っても，この世界のうちに具現し，受肉したロゴスこそ真理であり，観念的に現実から全く遊離したロゴスが無意味なることを知った。こうして彼岸の世界にあるロゴスを見ていると傲語し，そこに至る正しい道を知らないでいる哲学者たちを彼は嘲笑している。

プラトン主義の二元論批判　　さて，彼は，キリスト論を正しく確立しながらキリスト教が問題としている現実とは何か，世界とは何かを今や知った。キリスト教が問題としているのは「腐敗し墜落した世界に対する救済」であって，哲学者が勝手に捏造した彼岸の世界ではない。すなわち哲学者は世界を二分し，目に見える感性的世界と目に見えない超感性的世界とに分け，前者から後者への脱出をもって救いが得られるとしているが，こうしたプラトン的な回心はまったく無意味である。なぜなら感性と理性の対立からこのような二世界を設定したとしても，この種の二世界説は人間の思惟が想定した仮説にすぎず，結局此岸の世界内の対立に終始するからである。真の彼岸と此岸・永遠と時間，神の国と地の国の対立はこのようなものではない。にもかかわらず，このような仮説になお依存することは学問上の「空想にもとづく姦淫」(fantastica fornicatio) ではなかろうか，と彼は疑問を懐くようになった。キリスト教が問題としているのは目に見えるもの，感性的・形体的なものそれ自身ではなく，感性的なものも理性的なものも含めた全体にたいする誤用なのである[*39]。神のために一切の

ものを使用するのは正しいが，この世的なものを享受しようとして神を使用するのは誤りである（『神の国』XV, 7, 1）*40)。元来，感性と理性の対立すら人間が神に依存し，神を信仰しないときに生じる。だからキリスト教が問題とするのは，感性も理性も含めた生活の全体であって，これが転換すること，つまり意志の方向転換としての回心であり，このことこそ「神への全的依存」(adhaerere Deo) の意味するところにほかならない。

自由意志と恩恵についての理解の深化　自由意志についての理解は神の恩恵との関係で大きく変化して行き，彼自身も認める思想上の発展が起こった。この発展は内的というよりも外的契機によって起こっている。つまり391年ヒッポの司祭となり，5年後に司教になったことは，アウグスティヌスをして新プラトン主義の哲学から聖書へ，とくにパウロの手紙の研究へ向けることになった。こうしてガラテヤ書とローマ書その他の注解が彼の手によって著わされ，神学上の難問も彼のもとに提出されるようになり，その解明が求められた。その間に彼の方も聖書を解釈してゆきながら，自分自身がこれまでとってきた立場の誤りに気付くようになった。こうした思想上の発展は，自由意志の理解においてもっとも顕著にあらわれている。

　司祭になった年からペラギウス論争が始まる以前の時期（396-411）を中期の著作活動とするのはアウグスティヌス自身の『再考録』(Retractationes) 2巻の区分にしたがっている。この中期の著作のなかでも最初に発表された作品『シンプリキアヌスに答えた諸問題』こそ彼の思想上の発展をもっとも顕著にとどめている。この作品の第1巻第2問でパウロの予定説が論じられており，研究者たちはここにアウグスティヌスの思想体系の全体を解く鍵があるという。というのは彼自身『再考録』のなかで第2問で扱われた神の予定と自由意志について次のように語っているからである。「わたしはこの問題を解決しようとして人間の自由意志を弁護すべく努力して

---

39) カール・アダム『聖アウグスティヌスの精神的発展』服部英次郎訳，創元社，66頁。「問題なのは，感覚的なものと霊的なものとの，肉と霊との，可視的な世界と叡知的な世界との対立ではない。それはむしろ，此岸の世界と彼岸の世界との，時間と永遠との，世の国と神の国との対立である。それゆえ，我々が避けねばならないのは，形体的なもの，感覚的なもの自体ではなくして，感覚的なもの，霊的なものすべての誤用である」。

40) この点に関し金子晴勇『愛の思想史』137-40参照。

きた。だが，神の恩恵がそれに勝った」(『再考録』II, 1, 1.)と[*41]。そして彼は聖書の真理が神の恩恵を説き，信仰の出発点も神の賜物であることが理解できたと説明した。

ところでキリスト教思想史の上で信仰の出発点を自由意志におく立場は後にセミ・ペラギウス主義と呼ばれる。これはいわゆる異端ではなく，中世のスコラ神学は全体としてこの傾向をもっていたが，晩年のアウグスティヌス自身も以前はこの立場に立っていたことを認めている。すなわち，『聖徒の予定』で彼は次のように語っている。「主としてこの証言（第1コリント4・7）によってわたし自身も反駁されたのである。以前わたしとても同様に誤っていた。わたしたちが，それによって神を信じる信仰は，神の賜物ではなくて，わたしたち自身から自己のうちに生じると，また信仰によって神の賜物を獲得し，節度をもって正しくかつ敬虔にこの世で生きると考えたのである」(『聖徒の予定』3, 7.)。

アウグスティヌスはシンプリキアヌスに答えたこの書の第二問において信仰も神の賜物であるという主張をはじめて明らかにした。それ以前は信仰の出発点は自由意志にあると考えられ，人間の側の主体性が認められていた。もう一つ問題となるのはこの『聖徒の予定』からの引用文にも見られるように信仰が節度や敬虔とならぶ一つの徳として考えられていた点である。しかし，信仰が道徳的罪と汚れを清浄なものにする徳の働きとみなされていた以前の立場がいまや修正された。

アウグスティヌスは西洋精神史上はじめて自由意志を主題とする作品を書き残したばかりでなく，生涯を通して絶えず追究し発展させて，キリスト教の救済思想を完成させた。ところがここでの発展は，人間の自然本性が自由意志を所有しているという事態が次第に明らかになったことを意味しない。この点は最初から確立されている基本的態度であって，初期から中期を経て後期にいたるまで何らの変化も見られない。変化しているのは，自由意志がいかなる現実の状況に置かれているかということの人間学的自覚なのである。自由意志は現実には罪の奴隷となっていて，拘束された状態にある。この自覚が「拘束された自由意志」(liberum arbitrium captivatum) という形容矛盾的表現により示されている。ここに彼の「奴隷的意

---

41) 『聖徒の予定』4, 6; 『堅忍の賜物』20, 52参照。

志」(servum arbitrium) の主張が見られる。この奴隷的拘束から解放された状態は「自由にされた自由意志」(liberum arbitrium liberatum) と呼ばれる。この表現は一見，同語反復のように感じられるが，そうではなく，自由に善いわざを実行できる力に満ちた，新生した自由意志を語っている(『ペラギウス派の二書簡駁論』III, 8, 24)。

　自由意志の理解と不可分の関係に立っているのが信仰である。初期においては信仰における主体性が強調され，中期では恩恵にいたる出発点として信仰が位置づけられ，後期では信仰も神の賜物であるという主張に変わった。恩恵が次第に彼の思想の奥底にまで浸透してゆく過程がここに見られる。このことはローマ書第7章後半の理解に示され，ペラギウス論争の過程で，パウロが説く「悩める人」は律法の下に立つ人間から恩恵の下に立つ人間にも妥当するという解釈に変化した。ここにも人間としての自覚の深まりが見られる[*42]。

---

42) この点に関して金子晴勇『アウグスティヌスの人間学』(前出) 395-400頁参照。

第Ⅵ章

三位一体と「神の像」

はじめに

　アウグスティヌスの時代はキリスト教が公認され，カトリックの教義が全教会的な規模で確立された時代である。そのためにはカトリック教会は多くの異端とも戦わなければならなかった。同時代人ではアンブロシウスやマリウス・ウィクトリヌスなどが三位一体の信仰を確立するのに努めた人たちである。アウグスティヌスはアンブロシウスの三位一体の信仰を絶えず模範とした。ウィクトリヌスも正統的な三位一体の信仰を弁護するために新プラトン主義の論理を有効に利用すべく晩年に努めたが，アウグスティヌスは彼の難解な著作によって影響を受けた痕跡は見あたらない[*1]。しかし，三位一体の信仰は彼の時代の最も重要な神学上の問題となっており，これをめぐる異端との対決が終始一貫して遂行された。そのさい，この信仰を教義学的に解明するだけでなく，同時に哲学的にも基礎づけようと試みた点に彼の最大の功績がある。そこには人間を「神の像」として解釈する人間学的な思索が展開する。

　アウグスティヌスの説教を読んでみると分かるように，彼は教会の司牧のわざにおいて三位一体についての異端邪説と戦わねばならなかった。たとえばサベリウス主義やアレイオス主義である。これらの異端はニカイアの公会議（325年）で破門されたが，その後もアポリナリオス主義などとの論争が続いた。このような三位一体とキリスト論をめぐる異端邪説はキ

　1）　ウィクトリヌスの三位一体については Ernst Benz, Marius Victorinus und Die Entwicklung der abändlaendischen Willensmetaphysik, 1932, S.127-44参照。たとえばウィクトリヌスが重要視した coupla（紐帯）がアウグスティヌスにはなく，その代わりに relatio（関係）が用いられている (ibid., S.128-29)。

リストにおける神の言葉の受肉を否定することから生じてきた。これに対決しアウグスティヌスはイエスにおいて神の言葉が受肉している事実を追求して止まない。彼はイエスにおいて神の言葉が受肉しているという「受肉の神学」を強調する。彼の思索はこの神の受肉を根底に据えて人間の自己認識に進んでいく。古代教会はプラトン主義の二世界説に立脚して天上界にあった神の言葉であるロゴスが地上界に下って人となった「受肉」によってキリスト教の中心的使信を捉えていた。したがってユダヤ教の黙示思想が「人の子」の預言となり、これがヨハネ福音書冒頭の「受肉した神の言葉」を生み、プラトン主義の世界観に助けられて、キリスト教思想の教義体系の中心に据えられた。しかしアウグスティヌスはこうした古代教会の歩みに従いながらも、受肉の前での自己認識の必要を説いた[*2]。

　ギリシア教父たちの思想は、プラトン主義の強い影響の下にあったため、創造を神からの流出説で解釈する傾向があり、人間がもっている神の像は、ある意味で神の本性の劣化したものとみなされたし、堕罪後に受肉の恩恵を通じて人間が神的な起源へと向かう回心は、原初の完全性への回帰として捉えられた。それに対してラテン教父たちの思想は、「無からの創造」(creatio ex nihilo) に大きな力点を置いていた。それによれば、形をもたない未形態の質料や大地でも神の秩序の中で一定の価値をもっており、贖罪による人間の義認は「より善きものへの改造」(reformatio in meliore) を意味した。したがって「神の像」として造られた人間は、父なる神の完全なる像である神の子が授ける救済によって、その像を改造しなければならない。そこに歴史における現実性が意味をもつようになり、ギリシアにおける周期的な「再生」理論に代わって、終末論的で歴史的でさえある時代観の萌芽が起こってきた[*3]。これらの相違点が生じたのは、西欧の神学者たちの多くが、哲学者よりも法学者や修辞学者の出身であったことに由来すると思われる。彼らはストア主義的な人間的正義や秩序の観念に強く影響

---

2) 実際、近代人は一般に自己認識から出発していって罪を自覚し、神の子の贖罪を受容することにより救いを体験している。これに反しパウロはダマスコ途上にてキリストを啓示され、キリスト認識が新たに開けることにより救いを体験している。アウグスティヌスになるとパウロと同様に受肉を客観的に捉えているが、同時にその前で自己認識が必要であることを説いている。こうして救いを受容する主体の側の問題は中世を通して次第に成熟し、近代に至っているといえよう。

3) 本書第Ⅷ章4節参照。

され，質料界の混沌からの解放やその超越としての観想や神秘主義に向かうよりは，むしろ理想の実現としての「行動」に向かう傾向が強かった。アウグスティヌス自身は最初プラトン主義の影響によってギリシア的な人間観から出発したが，やがてその問題点に気づくようになった[*4]。

アウグスティヌスにとって，神の「像」による人間の創造という概念は，人間とその創造者たる神の「類似」よりも遥かに重要であった。というのは「類似」は「像」性質の一つに過ぎないからである。つまり創造における「像」形成は創造者と被造物の特別な関係をもたらす行為を意味し，存在論的な概念であるのに対し，「類似」のほうは像の関係に立つ人間が究極的な完成に向かう程度と段階とを示す形態的な性質概念にすぎない[*5]。

1　異端論争と受肉の神学

アウグスティヌスは410年に永遠の都ローマが侵略され，略奪されたことの責任がキリスト教徒に帰せられたため，キリスト教を弁護して，有名な大作『神の国』の執筆に取りかかった。同時に彼はドナティストとペラギウス派との論争に積極的に参加する。こうして異端論争が始まり，批判活動を通して受肉の神学と恩恵学説が形成された。彼が参加した論争はすべて当時優勢であった異端邪説と分派活動に対する対決であった。最初の対決は彼自身が青年時代に大きな影響を受けたマニ教に対する批判であって，有名な『告白』もその駁論を意図していた。さらに当時の北アフリカ教会を二分したドナティスト論争は法令の発令をもって鎮圧されたとはいえ，依然として混乱と敵意がくすぶっていた。さらにローマの攻略はペラギウスやカエレスティウスをしてローマを去って北アフリカに移住させることになり，新たにペラギウス派との論争が起こった。この論争によってアウグスティヌスの原罪と恩恵の説が確立された。

異端論争の中でも最大の規模をもってなされたのは，当時コンスタンティヌス帝によってニカイヤで開催された公会議で決定を見た，三位一体の教義に関するものであり，これをめぐる異端との対決が大規模なかたちで

4）　この点に関して金子晴勇『アウグスティヌスの人間学』6-14頁参照。
5）　この点に関して金子晴勇『ヨーロッパの人間像』57-61頁参照。

遂行された。
　そこで三位一体についての異端邪説を簡略に述べてみよう。この時代には次の三つの異端が絶えず批判の対象となった。①サベリウス主義。これは唯一神論を保持し、神のみが唯一の位格であって、子において父の現れを捉えるため、父・子・聖霊は三つの現象様態にすぎない、と説く。したがって人となったのは父そのものであることになり、子ではなく父が十字架に付けられたがゆえに、この説は「天父受苦説」とも言われる。②アレイオス主義。アレイオス（アリウス）はアレキサンドリアの司教であり、唯一神論に立って多神教の新しい形式からキリスト教を守ろうとし、キリストの神性を否定し、その人間性を重んじた。③アポリナリオス主義。ラオデキアの主教アポリナリオスはキリストの神性と人性との統一を考え、身体・魂・霊（ヌース）の内、キリストにおいてはロゴスと身体とが結合しているから、ロゴスが霊の代わりに宿っている、と説いた。これにより神性は完全に保たれても、人性は部分的（身体と感覚的魂）となり、完全な人間性を備えていないことになり、人間を救済できなくなった。
　これらの異端の中で前二者は「三位一体」論争として扱われ、ニカイアの公会議（325年）で破門されたが、アポリナリオス主義はその後「キリスト論」論争として扱われ、その論争はコンスタンティノポリス公会議（381年）で結審した。
　このような当時の神学的状況はアウグスティヌスの著作や説教にも色濃く反映しており、彼はこれらの異端邪説に対決してキリスト教の真理を民衆に正しく伝えようと心魂を傾けた。これら三位一体とキリスト論をめぐる異端邪説はキリストにおける神の言葉の受肉を否定することから生じた。これに対決しアウグスティヌスはイエスにおいて神の言葉が受肉している事実を追求して止まない。もちろんそれは人々には隠された事実であるとしても、やがて十字架の贖罪のわざによって明らかになった。したがって神の言葉の神学とはイエスにおいて神の言葉が受肉しているという「受肉の神学」を意味する[*6]。彼は神の受肉の行為を絶えず目前に据えて

6）そのさい、フィリピ2・6-10のキリスト讃歌に基づいて受肉は神の子が神のかたちを捨てて「自分を無にして」僕のかたちをとったケノーシスとして理解されている。またヨハネ福音書6・38「わたしが天から降って来たのは、自分の意志を行うためではなく、わたしをお遣わしになった方の御心を行うためである」の講解で彼は受肉と謙虚とを結びつけて次のように説教している。「人よ、あなたはなぜ高慢なのか。神はあなたのために謙虚とな

思索する。古代教会はプラトン主義の影響があったとしても，神の言葉であるロゴスの「受肉」によってキリスト教の中心的使信を捉えていた。アウグスティヌスはこうした古代教会の歩みに従いながら受肉したキリストの前で自己認識が必要であることを説いた。実際，近代人は一般に自己認識から出発していって罪を自覚し，神の子の贖罪を受容することにより救いを体験する。これに反しパウロはダマスコ途上にてキリストを啓示され，新しいキリスト認識により救いを体験した。アウグスティヌスになるとパウロと同様に受肉を客観的な出来事として捉えているが，同時にその前で自己認識が必要であることを説いた。このことが『三位一体』後半の展開を導いた。

2　三位一体の神観

神を父・子・聖霊の三位一体として説くことは，人間との交わりを開いたキリスト教的神観にとり決定的に重要な信仰経験に根ざしている。新約聖書は神の国の宣教を記していても，そこでは三位一体の教説はその萌芽が認められるにすぎず，いまだ明白な教えとはなっていない。元来ユダヤ教は厳格な唯一神論を守り，異教は多神教であった。ところがキリスト教はイエスをキリストとして宣教するのみならず，キリストが「神のかたち」をもつと主張した（Ⅱコリント4・4，コロサイ1・15）[*7]。こうして新約聖書は，唯一の神が父・子・聖霊という三様の仕方で自己を啓示しているこ

ったのである。あなたは多分謙虚な人を模倣することを恥ずかしいと思うかもしれない。だが，少なくとも謙虚な神を模倣しなさい。神の子は人間の姿をとって来られ，謙虚となったのである。あなたは謙虚となるように教えられている。そして人間から家畜となるように教えられているのではない。彼は神であったのに人となった。人よ，あなたは人にすぎないことを認識せよ。あなたの謙虚の全体は，あなた自身を認識するよう志すことである」（『ヨハネ福音書講解説教』第25説教16）。
　7）　さらにユダヤ教の唯一神論では許容しがたいキリストの先在説（フィリピ2・5-11，ローマ8・32，Ⅱコリント8・9）やキリストを天上的存在や神と同一視する主張（ローマ9・5，ヨハネ1・18，Ⅰヨハネ5・20）も説かれた。また聖霊の働きをイエスの洗礼やペンテコステにおいて述べ，助け主（ヨハネ14・16），キリストの霊（ローマ8・9），神の愛（ローマ5・5）として表象していたが，いまだ人格的には表現されていない。さらに「父なる神」「イエス・キリスト」「聖霊」が三肢的に表現されている（Ⅱコリント13・13，マタイ28・19）が，いまだ三一的に表象されてはいない。

とを説いた。

　さて，2世紀に入ると聖書の具体的語り方はヘレニズムの思考様式にしたがって変化し，形而上学的に神の真理が語られるようになった。聖書そのものが明快に述べていないところから，初期の異端にモナルキア主義が出て，キリスト教において唯一神論を保持しようとした。そのさい「子」を派生的に見るか，それとも「子」において「父」の現れを見るかによって相違した主張となった[*8]。

　グノーシス主義は本来的には三位一体論を確立してはいなかったが，父なる神，子なる神，聖霊を分けていた。たいていのグノーシス主義者は地上のキリストは仮の身体をとって十字架についたが，そこで身体を捨てたから，神の子キリストが死んだのではなく，人間イエスが死んだにすぎないと説いた。これは「キリスト仮現説」（ドケティズム）と呼ばれる。これに対し教会は信仰をいっそう明確にする必要に迫られた。

　エイレナイオスやテルトゥリアヌスは反グノーシス主義の傾向が明確であるが，クレメンスやオリゲネスではキリスト教的グノーシスの性格があって，三位一体論でもそこには自ずと相違があらわれた。エイレナイオスは神の唯一性を強調するが，同時に救済史における神の発展的自己開示を語る。だから，「その本質の現存在と力によれば一つの神のみ存在する」。だが同時に「救済の出来事と実現によれば父と子が存在する」と説いて，教会の三位一体論の代表者となった。さらに，これを継承し「不合理なるゆえに我信ず」という言葉で有名となったテルトゥリアヌスは神の単一な「実体」と「ペルソナ」（位格）の三からなる「トリニタス」（三位一体）の語を案出し，「一つの実体，三つのペルソナ，そして一人の神が存在する」と明確に規定し，モナルキア主義とグノーシス主義の誤謬を指摘した。

　他方，オリゲネスはエイレナイオスとテルトゥリアヌスと同じく神の唯一性を強調し，位格間の区別をも明らかにしようと試み，子は父と本質に

　8）　前者が動態論的モナルキア（キリストの単一支配）主義といい，神の力がイエスの中に働き，キリストは神の子として養子にされた（養子説）となす。しかし，これによりキリストの神性と御言の受肉は否定される。後者は様態論的モナルキア主義といい，神のみが唯一の位格で，「父」「子」「聖霊」は三つの現象様態の名にすぎない（サベリウス主義）と説いた。したがって人となったのは父そのものだから，子ではなく父が十字架に付けられることになり，「天父受苦説」ともこれをいう。

2 三位一体の神観

おいて「同質」(ホモウシオス)であるがゆえに、三位格の統一に立っているが、それでも天父受苦説とならないために区別があって、子は父に従属すると説いた。これが従属説である。また子は神の唯一性と霊的存在の多数性を仲立ちする媒介的働きのゆえに御子の永遠の誕生を説いた。このためグノーシス的傾向に傾き、経綸的な三位一体論から神性の内在的三位一体論に向かった。

三位一体論が最も激しい対立を生みだしたのは四世紀にアレイオス主義が隆盛になってからである。アレイオス(336年没)はアレクサンドリアの司祭であり、オリゲネスの従属説を徹底させ、キリストの人間性を重んじ、キリストを神と同一視することを否定した。彼の中心的関心事は神の唯一性と超越を確保することにあった[9]。つまり彼は神の唯一性を説いて、多神教の新しい形式からキリスト教を守ろうとした。

アレイオス説が広まったとき、彼はアレクサンドリアの司教によって職を免ぜられた。このことによってアレイオス主義がいちだんと勢力を増したので、教会が分裂の危機に直面すると、コンスタンティヌス大帝は325年ニカイアに全教会の司教約300人を招き最初の公会議を開かせた[10]。会議はカイザリアの司教エウセビオスの信仰告白文を若干修正した形で採択し、父なる神と子なるキリストとの同質説を正統信仰とし、父と子の異質を説くアレイオス主義は異端として排斥することに決定した[11]。ニカイアの三位一体論はさらにカパドキアの三教父(バシリオス、ニュッサのグレゴリオス、ナジアンゾスのグレゴリオス)によって完成させられ、東方教会に受け入れられた。コンスタンティノポリスで381年に開かれた第二回公会議はニカイア信条を確認したが、ここで決議されたニカイア・コン

---

9) 彼の信仰告白には「私たちは一人の神を告白する。神のみが生まれず、神のみが永遠であり、はじめなく、真理にして不死、神のみが賢く、善く、主にして万人の審判者である」とある。この神以外は無から創られた者であるから、御子も父から生まれたのではない。神が永遠からもっている御言葉は神の本質にかかわっていて、第二位格や第三位格とは関係がない。したがって御子は被造物で、父と本質が同じとは言えない。

10) このように公会議が皇帝の命令で開かれたことは、教会内の問題に世俗の権力が介入する、悪しき実例の始まりともなった。

11) この信条を使徒信条(中世以来重んじられている基本信条で、成立年代不詳)と比べてみるなら、この信条のもっている歴史的意義はおのずと明らかになるであろう。だが、その後ニカイア信条をめぐって新たに論争が再燃するにいたったが、アタナシオスはニカイア信条を擁護し続けた。彼にとって救済は神にして人なるキリストでなければ実現できないという聖書的使信が最大の関心事であった。

スタンティノポリス信条が後世において一般に普及するようになった[*12]。

　三位一体論の論争はキリストの完全な神性についての教義を確立することによって終息したが，今度はキリストの神性と人間性との関係をめぐって新しい問題が起こった。アレイオスのように御子を神以下の被造物と考えれば，人間性との結合は容易であった。アタナシオスはこれに対決してキリストは神にして同時に人間であり，両者の結合から一人格をなすと説いた。だが，どのようにしてその結合が可能であるかは教示しなかった。キリストにおける神性と人性との二つの本性についての問題は主として東方教会で論争がなされ，アレクサンドリアの学派とシリヤのアンティオケの学派が対立した。

　アレクサンドリアの学派はキリストのペルソナの一体性を強調した。ラオデキアの主教アポリナリオスはキリストの神性と人性の統一から考えてゆき，前述のような問題を起こし，その説はコンスタンティノポリスの公会議で異端の宣告を受けた。

　ところが，アンティオケの学派はキリストにおける神性と人性とを厳格に区別したため，ペルソナの一体性が疑わしくなった。コンスタンティノポリスの総主教ネストリオスはキリストにおいて完全な神性と完全な人性とは意志的に完全な一致を保っていると見た。したがってキリストを道徳的服従の完成した模範とみなし，その神性に対する信仰を弱めた。また当時広くゆきわたっていたマリアに対する「神の母」の呼称を退けたので，アレクサンドリアの大主教キュリロスから批判され，両者の論争が激化し，東方教会は分裂の危機にさらされた。

　この論争はカルケドンの公会議（451年）で一時的ではあるが決着を見た。約600人の司教（主教）が出席した古代教会最大のこの公会議も東方教会からの代表で占められ，西方教会からの参加は少なかったが，教皇レオ一世の書簡という形で提示された条文が可決された。そこではキリストが「一つのペルソナのなかに二つの性質」(duae naturae in una persona) をもつものとして両極端を排除する[*13]。このようにニカイア・コンスタン

　12）この信条では御子は「生まれ」聖霊は「出る」となっていて，カパドキアの教父の説が入っている。
　13）その結合の仕方について次のように述べている。「この唯一のキリスト，御子，主，独り子は，二つの性において混ることなく，欠けることなく，分けられることもできず，離

ティノポリス信条とカルケドン信条が公会議によって決定されたことは，古代におけるキリスト教の教義の確立を意味するものであって，キリスト教思想史の最も重要な出来事となった。この教義の確立によってカトリック教会は統一され，教義的に完成したかたちをもって成立した。

3 『三位一体』前半の問題

このような歴史的な状況の中でアウグスティヌスの『三位一体』(De Trinitate) は書かれた。彼は信仰に基礎をもつ事柄から出発し，理性の作用によってその神秘を解明しようと試みる。それゆえ，彼はこの書の冒頭において「信仰という原理を軽蔑し，理性の未熟さと転倒した愛によって欺かれる人びとのはかりごと」に対して警告を発する（『三位一体』I, 1, 1）。実際，神の恒常不変の実体を理解することが困難であるがゆえに，心は信仰によって清められ助けられねばならない。実際，神の三一性という奥義は，信仰のない者には理解できないように隠されており，信仰をもつ者にのみ明らかな真理である。それゆえ，信仰者はまず教会の教えによって神の真理に導かれなければならない。彼は言う，「聖書にもとづいて，御父と御子と聖霊は，一つの同じ実体の不可分離的な等しさによって神の一性を示し，したがって，三つの神ではなく一つの神であり，御父は御子を生みたもうが，御子は御父でなく，聖霊は御父でも御子でもなく，ただ御父と御子との霊であり，しかも御父と御子とともに等しく三位一体の一性に属していることを教えようとした」（同 I, 4, 7）。ここには神の一性と三つの位格（ペルソナ）の同等性が教えられている。聖書のなかには御子が御父よりも小さいかのように述べられたり，御父と御子という二つのペルソナの同等性が強調されたりしている（同 I, 11, 22）。とはいえ御子が御父よりも小さいというのはキリストの受肉に関して語られるときの印象に過ぎない。彼は御子が「御父に等しいかたち」であると語られる点を指摘し，

すこともできぬ御方として認められねばならないのである。合一によって両性の区別が取除かれるのではなく，かえって，各々の性の特質は救われ，一つの人格と本質にともに入り，二つの人格に分かたれ割かれることなく，独人の御子，独り子，言なる神，主イエス・キリストである」（小嶋潤他訳『信条集』前編，新教出版社）。

その場合には御子は御父に等しい。しかし，御子が「僕のかたち」のもとに語られる場合には，御子が受肉により身に纏った人間性によって御父よりも小さいだけでなく，自己自身よりも小さい。しかし，御父のかたちのもとでは三つのペルソナは同等である（同 I, 11, 23）。

この問題は御子と聖霊の「派遣」(missio) にも関連しており，御子と聖霊が父によって派遣されるなら，御子と聖霊は父なる神に劣らないのかと異教徒たちは反論した。しかし，聖霊のはたらきは人間的な感覚に適合した仕方で示され，たとえば「鳩」や「父」などという形体的なかたちによって記された[*14]。これは形体的な表現であって聖霊が御父なる神よりも小さいといわれる根拠にはならない。さらに，神性の顕現についても同じであって，たとえば，神はアダムやアブラハムに声をかけているが，この声は何か，燃える柴の中でモーセに語りかけたのはどのペルソナであるかなどが検討される。これらの神性の顕現は神の三一性全体の働きであって，ペルソナの完全な同等性を否定しない。そのさい，天使がいわば媒体として用いられたと理解される（同 II, 4）。アウグスティヌスは三一性の問題についてギリシア，ラテン教父たちの見解をほとんど参照しないで，もっぱら聖書に厳密にしたがって解釈しようと努める。わずかに4世紀のヒラリウスの『三位一体』から引用しているにすぎない（同 VI, 10, 12）。この一世代前にポアティエのヒラリウスによって書かれた見事な作品は彼に大きな感銘を与えた。ヒラリウスとアウグスティヌスの両人によって提起された中心問題は，アレイオスと深く関わる問題であった。アレイオスは父・子・聖霊という三位一体についての教義は，父に子が従属することによって一神論と和解されうると説いた。アウグスティヌスは，正統信仰の著作家たちが，四世紀の最善のギリシア神学者たちをも含めて，アレイオスの思考方法に原理的に多く譲歩しすぎていたと考えた[*15]。

彼は聖書にもとづいて三位の同等性を説いてからアレイオス派の異端思想を論駁する。『三位一体』第5巻と第6巻は明らかに論駁的意図を含んでいる。アレイオス派はキリストが被造物であるとみなし，神と本質を等しくしていないと主張した。彼らによれば神について語られていることはすべて実体によって (secundum substantiam) 理解されなければならない。御

---

14) マタイ3・6, 使徒言行録2・3参照。
15) チャドウィック，前掲書，155頁参照。

3 『三位一体』前半の問題

父が「生まれない」ということは実体によって言われており，御子にとって「生まれた」ということは実体によって言われる。しかし「生まれない」と，「生まれた」とは全く相違している。したがって，御父の実体と御子の実体とは異なる（同 V, 3, 4）。これは，「父なる神」と「子なるキリスト」の実体（本質）の同等性を否定するものであって，キリストの神性を否定することにほかならない。

アウグスティヌスは，神の存在についてアレイオス派のように恒常不変な実体として語られるだけでなく，関係によって (secumdusm relativum) 述べられる場合もある点を指摘する。「したがって，御父であることと御子であることは異なるが，しかも実体が異なるのではない。なぜなら，御父といい，御子という表現は実体によっていわれるのではなく，関係によっていわれるからである。しかも，この関係は可変的ではないがゆえに，付帯性ではない」（同 V, 5, 6）。したがって，神の三位格「父」「子」「聖霊」が相互に「関係的」に述べられるのは，それぞれのペルソナに，固有の意味で属している特性を意味するものである[*16]。それゆえ「ペルソナ」は「関係」を意味する。

アウグスティヌスは，三位一体について聖書の信仰にもとづいて考察し，アレイオス派を論駁してから『三位一体』第8巻以降ではこの教えを理性によって理解しようと試みる。三位一体の神に対する信仰と自然的な理性とは理解作用において全く異なる。自然的人間は，神の特別な援助なしには神の真理を把握することはできない（同 VII, 6, 11）。しかし，彼は可能なかぎり理性によってこの真理を把握しようと試みる。そのために彼は人間の精神の働きをいっそう深く追求しなければならなかった。

---

16) そのさい，もちろん「子」が三一性でもなく，「聖霊」が三一性でもない。また個別的に述べられるときには三つの複数のものが意味されるのではなく，一つのもの，すなわち三位一体自身が意味されるのである。たとえば善に関して善なる父，善なる子，善なる聖霊と述べられるとき，三つの善が意味されるのではなく，一つの善（それはまさに三つのペルソナに等しい一つの本質である）が意味される。それは「関係的」にではなく，「実体によって（本質によって）」言われるのである（『三位一体』VIII, Proem.）。

4 『三位一体』後半の問題

『三位一体』の目的は，聖なる三位一体の本性を明らかにするだけでなく，被造物に内在する神の「痕跡」(vestigia) に見いだされる，被造物における三一性 (trinitas) のすべてを検証することにあった。これらの中でもとりわけ重要なのは，人間の認識能力における三一性である。アウグスティヌスは，御父と御子と聖霊がそれぞれ神の精神ないし記憶，神の知性，神の意志ないし愛と対応していると考えた。したがって，人間が神の像を所有していることは，最も特殊な意味で人間の霊魂も神にかたどられた三一性であることを意味する。なぜなら，人間もこの三つの機能を同時的かつ不可分に所有しているからである。人間は三一的な霊魂の働きをもっているがゆえに，神や天使たちと同様，霊的な存在である。しかしながらアウグスティヌスが意志に属する感情や情熱にも，記憶や知性と全く同等の価値を付与したことは重要である。知性も意志も，それを用いる方向に応じて善にも悪にも染まるとみなされた。つまり，世界創造の源である神の方に向かえば善となり，それから外れれば不完全で悪しきものになる。

神の像としての精神の知性的認識　ギリシア教父と相違してアウグスティヌスは人間が男女に区分されていることを堕罪の結果とみなさない（『神の国』XIV, 21）。しかしフィロンの寓意的な聖書解釈にしたがって彼は蛇が感覚的な能力，女が世界に向かう低次の理性，男が神に向かう高次の理性を表していると考えた（『三位一体』XII, 13, 20 参照）。この高次の理性は神と直接関係する「内的な人間」であって，彼は理性と意志に人間の尊厳を求めた。だが，彼が最も重要な問題として取り上げたのは，人間の尊厳に属する意志が堕罪によって悲惨な状態に陥っている現実からどうして脱出できるかということである。つまり，人間は永遠の真理を思慕し探求しながらも，時間的なものに巻き込まれ，低迷しているが，いかにしてこの状態を超越しうるかということである。彼はその解決を時間的な世界のうちにあって時間を超えうるところに求めた[*17]。そのためにはまず

---

17)　ニーバーはアウグスティヌスに従って「神の像」を「人間の自己超越能力」(capac

信仰により愛を清めなければならない。そうでないなら意志は理性を神の観照に向けることはできないからである。この清めは神の摂理の個人的および公的な配慮による諸段階をとおして行なわれる[*18]。この清めの過程を魂が通過することによって罪により毀損された「神の像」(imago Dei) は更新され、「神の似姿」(similitudo Dei) にまでいたる。このとき神と自己との存在の「非類似性」(dissimilitudo) は「類似性」(similitudo) にまで回復され、喘ぎながら願い求めていた神の永続的観照と浄福の生とに達する。

精神の認識作用と神の像　この神の像は精神の認識作用のうちに求められ、人間学の重要な思想がここから形成される。精神の認識作用の内に捉えられた神の像は、認識の三一的構造において探求される。まず被造世界に三位一体の痕跡として神の像が求められたり、存在・知・愛のような懐疑論を克服するさいに発見された類似像も考えられた(『神の国』XI, 26)。しかし彼は精神という内的な人間のうちに神の像を求めており、神に向かう精神作用の構造において捉えようとした。なぜなら精神にこそ神と直接関係することができる人間の尊厳が求められたからである。したがって『三位一体』の後半で追求されている論点は神論というよりも神との関係にある人間存在論であるといえよう。この人間の神に対する関係は愛であり、人間における愛の現象の分析から「神との関係存在」としての「神の像」を発見すべく彼は探求を開始した。ここには神と人との「類比」による探求がなされている[*19]。

---

ity for selftranscendence) と理解し、フォイエルバッハの「神は人間の像である」を批判する。The nature and destiny of man, 1949, vol., 1, p. 166.

18)　この点に関して多くの著作で言及されているが、『三位一体』第14巻では罪によって毀損している神の像がいかに救済され新しくされるかが論じられ、信仰が力説された。まとまった叙述としては『真の宗教』25, 46-26, 50;『魂の偉大』33, 70-79を参照。

19)　チャドウィックはこの点に関して次のように言う、「これらの類比は＜一における三＞をばかばかしい無意味なことだと考えた批評家たちに衝撃的な解答を与えた。しかしこれらの類比の適応性と意味の多様性とはあまりにも大きいので、私たちの精神はこれらの概念を神に移し入れることはできない。事態に最も良く妥当し最も近づいている類比は一五巻の最終巻において、思考すること・語ること・意志することの親密な統一性、および知ることと愛することとの親近性において到達されている。「類比」という術語はアウグスティヌスとその同時代人にとり漠然とした類似を意味しないで、むしろ正確で数学的な意味をもっていた。ある箇所で彼は、神について語るためには類比はあまりに正確すぎるので、神人同型説的になってしまう、と警告している（『説教』52)」前掲書、156-57頁。

愛は神と人間とを結びつける膠 (gluten) である (『詩編講解』62,17)。そのような愛は神から心のうちに注がれた「神の愛」によって生じる「神に対する愛」なのである。愛は意志に属しており，何らかの対象を志向する運動である。この愛の対象を被造物から創造者なる神へと転換させること，可変的存在から永遠不変の存在へと超越させること，これが信仰のわざであって，それを実現するためには心が清められなければならない。

「神の像」の探求　『三位一体』は全体として見ると信仰から理性へという基本姿勢に立っており，前半はすでに説明したように聖書の証言とカトリック教会の教義に基づいて論じられ，後半は理性の認識作用から三位一体の神の認識を扱っている。そして前半と後半の橋渡しをなしている第八巻では愛の現象と分析から神の像が探求される。愛が人間の魂のうちに「内的真理」(veritas interiora) として宿る諸理念 (rationes) に向かう働きの中に彼は三一像を探求する端緒を見いだした (『三位一体』VIII, 1, 1-7, 10)。

そこで彼は愛の経験的現象を観察し，次のように愛の三肢構造 (tria) を記述する。一般に言葉が何かを述べながら同時に自己自身をも述べるように，愛も何ものかを愛しながら同時に愛そのものを愛する。こうして愛は愛の根源である神につながっている (同 VIII, 12)。ここから「愛する者」(amans)，「愛されるもの」(quod amatur)，「愛」(amor)，の三肢がとらえられる (同 X, 14)。愛の対象志向性は認識を対象の存在や記憶内の表象に依存させることなく，対象を志向し関心をもつ心の注意作用 (intentio animi) とか意志を中心に立たせる (同XI, 2-3)。このような愛の根源的志向性は認識において精神が対象に向かう主体的関与を造りだし，他の諸々の行動をも基礎づける根源的作用である。

だが，愛の三肢構造は，愛する者と愛される対象との二つの実体から成立しているので，三にして一なる関係ではない。とはいえ愛する者と愛される対象とが実体的に一である場合は自愛 (amou sui) の現象に求めることができる。だが，この自愛の現象では愛する者と愛との二肢構造であって三肢ではない (同XI, 2, 2)。ところが自愛という現象は自知 (notitia sui) なしにはあり得ない。したがって愛が知を媒介にして自己を精神 (mens) として確立するとき，精神・自知・自愛の三一構造がとらえられる。この精神の三一構造は三肢がそれぞれ独立でありながら相互に関係し合う三位一

体の像である（同 IX, 3, 3-5, 9）。ところがこの像は精神という一つの実体の内部においてのみ三肢が関係し合っているため，精神の基体である魂は可変的なものであって，永遠的なものではない。そこでアウグスティヌスは「自己のうちに見る」(videre in se) ことと，魂のうちに宿っている「真理自体のうちに観ること」(videre in ipsa veritate) とが相違している点を指摘する。精神が不変の真理を認識するとき，精神自身よりもさらに内的である真理を認識しており，そのような認識を行なうものは知性 (intellectus) である。この知性を記憶 (memoria) 内の理念に向けるのは意志 (voluntas) の働きである。ここから知性的認識における三一構造として記憶・知性・意志という像が把握される（同 IX, 6, 9; X, 11, 17）[20]。

　こうした探求から捉えられた二つの像（精神・自知・自愛と記憶・知性・意志）の関係についてトマス以来多くの解釈がなされてきた。しかし，アウグスティヌス自身はこの関係を重要視してとくに詳しい考察を加えているわけではない。したがって両者は決して互いに矛盾しないで，思想の発展の中で把握されたと理解すべきである。彼の叙述は発展的な仕方でなされており，単に人間が「何であるか」から，「何であるべきか」へと進展すると言われる（同 IX, 6, 9）。ここに彼の人間学的な自己理解の方向性が認められる。つまり知性的理念による第二の像は，理念によって誤りのない認識を行なうのみでなく，同時に精神を真理に向けさせ，その本来的存在へ導き，精神を秩序づける。こうして精神は自己自身との関係に立っているばかりか，絶えず永遠者との関係に立つことによって自己自身との関係にも正しい秩序を与える。したがって第一の像は「自己内関係」に立ち，第二のそれは「自己超越関係」に立っている[21]。ところで精神がその認識の究極において神の観照にまでいたるとき，「神の全き観照が実現するとき，この像において神の似姿が完成する」（同 XIV, 17, 23）とあるように，神の像は神の似姿にまで回復される[22]。

　精神の認識作用のうちに探求された神の像はアウグスティヌスが用いた別の表現によって存在・認識・愛の三一構造として一般化できる。その中

20）　いっそう詳しい叙述は金子晴勇『アウグスティヌスの人間学』（前出）126-35頁参照。
21）　この「自己内関係」と「自己超越関係」はキルケゴールの『死にいたる病』における精神規定と同じ内容となっている。『死にいたる病』桝田啓三郎訳，世界の名著，474頁参照。
22）　神の像と似姿との関連に関して金子晴勇『ヨーロッパの人間像』第3章3節，57-61頁参照。

でも彼に独自な要素は認識に愛を不可欠の本質として加えたことである。愛なしには精神は知性的理念にも，その統一者である神へも向くことはできない。いな，信仰によってこの愛が清められ秩序づけられていないならば，神の観照など思いもよらない。信仰による心の清めがなければ，理性は神の観照に向かいえない。だから「アウグスティヌスが愛を観照における本質的要素として加えたことによって，まさに彼の観照 (contemplatio) の概念を，本質的に純粋な悟性認識にとどまっているギリシア的テオリアから区別している」[*23]といえよう。本来，アウグスティヌスの哲学は知恵そのものである神に対する愛以外に目的をもっていない（『神の国』VIII, 1）。この愛が認識を媒介にして展開しているが，愛と意志が認識に対しいつも優位をもつと考えられた。また愛は愛の根源にまでさかのぼるため，自己の存在もしくは記憶（意識）に現存する理念を知性によって捉え，理念において世界と自己との存在の全体を認識し秩序づける。このような愛をもって存在の全体が秩序づけられた。

　「神の像」についてアウグスティヌスの考察は単に人間の認識能力を検討しているだけではなく，人間の精神の現実への反省をも疎かにしていない。第14巻では主として罪によって毀損している神の像がいかに救済され新しくされるかを論じ，信仰が力説された。罪による像の損傷は具体的には理性が暗くなり，意志が無力となっていることに示されるが，その場合でも，まず愛の方向転換としての一回的回心と漸進的治癒による健康の回復とが求められる。この回復が日々進むその終極において「顔と顔とを合わせて見る」神の至福直観にいたると説かれた（『三位一体』XIV, 17, 23）。したがって神を対象とする認識にも信仰の認識と理性による認識との二種類が区別された。

　『三位一体』第12巻では知識と知恵との区別がなされるが，知識といっても単なる事物の外面的知識ではなくて，「真の祝福に導くもっとも健全な信仰が生まれ育てられ守られ強められるものだけが知識に属する」（同 XIV, 1, 3）と言われる。だから知識はそのうちに知恵を含む真理を表現しており，とくに神の言葉の受肉は歴史的啓示としての知識にほかならない。信仰の認識はイエスにおいて啓示された永遠の知恵を対象とするため，

---

23) M. Schumaus, Die psychologische Trinitaetslehre des heiligen Augustinus, 1967, S.306f.

時間的なものであるかぎり知識であっても，永遠的な真理に確実に導くものである。こうして，人間であるイエスを通して神なるキリストへと私たちが導かれる，と彼は言う（同 XIII, 19, 24）。しかし，信仰の認識は時間上の過ぎ去る事物に関わっているかぎり，永続するものではなく，神の全き観照が成立するときまで続くにすぎない（同 XIV, 2, 4）。永遠不変なのは知恵そのものであり，永続するのは神を観照する知恵の認識である。このように説きながらもアウグスティヌスは「最高の知恵は神であり，神の礼拝が人間の知恵である」と語っている（同 1, 1）。彼は精神の三一的な像全体を神に向け，神の本質である知恵に関与することを神の礼拝 (colere Deum) とみなしている。サピエンティアとはクルトゥス・デイであると彼は繰り返し語る（同 1, 1）[*24]。そうすると神の認識は観照という高次の直観でのみ成立するのではなく，礼拝という行為の中でも実現していることになる[*25]。ここにも認識する人間の現実の存在が反映しており，現世では神の観照が不可能であっても，それは礼拝によっても可能であるがゆえに，礼拝形式によって知恵の内実が制限される。したがって現世では神の完全な観照は希望の内にあり，信仰による神の礼拝こそ「人間の知恵」であり，この礼拝において神と一つになることを彼は「一つの霊 (unus Spiritus) となる」というパウロの言葉によって語っている[*26]。この言葉は終末の完成時のことを述べているが，神への帰依は礼拝の基本行為であるから，現在においても信仰において実現できるが，それでも神と精神が一つの霊となるは聖霊によって注がれる愛のわざによる（『三位一体』XV, 17, 31）。「聖霊によって神の愛がわたしたちの心のうちに注がれ，神の愛によって全三位一体がわたしたちのうちに住まいたもう」（同 XV, 18, 32）。神と人間との関係は神の愛によって神と一つになるため「カリタス（愛）の神秘主義」とも，また三位一体とその像との間に成立するため「三位一

---

24) この点に関して『ヨハネ福音書講解』XXVIII, 28；『エンキリディオン』1, 2をも参照。

25) そうするとシュマウスが言うように「記憶・知性・意志によって行なわれる礼拝は，一般に人間精神が神の像であるところの知恵の内実を制限している」。M. Schmaus, op.cit., S.305

26) 「精神が究極的に神に寄りすがるとき，＜しかし主に寄りすがる人は神と一つの霊となる＞と使徒が証言しているように，一つの霊となるであろう。このことは神の存在・真理・至福の分有にまで精神が到達することによる」（『三位一体』XIV, 14, 20；『告白』VII, 11, 17 参照）。

体的神秘主義」とも表現できる*27。

5　神の像における思想的特質

アウグスティヌスは『三位一体』において驚嘆に値する深淵な思索を展開した。これによって彼はヨーロッパ精神史上最も偉大な思想家となった。そこで彼の思索の特質をあげておきたい。

　内在と超越　まず、神の像の探求において、愛の現象を手がかりにしている点が重要である。愛の本性は、愛する対象に向かうと同時に、愛している自己に向かっており、さらに自己を超えて愛の根源である神に向かう。アウグスティヌスの説く「聖い愛」(caritas) は「神への愛」と「自己への愛」とを融合した統一体をなしているため、本質的には両者の間に矛盾や分裂は意識されない*28。ここから二つの神の像の関連というきわめて困難にして重要な問題を説明することができる。すなわち、「精神・自知・自愛」の像は愛が求心的な動態にある場合で、自己内の関係に立っている。これに対し「記憶・知性・意志」の像のほうは愛の遠心的な動態を示し、自己超越の関係に立っている。この二重の動態は次の「アウグスティヌス的命法」の二重性に由来する。すなわち、彼は「外に向かうな、あなた自身の内に帰れ」と言い、自己が有限であることを自覚するなら、自己に内在する真理に向かって「あなた自身を超越せよ」と命じる（『真の宗教』39, 72）。こうして自己の内において自己を超越するという「内ー上」の図式が明らかになる。この図式は、二つの神の像における自己内関係と自己超越関係の二重性として示された事態であって、内的な人間の存在構造を明らかにしている。

　認識と愛　精神の認識作用の内に探求された神の像は別の形で一般化して、「存在・認識・愛」としても表現された。この三一構造の中でも、愛を認識にとって不可欠な要素として加えたことが最も顕著なことであ

---

27) M. Schmaus, op. cit., S.309.
28) アウグスティヌスのカリタスについては金子晴勇『愛の思想史』（前出）45-53頁参照。

る。愛なしには精神は真理にも神にも向かうことができない。また信仰によって愛が清められていないなら，知性を神の観照に向けることは不可能である。このように愛と信仰とを認識の本質的要素として加えたことは，純粋に理論的なギリシア的観照 (theoria) の立場から彼が遠くかけ離れていることを示している。ここにもキリスト教的人間観が反映している。

プラトン主義の残滓　　認識にカリタスの愛を加えたことはアウグスティヌスにプラトン主義を克服する道を拓いた。キリスト教の創造思想にしたがって彼は肉体や質料に完全な正当性を認め，神によって聖別された被造物全体の中で固有の役割をもつと考えた。それは彼の創造思想に明らかである。神の像と似姿にかたどって人間が創造されたとき，精神と身体は「種子的理念」(rationes seminales) としてまず創造され，それに同時的に続いた創造によって土と神の息による人間が誕生した。こうして地上的存在である人間が創造者たる神に惹かれるのは，物体的なものにさえ形相の美と神の痕跡が発見できるからである。しかし，それを見いだすためには，人間には恩恵による神の照明が必要である。このような「種子的理念」というストア的な概念はプロティノスを経由してアウグスティヌスに受容された。それゆえ修正されたとはいえ，彼の思想の中核には，紛れもなく新プラトン主義の体系が潜んでおり，それはウィクトリヌスとアンブロシウスの影響や，彼が直接読んだポルフィリオスなどのプラトン主義者たちの書物に由来する。だが，この体系には重大な修正が加えられて，ギリシア教父たちのキリスト教的プラトン主義とは異なった方向に発展したことも確かである。こうしてアウグスティヌスは，グノーシス派の二元論やペラギウス派の禁欲的道徳主義という両極端に陥る危険を避けることができた。

付論　「神の像」についてのアウグスティヌスとルターの相違

アウグスティヌスの三位一体の教説，なかでも神の像についての教説は中世を通して大きな影響を及ぼした。しかし，宗教改革者ルターはその教説を認めながらも，注目に値する評価を行なっている。その批判は神の像を直接的に人間の認識作用の中に捉えようとしたことに向けられた。

ルターによるとアウグスティヌスは「魂の能力」(potentia animae) をアリストテレス的区分に従って「記憶・精神もしくは知性・意志」(memoria mens vel; lntellectus, et voluntas) の三つの機能に分け，それが三にして一なる「神の像」であると説き，他の教会の博士たちも殆んどこれに従っている。そしてこの像はすべての人の中に存在しており，この人間のうちなる自然に内在する神の像は「恩恵の賜物」により完成されて神の似姿 (similitudo Dei) にまで達する。彼らは「自然は恩恵により完成される」(naturaram perfici per gratiam) と説き，「だから，神の似姿 (similitudo Dei) は記憶が希望により満たされ，知性が信仰により満たされ，意志が愛により満たされることから成立する」と言う。だから，人間が精神や記憶や意志をもっている事実は神の像へと創られていることを示し，知性が信仰により照明され，記憶が希望により確信し，意志が愛により飾られているのは人間が神の似姿へと創られていることを示すと彼らは主張する[*29]。

しかし，ルターはスコラ神学で通説となっている意味で像と似姿との関係を「自然的賜物」(dona naturalia) と「超自然的賜物」(dona supernaturalia) の関係と見ることはできないと批判する。彼はアウグスティヌスとそれに従う教会博士たちの議論は「不愉快なるものではない思弁」(non uniucundae speculationes) として一応認める。しかし，その有効性については疑問を提出する。とくに「この像からその起源をもつ自由意志についての議論」は誤った結論を導き出していると彼は考えて，次のように言う。「わたしたちは記憶・意志・精神を確かにもっている。しかし，それらはひどく壊敗し極度に弱体化している。いや，もっとはっきり言うなら，全くの壊疽と不潔の状態にある」[*30]。これはルターの主張する自然本性の全き壊滅を意味し，それらを積極的に論ずることは無意味であると批判する。

確かにアウグスティヌスも原罪によって理性も意志も壊敗したことを認めているが，それでも理性や意志の機能をその本来的な姿において考察する。この態度は哲学的な可能性に立った議論であるが，神学的には理想主義的傾向を示している。これに対しルターは現実主義的であり，人間的現実の「経験」に根ざしながらも，この現実に向けられた神の言葉，神の啓

---

29) ルター『ワイマール版全集』45, 1-17。
30) ルター同全集 46, 5f。

付論 「神の像」についてのアウグスティヌスとルターの相違　　161

示にもとづく現実主義と言うべき立場を主張する。実は，アウグスティヌスも神の像を具体的愛の経験的現象の分析から考察しはじめたが，精神の認識能力を本来的な仕方で検討したのに対し，ルターは現実の人間の具体的生き方の実質から神の像を見ようとする。それも現在の生の否定的事実からその本来的生を推論することによって捉えようとした[*31]。

「それゆえわたしは神の像を次のように理解する。すなわちアダムは神の像を自分の実体のうちにもっていた。そして神を知り，神が善であることを信じたのみならず，全く神的な生を生きた。すなわち，死とあらゆる危険との恐怖なく，神の恩恵に満ち足りていた。それはちょうどエバの場合に明らかであって，彼女は，わたしたちが小羊や犬に対するように，全く恐怖をもたずに蛇と語った。またそれゆえに，もし戒めが犯されると，神は＜あなたがこの木からとって食べる日にはいつでも，あなたは必ず死ぬであろう＞（創世記2・17）という罰を科している。神はあたかも次のように語っておられるごとくである。あなたたちは今安心して生きていて，死を感得しないし見てもいない。これがわたしの像であり，それによってあなたたちは，神が生きるように生きる。もしあなたたちが罪を犯すならば，この像を喪失し，死ぬるであろうと」[*32]。

ルターは神の像についてまず「アダムは神の像を自分の実体のうちに(in sua substantia) もっていた」ことを認める。しかしこの神の像は超自然的賜物ではなく始原の生において自然本性として授けられていた。アウグスティヌスはこの実体を精神として捉えて，神へ向かう認識作用を分析し，精神の一実体の中に三つの作用を捉えることによって三位一体の像を探求した。それに対しルターはこの実体を生命として捉え，死の恐怖のない，神の恩恵のうちなる，全く神的な生活の中に神の像を把握した。彼は言う，「これがわたしの像であり，それによって神が生きるようにあなたがたも生きる」(Haec est imago mea, qua vivitis, sicut Deus vivit) と[*33]。

---

31) 金子晴勇『ルターの人間学』（前出）98頁参照。
32) ルター同全集47, 8-17。
33) 詳しくは金子晴勇『ルターの人間学』（前出）95-107頁参照。

第VII章

創造の秩序と乱れ

――――――

はじめに

これまでわたしたちはアウグスティヌスの神観を三位一体という観点から解明してきた。彼の哲学的思索の出発点はもっぱら「神と魂」に向けられており（『ソリロクイア』I, 2, 7），すでに考察したように三位一体も人間の魂の作用から探求された。しかし，彼の「神」は「魂の根源」と関連しているがゆえに（『秩序』II, 4, 7），「神と魂」は一般化して言うなら「創造者と被造者」を表している。この魂は自然と同じく神の被造物であり，自然世界は聖書に語られている神の創造の秩序にもとづいて考察される。したがって自然の世界はもはやギリシア人のように神々が住まう神聖なコスモスとは考えられず，人間と等しく神の被造物とみなされ，コスモスの非神聖化が生じている[*1]。

ギリシア的世界観は人間をコスモスにより庇護された存在として捉えた。コスモスへの賛歌はカオスを克服する神々の力への感謝の祈りである。人間は神々の住まう世界住居であるコスモスのなかで安住できると信じた。こうして天と地は同一の法（ノモス）によって支配され，ノモスについて「すべての死すべき者と不死なるものとの王者，いと高き御手をもて彼は力強き正義を行使する」（ピンダロス）と詠われた。このコスモスはヘシオドスの神統記によると新しき世界秩序を創りだした神々の世界なのである。この神聖なコスモスもソフィストの時代には背景に退き，ポリス（国家社会）が主たる関心の対象となった。なぜならソフィストたちは自然を支配するコスモスを否定して，現実の社会であるポリスにとって権力

---

1) カール・レーヴィットは世界・神・人間という存在の全体の中でギリシア的な自然に拠り所を求めている（『世界と世界史』柴田治三郎訳，岩波書店，115頁）。

意志だけが支配していると考えたからである。彼らに対決してソクラテスはこのポリスを真に支える土台となるべきものは人間の魂（プシュケー）であると説き，魂を配慮することを哲学活動の主なる目的とした。それゆえ彼は「汝自身を知れ」というギリシア悲劇のテーマを新しく解釈し直し，吟味の言論（ロゴス）によって秩序を再建すべく試みた。こうしてコスモス・ポリス・プシュケーの三重構造から成る秩序の探求が始められた。

これに対し，旧約聖書は世界創造神をもってバビロン神話と対決し，世界と同質なる神々に反対して超越的な唯一神による世界創造を物語っている。そのためコスモスは非神聖化され，その神的尊厳が消滅し，人間と同様に神の被造物にすぎなくなった[*2]。さらにキリスト教の出現とともにコスモスを権力意志のみなぎる現世とみなし，これに対決する神の王的支配が「神の国」として説かれた。つまり，神は人間が共同的に生きる仲間世界に愛をもって臨み，現世に生きる魂をその苦悩から救済する計画をもって積極的に関与すると説かれた。

アウグスティヌスの時代はギリシア・ローマ世界がその終末を迎えた古代末期であった。彼の歴史的使命は人間が神と世界との間にあって新しい秩序を再建し，道徳的な世界秩序を確立することに求められた。それゆえ彼は「秩序」について青年時代から大きな関心を寄せた。このことは彼が悩んでいた悪の問題から起こった。事実，善悪二元論に立脚するマニ教の世界観はこの悪の起源に合理的な説明を与えると思われた。それゆえ彼はこれに強く惹きつけられた。マニ教徒たちは「一つの身体の内部に二つの魂が存在すると考え，一つは神から出たものであり，他は暗黒の種族から出たものである」（『真の宗教』9, 16）と説いて，二元論の観点から悪を解釈した。このマニ教に9年間もとどまった後，彼はミラノで新プラトン主義に触れ，「悪は善の欠如である」という合理的な解釈によって悪の問題を理論的には解決した。その後，キリスト教の救いによって初めて道徳的な悪の繋縛から解放された[*3]。それゆえ，カシキアクム時代の最初期の作品に属する『秩序』はこの悪の問題を神の摂理の観点から形而上学的に考

---

2) この非神聖化されたコスモスは近代的宇宙の発見によって崩壊する。この点に関してアレクサンドル・コイレ『コスモスの崩壊――閉ざされた世界から無限の宇宙へ』野沢協訳，白水社，参照。

3) この点について詳しくは本書第Ⅴ章第2節を参照。

はじめに

察したものである。そこでは宇宙をつらぬく不変な秩序と因果の連鎖という自然学的な秩序思想が説かれた。そして個人に向けられた特殊な摂理に導かれてこの秩序は実現できるとの確信が表明された。そのさい自由学芸の研究が精神を高次の真理に向けて準備するので，上昇の梯子のように学習の順序が守られ，幾何学と音楽により宇宙の根底をなす数学的秩序が自然哲学的に解明されうると説かれた[*4]。

しかし，マニ教を論駁する意図をもって書かれた『告白』で詳しく論じられているように，悪の問題は道徳的な意志に属する問題であって，そのために彼は『自由意志』全3巻を通して意志の問題を詳細に検討しなければならなかった。この意志は結局のところ愛の問題に帰着する。実際，神と人間とに関する思想はすべて愛を中心とする。物体が重さによりそれぞれの指定された場所に向かって運動するように，「わたしの重みはわたしの愛であり，それによってわたしたちはどこへでも運ばれてゆく」（『告白』XIII, 9, 10）と語られている。このように人間の意志も愛の重みによって導かれる。しかし，物体の運動とは違って人間の愛は，絶えざる不安にさらされ，不幸であるがゆえに，神の内に幸福を求めざるを得ない。「実際，神よ，わたしがあなたを求めるとき，わたしは至福の生を求めている」（『告白』X, 22, 32）。この神を愛し求める人間の愛，つまり神への愛は，プラトン的なイデアの認識に向かうエロースと同様，上昇的な愛であるが，神の御子の受肉と卑賤な姿に示される神の人間に対する愛，つまりアガペーに支えられていないなら，神への愛は生じない。それゆえアウグスティヌス的愛であるカリタス (caritas) 学説はエロースとアガペーの総合から成立し，独特な特質を帯びている[*5]。

---

4) 『秩序』の冒頭にある次の言葉はこの点をよく表している。「ゼノビウスよ，事物の秩序を辿って進み，おのおのの事物に固有なものを把握すること，特に，この世界がそれによって包括され統御されている宇宙全体の秩序を知ったり，明らかにしたりすることは，人間にとりきわめて困難であり，稀なことである」（『秩序』I, 1, 1）。第2巻ではこのような宇宙全体の形而上学的な知識を得るためには「学習の順序」が秩序として求められている。「秩序」には，自由学芸の研究が精神をいっそう高次の真理へ向けて準備するものとして弁護されており，上昇の梯子のように自由学芸は排列され，幾何学と音楽でもって宇宙の根底をなす数学的秩序が解明されると示唆されている。アウグスティヌスは新プラトン主義の色彩の強い一節で「一者を見るために私たちは人間の多数性からのみならず，感覚の多数性からも退かねばならない。全体を一緒に捉えるいわば円の中心を私たちは探求している」（同I, 3）と自己の見解を表明した。

5) このようなカリタスの学説は，アウグスティヌスが新プラトン主義とキリスト教と

わたしたちはこの点を「愛の秩序」(ordo amoris) の概念によって考察したい。というのはアウグスティヌスが初めて「愛の秩序」を倫理の基礎もしくは中核に据えたからである。倫理の基底としての「愛の秩序」について『神の国』第15巻22章には「簡潔で真実な徳の定義とは愛の秩序である」(definitio brevis et vera virtutis ordo est amoris) と規定されている。プラトン以来「徳」は「良く生きるため」に不可欠な善性であるが，アウグスティヌスによるとそれは単なる人間の性質ではなく，わたしたちの主体的な愛が「秩序づけられた愛」(ordinata caritas) とならなければ有効に発揮できない[*6]。

では「秩序づける」ことはいかにして行なわれるのか。初期の思想ではストア主義に依って，知者は心中に刻印されている永遠の法に則って理性により情念を支配する，つまり人間の精神は理性を用いて身体的欲望を支配することによって有徳になり得ると説かれた[*7]。しかし，中期および完成期の著作になると秩序の概念は，プラトン主義の形而上学的な背景から離れて，一方において創世記にある神の創造についての自然哲学的解明となり，他方において愛という主体的な行為自体の中に求められた。したがって，それはプラトン主義による形而上学的理論から聖書の創造論的な考察および愛に対する主体的な解明に移行した。ここに後期の思想の特色があり，「創造の秩序と乱れ」という問題が主体的で神学的な観点から説かれた。この神学的な秩序理解は国家学説にも反映し，無秩序から秩序を回復させる平和思想として結実する。ここから創造の秩序と乱れという思想は自然・人間・社会にわたって広範囲に展開することになった。このように秩序の探求が客体的な側面から神学的ではあっても主体的な側面に移行したことは，ヨーロッパの思想史上きわめて重要な転換となった[*8]。実際，このことを考慮してはじめて倫理思想の中核をなす「愛の秩序」の意義が明らかになる[*9]。それゆえ自然・道徳・国家にまたがる秩序の偉大な思想

を対立的に受けとらず，両者を相互補完的な仕方で総合的に受容したことから起こっている。したがってカリタスにはプラトン的エロースには還元できない要素が明らかに認められ，独自の論理を形造っている。カリタス学説については金子晴勇『愛の思想史』知泉書館，45-53頁参照。

6) 『神の国』XV, 22
7) 『自由意志』I, 8, 18.
8) 金子晴勇『愛の思想史』(前出) 122-26, 139-40頁参照。

は，アウグスティヌスでは創造の秩序・愛の秩序・国家の秩序という三重構造によって考察することができる。

1 創造の秩序

アウグスティヌスが『告白』の終りの3巻や『創世記逐語講解』などで語った創造思想を先ずここで採り上げてみたい。キリスト教の教父時代には創世記第1章の解釈が極めて重視されており，「紀元1世紀はその第一哲学を天地創造の物語に則って所有する。ここに教父時代の心理学的・人間学的認識において厳密な意味で独創的なものは，創世記第1章以下の注釈に由来する」ということができる[10]。アウグスティヌスにとって創世記の本文は，神がモーセに口述した神の言葉である[11]。彼の講解の大部分は比喩的な解釈であって，そこには彼の哲学的な思索が展開する。たとえば，『告白』第11巻に展開する独創的な時間概念の新しい分析を見れば明らかである。また比喩的解釈の実例として，天の大空が彼には聖書の確実な権威を意味し，天のもろもろの光が聖徒たちを意味する。このような理解は単純な原文の意味からはるかにかけ離れている。それでもすべての被造物が神の創造の意志を象徴的に述べているとみなす解釈には，映像が原像を象徴することができるとするプラトン主義的な発想があって，そこでは比喩が当然適切な解釈方法であると考えられた。それゆえ，神が世界を無から創造したという創造思想は，キリスト教的であっても，難解で思弁的な形而上学に属する。

---

9) 愛の秩序を表す概念は ordo charitatis, ordo dilectionis, charitas ordinata なども用いられているが，ordo amoris が一般的であり，amor はcharitas ほど自己の内に秩序をもち自己よりも神と隣人に向かう高貴な性質をもっていないとしても，価値に対して中立的であるがゆえに，広く人間的な愛を表現している。この愛が神・自己・隣人に対していかなる秩序をもって選択を行い，倫理を確立しているかが問題となっている。バーナビによると amor Dei は「神に対する愛」を意味し，一般には「わたしたちに対する」(erga nos) が付けられていると見なされている。J. Burnaby, Amor Dei, A Study of St. Augustine's Teaching on the Love of God as the Motive of Christian Life, 1960, p.99.

10) F. Seifert, Pscychologie. Metaphysik der Seele, 1928, S. 24.

11) このような講解には19世紀以来聖書学がどのようにして聖書本文が成立したかと問うて来た批判的考察が当然のことながら欠けている。

創造思想におけるキリスト教的自然観　そこで，まずわたしたちは，創造について『告白』の終わりの3巻や『創世記逐語講解』などで叙述される創造思想をここでとりあげてみよう。

創造思想の特質として指摘される「無からの創造」(creatio ex nihilo) という教説は創世記の冒頭から始まり，預言者たちにおいて発展したものであって，神の全能から理解された思想の最終段階である[*12]。世界を建築するために必要な先在する素材があるとすれば，それは神が造ったものではない。したがって「無」は神が造ったのではないと理解される。ここにはプラトンの世界製作神とは反対し，神の全能から創造が理解されているという特質が認められる。またアウグスティヌスによれば，悪の起源は先在する物質のうちにあるのではなく，創造された魂の自由な決断のうちにある。さらに神が世界を時間においてではなく，時間とともに創造したという『神の国』の創造思想は，永劫回帰に立脚するギリシア哲学と対立している。

次に重要な点は，彼がプラトンのイデアを神の創造思想の内容として解釈していることである。プラトンのイデアには階層的秩序があって，その最高段階に善のイデアが「神のように」もろもろのイデアのイデアとして存在しており，それは「存在を超えて」さえいる[*13]。これが後代の超越概念の本源である。このイデアは原像であり，これにもとづいて世界製作神デミウルゴスが感覚的に知覚されうる世界を造った。だが，今やキリスト教徒たちが信じる神が最高の位についているがゆえに，人格神が非人格的な善のイデアの地位に立ち，もろもろのイデアを世界創造の思想内容としてもつにいたった。このイデアを人間は意識の中で直観できるがゆえに，まず信仰によって神に向かい，その思想を追想し，創造された世界の根拠を把握することができる。

---

12)「無からの創造」は聖書的な典拠として「子よ，天と地に目を向け，そこにある万物を見て，神がこれらのものを既に在ったものから造られたのではないことを知っておくれ」（Ⅱマカバイ7・28）があげられる。ここでは創造が「在るものからではない」として語られている。これが教義的に定着するのは2世紀後半になってからである。有賀鉄太郎『キリスト教思想における存在論の問題』創文社，278-82参照。なお，「無からの創造」と近代自然科学の成立については，伊東俊太郎『近代科学の源流』中央公論社，78-90頁，標宣男『科学史の中のキリスト教』教文館，35-37頁参照。

13)　プラトン『国家』下巻，藤沢令夫訳，85頁。

創造論と自然の秩序　次に創造思想を具体的に叙述している『創世記逐語講解』について考えてみたい。もちろん，全12巻からなる膨大な思想を全体として扱うことはできない[14]。ここでは創造論だけを問題としてみたい。

二つの創造と種子的理念　聖書の創造に関する記述には，「創世記」第1章から第2章4節前半までと，それ以後の第2章との二つの物語がある[15]。これらの記事をアウグスティヌスが永遠の創造と時間的創造とに分けて扱ったため，あたかも創造が二回行なわれたような印象を受けるかも知れない。彼はこの二つの物語の関係を「種子的理念」(rationes seminales) で説明し，それによって創造と時間との内的関連を考察する。すなわち神の創造は永遠者の働きによって一瞬にしてかつ同時的に完了し，そこに時間が入る余地はない。だが，被造物の創造とともに時間が発生し，この時間過程において種子的理念が可能態から現実態へと生成する。とりわけ彼は，この理念を用いて動植物の創造とその個体としての実現過程を説明した。それゆえ人間の起源もこれによって解明される。彼はこの種子的な理念を，神が創造した理念もしくは根源であって，目に見える現実の種子ではないと言う。この説はストア哲学に由来しており，彼がプロティノスを通して継承している思想である。彼は当時のギリシア自然学の知識を援用して，生物の種を創造のわざの中に入れて聖書を解釈している。

アウグスティヌスによると，神は天地を創造したとき，水と地のような元素と同時に時間の経過とともに発生し完成に向かう生命体をも可能態において，もしくは生成の原因をもつものとして，すでに創造しておいた。したがって創造は一回的にしてかつ同時的に生じたが，それでもそこには二つの側面があって，その第一の局面は，地・水・火・風の四元素から成る物質が種子的理念とともに造られたことであり，第二の側面は，この理念が時間の経過とともに可能態において潜勢的にあったものが顕勢態にまで達し，個体として完成することである。アウグスティヌスはこの二つの

---

14) V. J. Bourke, Augustine's Quest of Wisdom. Life and Philosophy of the Bishop of Hippo, 1947, pp.224-47には詳しい説明がなされている。

15) 周知のように，この二つの創造物語は，今日の旧約学によると前者が祭司資料であり，後者がヤハウェ資料であって，資料の成立年代が相違している。

側面を「始源の創造」と「管理」によって区別し，時間の開始の瞬間と神の支配による時間過程の展開とを考える。

創造と時間　神の管理の行為は今日にいたるまで働いている神のわざであるが，それは創造のわざの完成に続くものである。「神がその創造したもうたすべてのわざから休まれたという意味は，さらに新しい自然を創始することなく，神が造ったものを保持し治めることをやめなかった，ということである」(『創世記逐語講解』IV, 12, 23)。神の創造は永遠者の働きによって一瞬に同時的に完了し，そこに時間が入る余地はないが，被造物の創造とともに時間が発生し，この時間過程を導く神のわざが「管理」といわれる。したがって，この時間過程の出発点に「種子的理念」が元素間に織り込まれて与えられ，将来の個体の発生にいたる原因が可能性において与えられた。

それゆえ時間は被造物の運動と変化との過程のうちに存在している持続であるが，それは被造物の可変性とともに生じているから，被造物が存在する以前に求めることはできない。神は時間の中に世界を造ったのではなく，時間を世界とともに造ったから，神の一回的な創造のわざが時間をも同時に生じさせた。こうして時間は創造との関係の中に立てられることにより，プラトンのコスモスのように，神から独立した自律性が失われ，最初の創造以来神の意志と計画にしたがう方向性が被造物に与えられた。

キリスト教的自然原理　この時間の変遷によって生じる運動には，星辰の運動・四季が交代する天体運動・生物のライフ・サイクル，たとえば植物における芽の生長・緑化・凋落，また動物が周界を形成し，誕生・成長・老化・死を通過することなどが属する。それゆえ，壮大な自然法則の展開は種子的理念を原理として生じた[*16]。それはこのような自然現象の

---

16)「あまねく知られた自然の進路のいっさいは自己の自然法則をもっている。この法則により，被造物である生命をもつ霊も，ある方で決められた自己の欲求をもっていて，その限界を悪しき意志といえども越えることはできない。また物体的世界の要素も一定の力と自己の性質をもっていて，各々は何をなしうるか，なしえないか，そこから何が生じうるか，生じえないかが決められている。……しかし創造主の能力は，自然的事物のこの運動と進路とを越えて，これらの事物の種子的理念が所持しているものとは別のものを，それらすべてのものから造りだしうることを自己のうちに備えもっている。けれども，神がこれらの

根源としての形而上学的原理であって、自然現象に対して神が直接的に関与して生じる奇跡の原理ではない。したがって種子的理念が生物の類にしたがって始源から完成したかたちで創造時に造られていたのであって、「種」が時間過程の中で変化すると説く進化論は意図されてはいなかった[*17]。

プラトンの『ティマイオス』に示されたように、ギリシア思想においては世界の生成はその本質であるイデアから説明された[*18]。しかし、キリスト教の創造思想においては、アウグスティヌスの種子的理念の学説に示されているように、無から創造された物質は創造者が定めた法則に厳密にしたがって生成した。ギリシアの存在論では本質が自然に先立っている。それに対しキリスト教の創造論では創造者の刻印が本質として自然の内に含まれる。ここから両者の自然観の根本的差異が生まれた。

2 「愛の秩序」と倫理

次にアウグスティヌスが人と人との関係を愛によってどのように秩序づけているかを考えてみたい。人間関係は隅々まで愛によって満たされているが、愛には欲望が常に伴われているがゆえに、欲望が正しく秩序づけられていないと、道徳と社会とが混乱に陥ってしまう。プラトン以来愛と秩序とは密接な関連をもつものとして考察されてきた[*19]。この伝統に立ちながらアウグスティヌスが初めて道徳の基礎を「愛の秩序」に定着させた。

愛の秩序の定義　まずアウグスティヌスが「愛の秩序」を徳の定義として規定している『神の国』のテキストをあげてみよう。

ものから造りうるか、もしくは神によってそれが可能となるように、神が彼らのうちに〔あらかじめ〕置いておかなかったものを神は造りだしえない。実際、神の全能は偶然的な能力ではなく、知恵の力によって成立している。そして知恵は各々の事物から、それにふさわしい時にいたると、知恵が以前その事物のうちに可能性として造っておいたことを、形成するのである」(『創世記逐語講解』IX, 17, 32)。

17)　種子的理念の参考文献については金子晴勇『アウグスティヌスの人間学』299-307；347頁注13参照。

18)　プラトン『ティマイオス』7d-29a; 30a; 44d; 47e-48a; 84e. 金森賢諒『プラトンの神学と宇宙論』法蔵館, 1976参照。

19)　金子晴勇『愛の思想史 —— 愛の類型と秩序の思想史』98-119頁参照。

「実際、愛そのもの —— それによって愛されるべきものが善く愛される —— もまた秩序正しく愛されなければならない。それは、そのことによって善く生きるための徳が、わたしたちに備えられたのである。ここからしてわたしには簡潔で真実な徳の定義とは愛の秩序である (definitio brevis et vera virtutis ordo est amoris) と思われる。……この愛の秩序、すなわち愛好や愛情 (dilectio et amor) の秩序が乱れてしまったため、神の子たちは神をないがしろにして人間の娘を愛したのであった」(『神の国』XV, 22.)。

ここに真実な徳は「愛の秩序」であると明確に定義され、倫理の基礎が与えられた。彼はこの秩序の混乱をアダムの原罪につぐ第二の大罪と述べている。この混乱は肉体の美にひかれて「神が後置される場合」(postposito Deo) に生じる。「後置」というのは愛の選択における優先と後置の関係である。そのさい肉体は最低善、神は最高善として措定され、正しい価値の位階秩序にしたがって選択がなされるなら、誤りと罪とは生じえない。しかしこの正しい価値の位階は、創造主と被造物との関係、つまり神人の根本的秩序を指し、「より善いものを捨てることによって悪しき行為がなされた」(『善の本性』34.) と語られる。したがって被造物自体は善であっても、それが神をないがしろにして愛されると、善が悪用されることになる。この善の悪用こそ罪であって、ここからもろもろの悪は生じる。

さらに神への愛と隣人への愛との間に秩序が定められなければならないことから、イエスの説いた主要な戒め（マルコ12・29-31）が問題となり、「神への愛」・「自己愛」・「隣人愛」という三つの愛の順序として愛の秩序が説かれた。これに対するアウグスティヌス自身の最も簡潔な考え方は次のように表明されている。「神を愛する者は自己を愛することにおいて誤らないので、人間は自分自身のように愛することを命じられている隣人を、〔自分が神を愛しているのと同様に隣人も〕神を愛するように助けるようになる」(『神の国』XIX, 14) [*20]。したがって三つの愛の間の順序は、神への愛・自己愛・隣人愛となる。しかし、この順序は神により造られた本来的な秩序であって、現実においては自己愛はこの秩序にしたがわず、自己中心的な悪しき自己愛となる。それは「神を軽蔑するにいたる自己愛」

---

20) ヤスパースはこのような関係を「実存の交わり」とか「愛しながらの闘争」として語る（『実存開明』草薙・信太訳、創文社、82頁）。

(『神の国』XIV, 28.) と規定され，神の国に対立する地の国を形成する根源となる。それはまた罪に染まった邪悪な愛である。これら二つの自己愛の他に人が本性上自己の幸福を求める欲求を彼は認め，動物と共通にもっている自己保存の本能を自然本性的自己愛とみなし，そのような本性的所与は「すべての生物ができるかぎり自己を愛する本性上の傾向」(『三位一体』XIV, 18.) であると説いた。

　こうして自己愛には三つの形態があることになり，本性的自己愛，邪悪な自己愛，真の自己愛がそれである[*21]。そこで人は邪悪な自己愛から真の自己愛に改造されないなら，決して隣人を愛することはできない。なお，彼は『エンキリディオン』において人は自己の悲惨な状態を知り，自己の救済にまず向かわなければならないと勧め，それを「愛の秩序」(dilectionis ordo) と称している（『エンキリディオン』20, 76.) [*22]。

愛の法則性　　また神・自己・隣人に対する愛の秩序はアウグスティヌスにより「享受と使用」(frui et uti) との区別により倫理の根本原則にまで高められた。これにより「愛の秩序」が具体的に実現される原則の確立に至った。この区別は次のように述べられている。

　　「享受とはあるものにひたすらそれ自身のために愛をもって寄りすがることである。ところが使用とは，役立つものを，愛するものを獲得するということに関わらせることである。この場合愛するものとは，それに値するものでなければならない」(De doct. chri. I, 4, 4.)。

　享受は「愛をもって寄りすがる」(amore inhaerere) 運動であり，「寄りすがる」とは情緒的な一体化への志向である。彼は他のところで愛を規定し，「愛とは，愛する人と愛されるものとの二つを一つとし，あるいは一つにしようとする生命でないとしたら，何であろうか」(『三位一体』VIII, 10, 14.) と言う。このように愛には情緒的一体化の志向があるが，享受とは

　21）クレルヴォーのベルナールは『神を愛することについて』においてこれを受け継ぎ，本性的自己愛がその限度を破って「快楽の広場」に入ると，肉的な自己愛となり，「神をも自己のために愛する貪りの愛」となっているが，それは神の愛を受けて「神のために自己を愛する」という真の自己愛にまで高揚することができる，と説いている（前掲書8, 23;15, 39)。

　22）この事態は確かに正しいのであるが，これでは人は何よりも自己への愛を優先させることになり，キリスト教的な愛の精神に反する，と後にルターはこのような「愛の秩序」の思想を批判するようになる。詳しくは金子晴勇『愛の思想史』173-79頁参照。

「あるものにひたすらそれ自身のために」，専一的に対向する運動である。しかし，そのような運動が起こるためには，愛の対象が「それに値するものでなければならない」が，専一的に志向させるというのは，そのものが「他のものとの関係なしに，それ自体でわたしたちを喜ばせる」(『神の国』XI, 25.) つまり，他のものと相対的関係なしに，絶対的無条件的にわたしたちを喜ばせるからである。したがって享受にはいつも歓喜・慰め・楽しみが伴われ，深い満足が与えられる。実際，ある対象について感じる満足の深さという「充実」の体験は価値の尺度となり，享受の志向が神という絶対的価値へ向かっていることを示す[23]。他方，使用の方は他の目的を獲得するために役立つ手段にかかわっている。したがって「あるものを，そのもの以外の他の目的のために用いるとき，わたしたちはそれを〈使用する〉」(『神の国』11, 25) と説明されている[24]。

このような享受と使用の区別が具体的に神と世界という二大対象に適用されることによって，倫理の根本原則が次のように導きだされる。「善人は神を享受するためにこの世を使用するが，悪人はそれとは逆に，この世を享受するために神を使用する」(『神の国』XV, 7, 1) と。この原則によって愛が神と世界に対し「享受と使用」からなる秩序を保っている場合，倫理的善が成立し，その秩序が転倒される場合には悪となる。しかも愛は「享受と使用」の秩序によって神と世界の双方に同時にかかわる。つまり神という最高価値には「価値合理的」に，世界という低次の価値物には「目的合理的」に同時にかかわる。こうして愛自体の秩序が形成される。それは目的に関して価値合理的であっても，手段に関しては目的合理的となっているため，価値合理性と目的合理性との間の中間型になっている[25]。このような愛自体に特有な運動は「天上の国の平和」に関する記述の中にも見いだされる。彼は「天上の国の平和は神を歓び，神において相互に愛する完全に秩序づけられた和合した交わりである」(『神の国』XIX, 17) と語った。ここでの平和は享受と使用との関係で次のように語られている。

---

23) 価値の尺度としての「充実」については金子晴勇『倫理学講義』創文社，69頁参照。

24) アウグスティヌスに発するこの「享受と使用」の区別に対してウェーバーの社会的行動の類型論を適用するなら，「享受」は「価値合理的」であるのに対し「使用」は「目的合理的」であるといえよう。

25) ウェーバー『社会学の基本概念』清水幾太郎訳，岩波文庫，41頁．

「天上の平和こそ真の平和であって,厳密にはこれのみが理性的被造物の平和,つまり神を享受し,神において相互を享受する,もっとも秩序があり,もっとも和合した社会であって,またそう呼ばれてしかるべきものである。……そして神と隣人のためになす —— というのは,天の国の生は社会的であるゆえ —— 良い行為のすべてを,天上の平和を得ることに関連づけるとき,その信仰によって正しく生きている」(同)。

社会の秩序はここで神と隣人とに対する「享受」に求められ,神の享受に基づいた人間相互の享受という立体的構造をなす交わりの中に天上の平和が実現している。これが「享受」という価値合理性である。しかし,他のすべての行為は「天上の平和を得ることに関連づけ」られているとき,その善性が与えられる。したがってわたしたちの日々の行為はいずれも特定の目的や対象や事象に向けられているが,それを獲得することは,究極目的ではなく,これら一切の行為がそこへ向けて関連づけられる当のものの手段でなければならない。というのはわたしたちの愛は価値に直接向かいながら同時にそのための手だてをも配慮するからである。つまり遠大な目的に究極的に関わる価値合理性に立ちながら,同時に具体的事物の世界をそこに向けて「関連づける」目的合理的な営みを実行する。究極目的は「信仰」の対象であっても,この信仰は同時に愛によって現実に働きかけている。近代になってからパスカルがとくにアウグスティヌスから学んだ愛の独自な法則性こそ,かかる愛の秩序形成の方法にほかならなかった[26]。だが,アウグスティヌスの「秩序」概念は,初期の『秩序論』における自然学的秩序と自由学芸の学習の順序,『告白』における主体的な自己形成と愛の秩序,『神の国』における社会的秩序,『結婚の善』における性愛の秩序(『結婚の善』3, 3),『エンキリディオン』における救済の秩

---

26) 『パンセ』にはこう述べられている。「イエス・キリスト,聖パウロの持っているのは,愛の秩序であって,精神の秩序ではない。すなわち,かれらは熱を与えようとはしたが,教えようとはしなかった。聖アウグスティヌスも同じである。この秩序は,どちらかといえば,目標に関連のある個々の点にあれこれ目をくばりながら,しかもつねに目標をさし示して行くことを内容とする」(L.298, B. 283, 田辺保訳)。パスカルは精神の秩序という合理的法則性とは異質で別の次元に属する心の法則性を愛の秩序により捉えている。上記のテキストは,「教えではなく熱を与える」という精神とは異質の心情的で燃える運動と,目標に向けて個々のものを整序し関連づける新しい秩序の理解とが,ともにアウグスティヌスに由来していることを示唆している。

序といった広がりをもっている(『エンキリディオン』20, 76)[*27]。パスカルがアウグスティヌスから学んだのは主体的な愛の秩序であり,これが現代ではシェーラーにより継承された。しかし,中世においては前に述べた三つの愛(神への愛・自己愛・隣人愛)の順序をめぐって愛の秩序が主題化された。

3　国家の秩序と平和

このような愛自体に特有な運動はアウグスティヌスによる「天上の国の平和」に関する記述の中にも見いだされる。自然的な生体の秩序や社会と国家における人倫の秩序が「和合・調和・平和」に向けて秩序づけられているという客観的世界の秩序を『神の国』第19巻でアウグスティヌスは論じ,「万物の平和は秩序の静謐である。秩序とは各々にそれぞれの場所を配分する等しいものと等しくないものとの配置である」(『神の国』XIX, 13)との優れた秩序思想を展開させた。その中で彼は「天上の国の平和は神を歓び,神において相互に愛する完全に秩序づけられた和合した交わりである」(同)と語っている。ここでの平和は「もっとも秩序があり,もっとも和合した社会」と言われているように,秩序の最高形態を示している。

創造の秩序と愛の秩序　さてアウグスティヌスは『神の国』第15巻でノアの洪水以前に悪が世にはびこったことを述べたさい,神の子たちが人間の娘の美しさにひかれてこれを妻とした,という創世記第6章に言及して「愛の秩序」の思想を展開させた。この記述はウラノスから直接生まれた天上的エロースが徳に向かうのに反し,ゼウスがディオーネーと関係して生まれた世俗的エロースが肉体に向かうというギリシアの愛の神話を背景にして語られている。このような肉体の美にひかれる愛の問題性について彼は次のように語った。

「このように肉体の美というものは神に造られたものであるが,時間的で肉的な最低の善であって,神という永遠の,内なる,恒常的な善

---

27)　金子晴勇『愛の思想史』知泉書館,132-40頁参照。

が後置されるなら，それは悪い仕方で愛されている。ちょうど貪欲な人々によって正義が見捨てられ，金が愛される場合，罪は金になく，人間にあるのと同様である。すべて被造物はこのように振舞う。つまり善であるが，良く愛されもするし悪く愛されもする，すなわち秩序が保たれている場合は良く愛され，秩序が乱されるなら悪く愛される」(『神の国』XV, 22)。

このテキストによると秩序は神を最高善とし，肉体や物体を最低善とみなす存在者のあいだの関係にあると考えられる。しかし，肉体の美も神の創造のゆえに肯定され，物質の象徴である金銭でさえもそれ自体では悪しきものではないと説かれる。だが，一見すると，神を最高善，物質を最低善とみるプラトン主義の存在論，もしくは新プラトン主義の存在段階説(一者・知性・魂・身体・物質)による存在の高低の秩序がここにあるように思われやすい。しかし，実際には創造者と被造物との間の絶対的異質性に立つ創造の秩序が考えられている。このことは続く文章に「もし創造者が真に愛されるなら，悪しく愛されるということはあり得ない」と述べていることからも明らかである。したがって最高善と最低善という高低による存在の価値づけも，この創造の秩序を表わすために用いられた[*28]。したがって罪は肉体や金銭などの被造物にあるのではなく，創造者なる最高善よりもそれらを選びとる愛が創造の秩序を転倒させている点にある。外的な事物はすべてこの秩序が保たれているなら善である。アウグスティヌスはプラトン主義のように外的事物を存在において劣化した悪しきものと考えないし，ストア主義のようにそれを否定しないで，かえって秩序の下に肯定する。じっさい感覚的事物もしくは財に囲まれた生活は人間の出発点となっており(『手紙』140, 3.)，財や健康また友愛の楽しみを願い求めてもよい[*29]。

---

28) 彼はさらに続けて当時の讃美歌の一節を引用しているが，そこにもこの秩序が創造のそれであることを示している。「善なる汝が造られしゆえに，これら汝のものは善なり，秩序を無視し，汝の代わりに汝により造られしものを愛して，我らが罪を犯すのほか，何ら被造物のなかで我らの罪となるものなし」(『神の国』15, 22.)。

29) 例えば「神は人間を存在し生きるように創造された。それは健康 (salus) のことを言っているのであるが，また人間がひとり (solus) であることのないように友愛 (amicita) が求められたのである」と説かれる (Morin, Sermones post Marurinos reperti, XVI, I. J. Burnaby, Amor dei, p.113 から引用)。

次にわたしたちが注目すべき点は，本節の初めに引用したテキストで「神という永遠の，内なる，恒常的な善が後置されるなら，それは悪い仕方で愛されている」という選択における優先と後置の問題である。そこには「神が後置されるなら」(postposito Deo) とあって，価値選択における優先と後置が，価値位階の秩序にしたがって決断されるならば誤りはあり得ない。この場合の価値位階の秩序は創造者と被造物との関係に置かれた。したがって被造物は「それ自身の限度と形象と秩序」とをもって存在しており，それ自身は善であるが，悪は「より善いものの廃棄である。したがってまた行為それ自身が悪なのであって，罪人が悪しく用いた本性が悪なのではない。なぜなら，悪とは，善の悪用であるから」(『善の本性』36.)。この「善の悪用」という悪の定義こそ，新プラトン主義の「善の欠如」という消極的な定義に優る規定であって，意志の選択行為の中に悪の本質が把握された。このことは秩序との関連で「秩序が保たれるなら良く愛され，秩序が乱されるなら悪しく愛される」と語られていた事態である。

　アウグスティヌスは悪の根源を行為自体，したがって意志とそれを動かす愛に求め，外的対象から主体的意志へ，つまり神に対する主体の関係行為に求めた。ここから愛そのものが神と人との根本的秩序にもとづいて秩序づけられて初めて，善き行為を生みだす徳が形成されると主張した。しかしこの愛の秩序が転倒すると，原罪に続く第二の大罪が起こり，まず神の子たちの間違った性愛に現れ，人類の全体にその罪が波及して行った。それゆえ意志の歪曲 (preversitas voluntatis) こそ罪の根源となっており，その影響は神との正しい関係へ愛が回復されるまで続くことになる。

愛の対立と国家の無秩序　キウィタスは社会学的概念としてはポリス的規模をもつ多数者の集団であり，市民的な共同体を意味し，共通の紐帯をもって結ばれた社会であった[30]。古代における諸民族が共同体の中心に神および神の意志を表す聖なる掟を立てることによって成立するように，共同体の中心に対する関わり方がキウィタスの現実的性格を決定する。アウグスティヌスにとってこの中心とはキリストにより啓示された神の愛であり，神の愛によって結合した社会と，それに対立する自己愛によって

30）　第Ⅱ章参照。

結集した社会との二つの社会が対立して存在する。『神の国』第15-18巻はこの二つの社会の歴史を論じている。それに先立って彼は第14巻の最終章で二つの社会の特質を次のように二つの愛から明瞭に規定している。

「それゆえ，二つの愛が二つの国を造った。すなわち神を軽蔑するに至る自己愛が地の国を造り，他方，自己を軽蔑するに至る神への愛が天的な国を造った。要するに前者は自己を誇り，後者は主を誇る。なぜなら，前者は人間からの栄光を求めるが，後者にとっては神が良心の証人であり最大の栄光だからである。……前者においてはその君主たちにせよ，それに服従する諸国民にせよ，支配欲によって支配されるが，後者においては人々は互いに愛において仕え，統治者は命令を下し，被統治者はそれを守る。前者は自分の権能の中にある自分の力を愛するが，後者はその神に向かって，＜わが力なる主よ，わたしはあなたを愛そう＞と言う」(『神の国』XIV, 28.)。

「神の国」と「地の国」とは神に対する関係と態度によって根本的規定が与えられている。つまり「神に対する愛」(amor Dei) と「自己愛」(amor sui) という対立する二つの態度によって神学的に規定されている。この対立は謙虚 (humilitas) と高慢 (superbia) との対立であり（同 XIV, 13.），真実 (veritas) と虚栄 (vanitas) との差異をもって語られる（同 XXII, 11.）。この神に対する関係と態度は当然のことながら現実の世界に対する態度となって現われている。これがテキストにある「支配欲」(dominandi libido) と「相互的愛」(invicem in caritate) との相違であり，支配形態が政治的に対立しているのみならず，「享受と使用」(frui et uti) という倫理学の基本概念によっても説明される。すなわち善い人は世界を使用して神を享受するが，悪しき人は神を使用して世界を享受しようとする。

国家における秩序の回復　そしてこの愛を癒し神への正しい関係たる秩序へと導き入れる力こそ，神の愛にほかならない。『神の国』の歴史神学は，この神の愛による人類の救済計画が，神が創造の始源において与えていた「時間の秩序」(ordo temporum) によって実現していることを，詳論する[31]。神の予知はその全能のゆえに人類の歴史の全過程をあらかじ

---

31) 本書第Ⅷ章参照。

めその救済計画とともに自己の知恵の中に捉えていたので，神の管理と統治のわざは，生物の個体発生のみならず，人類の歴史をも，あたかも絵巻物が広げられてゆくように，時間の中で秩序をもって発展させる[*32]。そのため神の国の完成という究極目標をめざしてあらゆる存在・社会・国家の関係が「和合・調和・平和」に向けて秩序づけられる。この卓越した秩序思想が次のように説かれる。

　「だから身体の平和はその部分の秩序づけられた調節であり，非理性的魂の平和は欲求の秩序づけられた安静であり，理性的魂の平和は，認識と行動との秩序づけられた合致であり，身体と魂との平和は生体の秩序づけられた生活と健康であり，死すべき人間と神との平和は信仰により永遠の法の下に秩序づけられた従順であり，人々の間の平和は秩序づけられた和合であり，家庭の平和は共に住む者たちのあいだで指導する者と服従する者との秩序づけられた和合であり，国々の平和は市民のあいだで指導する者と服従する者との秩序づけられた和合であり，天上の国の平和は神を歓び，神において相互に愛する完全に秩序づけられた和合した交わりである。万物の平和は秩序の静謐である。秩序とは各々にそれぞれの場所を配分する等しいものと等しくないものとの配置である」（同 XIX, 13.）。

ここに示される「配置」(dispositio) 関係に成立する秩序は，存在者の間の等・不等を適切な関係へと秩序づけており，対立しているものを適切な関係の中に組み入れて各々にその場所を配分する。これにより「秩序づけられた」(ordinata) 身体の「調節」(temperatura)，欲求の「安静」(requies)，魂の「合意」(consensio)，生体の「生活と健康」(vita et salus)，神に対する人間の「従順」(obedientia)，人と人，家庭や国々また社会の「和合」(concordia) が成立する。彼はこれら一切の関係を貫く秩序の厳然たる支配を洞察して，それを「秩序の静謐」(tranquillitas ordinis) と呼んだ。この静謐には騒乱の影もないため，それは悲惨を内に含んでいない平和そのものではあるが，それでも現実の悲惨な人々にみられる悲惨さそのものは「罪の罰」という秩序の反照作用にほかならない。このような秩序の概念は，存在を高低の価値によって観念的に秩序づけるプラトン主義よりもいっそう

---

32) 金子晴勇『アウグスティヌスの人間学』創文社，297-323頁を参照。

3　国家の秩序と平和

厳しく，相対立する存在者の間に正しい関係を創造することによって，和解をもたらしうる。それはキリスト教的愛の理解にもとづいて説かれ，神が「時間の秩序」によって人間をその救済と完成とに導き平和を実現させているという救済史的・歴史神学的理解が「秩序」の概念に加えられており，神の意志する秩序を人間は自己と社会において実現すべきであるとの要請が愛に対し求められる。こうして愛という主体的行為のうちに神の国の完成という究極目標に向けて一切の行為を機能的に関連づけるという秩序の新しい観点が表明された[*33]。

現実に残存する二つの国の対立　それでもアウグスティヌスは現実の国家の恐るべき状態を決して忘れていない。たとえば地の国について次のように言われる。

「これがまさに地の国の特質であって，神，あるいは神々を崇めるのは，その助けによって勝利と地上的な平和の内に支配するためであるが，その支配は愛をもって人々の利益をはかるものではなく支配欲によるものである。というのは，善人は神を享受するためにこの世を用いるが，悪人はそれとは逆に，この世を享受するために神を利用するからである」(同 XV, 7, 1)。

このように神を信じている人々の中にも，その愛が自己愛と支配欲にすぎない人が存在するため，現実社会では二つの国は混合していて，最後の審判と復活のときに，つまり終末においてしか神の国は完成しない。だか

---

33)　ギリシア人は混沌としたカオスの世界の中にあって人間が生きる秩序世界コスモスを求めた。この秩序は神話の時代から言論の時代に移ると，形而上学的な最高存在からすべてを秩序づける試みにまで発展した。それはプラトンのイデア論によく示されているように超越的な範型によって現実世界の変動しやすい行動を規制するものであって，不動の存在が優位を占めている。古代や中世の階層的に固定した社会ではこの存在論的な秩序が妥当性をもっていたが，個人の活動意識が社会を動かす力となってきた近代においては新しい秩序が要請されてきた。それは個人の行動がいかにして究極目標との関連をもちうるかによって主体的に形成されると考えられた。こういう考えはすでに古代からあり，アウグスティヌスの秩序の思想にその萌芽がみられる。今日では秩序が社会や存在の組織よりもわたしたちの行動の連関の中に求められるようになってきた。それはある目的を実現するための行動が機能的に連関を形づくっていることをいう。この意味でシュルツは「秩序とは決して固定した存在論的規定ではなく，むしろ行動の連関に機能的にかかわりをもつことである」と語り，「善とは秩序の総体である」とまで説いている（シュルツ『変貌した世界の哲学』4，藤田他訳，二玄社，9頁）。

ら，カインは国を建て，定住者となったが，「アベルはいわば寄留者 (peregrinus) で国を建てなかった。なぜなら，聖徒たちの国は上なる国だからである。たしかに，彼らもまたこの世にその市民を生み，その内に寄留しているが，その国の支配の時がくると，みな各自の身体において復活して集まってくる。そのとき，彼らに約束されていた王国が与えられる。彼らはその王国で，世々の王である君とともに，いかなる時の終りもなく支配し続けるであろう」（同 XV, 1, 2）。神の国は終末において王国として実現するため，現世においてその形態は「寄留する社会」としてとどまり，世の迫害と神の慰めの間を旅する集団である（同 XVIII, 51）。

　神の国と地の国とは現実には混合していても，その本質においては原理的に対立し，矛盾した様相を帯びている。つまり神学的には神への愛か自己愛かのいずれかであって，神の愛に生きるか自己愛に生きるかは二者択一的に対立している。この対立はなお次のようにも表現されている。「一時的な国と永遠的な国」「死すべき国と不死の国」「神の国と悪魔の国」「信者の民と不信者の民」「敬虔な人々の社会と不敬虔な人々の社会」「信仰に生きる人々の家と信仰に生きない人々の家」等により対立関係が示されている。これらすべては神の愛と自己愛に還元されるが，この二者の関係は「神に従って生きる」と「人に従って生きる」との対立である。「わたしたちは人類を二つの類に分けた。その一つは人間に従って生きる人々であり，他の一つは神に従って生きる人々である」（同 XV, 1, 1）と語られている通りである。この二つの類型は人間学的には「霊に従って生きる」と「肉に従って生きる」との相違に還元される（同 XIV, 1）。人間学的な霊と肉の対立は魂と身体との対立とは異質的である[34]。

終わりに

　これまで考察してきた「創造の秩序」はアウグスティヌスによる「宇宙における人間の地位」を定めたものである。どんなに不安が満ちていようとも，人間は単に世界の中に投げ込まれている存在ではない[35]。また，事

---

34)　金子晴勇『アウグスティヌスの人間学』（前出）97-102頁参照。
35)　これはサルトルやハイデガーによってかつて強調された実存状況である。

実，無意味な世界だけがわたしたちの周囲を取り巻いているのでもない。むしろ世界と人間とは一体をなしており，世界にその意味を与え，それを成就せしめるのは人間である。

　これを表現するためにアウグスティヌスは新プラトン主義の「種子的理念」を用いたのであった。この理念は生命体の成長を説明するために優れた意味をもっていた。創造とともに時間も開始するがゆえに，人間も生体として世界の間に置かれており，世界の生成とともに個体を完成する。それゆえ人間の心は，神が与えた創造の秩序にかなっているかぎり，世界もまた調和を保ち，人間とともに神に仕えるために協力する。これによって人間の徳として形成されるのが「愛の秩序」であった。そこには「愛の法則」があって，それによって神と世界に正しく関与しながら生きるなら，人間は誤りにも罪にも転落することなく生き，社会の秩序を保ち，平和の世界を造ることができた。だが，もし人間の心が「愛の秩序」に反して神が与えた創造の秩序から逸れて，すべてに優って神を愛することをやめるならば，人間の内なる諸力（たとえば理性と感性）が分裂を来し，諸々の存在を照らし，意味を与えていた光が奪われるため，内心の統一が失われ，世界の意味も喪失する。こうした内心の分裂からはじまって，反抗する肉体，精神の頽廃，罪の悲惨さが起こり，世界は秩序を欠いた無意味な混沌にまで転落する。こうなると世界も人間も傷と痛みを負ったもの化し，全世界はまことに原罪に覆われている一つの固まりのように見える。これこそ「創造の秩序と乱れ」という本章の主題である。そこには今まで支配していた秩序も価値も，もはや元来の姿では存在せず，本来あるべき相互間の調和と平和は失われ，時には悪によって破壊されてしまう。

　わたしたちは「秩序」から「混沌」にまで頽落した世界に中にあって神による救済を求めざるをえなくなる。アウグスティヌスはこのような混沌と化した世界にはその始源から神の救済計画がすでに与えられていて，それが「時間の秩序」に従って「神の国」として実現しはじめ，「地の国」を征服していると確信していた。そこには彼の「歴史の神学」が展開している。

第Ⅷ章

歴史の神学

はじめに

　アウグスティヌスが司教として活躍した時代には，未だなおキリスト教は異教との厳しい対決の状況に置かれていた。コンスタンティヌス大帝によってキリスト教が容認されても，皇帝ユリアヌスの背教の実例を見ても分かるように，異教は依然として手強い勢力を保っていた。それゆえ国家的な災害に見舞われる事態に直面すると，異教社会の反感はキリスト教批判となって噴き出した。こうした反感や批判はアウグスティヌスをして護教家としての自覚を呼び覚まし，大作『神の国』において「国家」（キウィタス）の起源と経過と終末からなる大規模な歴史的考察へと導いた。このような歴史的な思索はキリスト教の観点からおこなわれたがゆえに，「歴史の神学」を創造した。彼は自分が属する時代や国家の現実に深く関与しながらも，預言者的な眼光をもって現実をも高く超越し，人類の歩みの全体を鳥瞰しながら歴史を解釈し，なかでもキウィタスの全帰趨を洞察し，混沌とした現実のさなかに神の眼をもって歴史全体に統一と秩序を付与しようとした[*1]。ここに彼の神学的な歴史考察が始まる。その特質は『神の国』の全体的な構成にも明瞭に現れており，前半の第1巻から第10巻までは「現代の批判」がなされ，後半の第11巻から第22巻までは「歴史の神学」が展開する[*2]。

　1）　神の眼をもって歴史を解釈する神学的な理解はカトリックに共通する立場であり，現代ではマックス・シェーラーがこれを継承したのに対し，マンハイムの歴史主義はこれと対決している。本書序論を参照。
　2）　この書物は長い時間をかけてさまざまな問題を論じているので，全体の構成と各部分の内容は容易には理解できない。そこで，彼自身が晩年に自著を点検した『再考録』による構成を参照してみよう。それによると第1部（第1―10巻）は異教徒への反論であり，その

『神の国』は西ゴート族が永遠の都ローマへ侵入した責任がキリスト教に帰せられたことに対する論駁と護教の書である。しかし，それが歴史的な考察によって遂行されている点が重要である。というのはヤスパースも語っているように「いかなる実在もわたしたちの自己確認にとって歴史よりも重要なものはない。歴史はわたしたちに人類の最も広汎な地平圏を示し，わたしたちの生活の基礎となっている伝統の内容を示し，現在的なものに対する基準を与え，自己が属する時代への無意識な拘束からわたしたちを解き放ち，人間をその最高の可能性とその不滅の創造性において見ることを教える」[3]からである。歴史はこのような意義をもっており，アウグスティヌスが古代ローマの思想体系を多くの資料を用いて（とくにキケロやウィリギリウスを引用しながら）考察したことはキリスト教徒に役立ったのみならず，異教徒自身にも厳しく反省を迫るものであった。実際トレルチが言うように彼の豊かな教養に基づく批判に対して異教徒は沈黙せざるをえなかった[4]。

そこでまずアウグスティヌスが歴史をどのように理解していたかをまず考えてみたい。

前半の第1-5巻では社会の繁栄には多くの神々が必要であり，その禁止が災いを招いたとする人々が反駁される。前半は異教徒の論駁であるが，ただ反論するだけで自説を明示しないという非難を避けるために後半が書かれた。第6-10巻はこの世の災いのためではなく，死後の生のために多くの神々の礼拝が必要だとする人々が反駁される。第2部（第11-22巻）は神の国と地の国に関する積極的主張が展開し，第11-14巻では二つの国の起源が，第15-18巻では二つの国の進展が，第19-22巻では二つの国の終局が詳論される。もちろん必要に応じて前半でも自説を主張したし，また後半でも反対論者に対抗したと彼は回顧している（『再考録』II, 43）。

3) Karl Jaspers, Einführung in die Philosophie, 2 Auf., S.92
4) E. Troeltsch, Augustin, die christliche Antike und die Mittelalter, 1915.邦訳28頁参照。この異教徒の中にはウォルシアヌスがいて，彼はゴート族によるローマ攻略を避けてアフリカに移住してきた貴族たちの一人であった。ブラウンの指摘によると，ウォルシアヌスの母はキリスト教徒のアルビナであり，この一家はアウグスティヌスとの関係が深かった。しかし彼は異教の思想を復活させようと願い，アフリカで活躍したキケロ主義の思想家マクロビウスを愛好し，教養ある文体を修得した知識人であった。彼のサークルはキリスト教の拡大に対抗してローマの高級な伝統を強化し，キリスト教徒への批判を試みた。これに対しアウグスティヌスは「該博な知識と文学的な術学趣味」をひっさげて『神の国』を書くに至ったと言われる。ブラウン『アウグスティヌス伝』下巻26-30頁参照。

1　歴史の意味

『キリスト教の教え』においては「歴史記述」(narratio historica) と「歴史自体」(ipsa historia) は区別され，歴史自体は時間の創造者にして管理者である神に属し，神の知恵の中にある「時間の秩序」にもとづいて考えられた。しかし，歴史記述の方はもっぱら人間が起こした出来事を忠実に記述するものとみなされた。

> 「歴史記述によって，人間が過去に定めた制度が物語られるが，歴史そのもの (ipsa historia) は人間の制度の中に数えられるべきではない。というのはすでに過ぎ去り，未完成であり得ないものは時間の秩序に属すると考えるべきであるから。時間の秩序を創造し導かれるのは神である。生起した出来事を語ることと，為すべきことを教えることとは別である。歴史学 (historia) は出来事を忠実にかつ有益に叙述する」（『キリスト教の教え』Ⅱ, 28, 44）。

ここには歴史叙述と歴史自体とが区別され，前者が人間の歩んだ歴史の記述であり，後者は「時間の造り主で管理者である」神が「時間の秩序」において理念的に計画したものを意味する。それゆえ「歴史自体」は過去に起こったことであっても人間の歩みとして記述されたものではなく，これから起こることに関しても人間の理解を超えている。それゆえ「時間の秩序」に基づいて生起する「歴史」と生起した出来事の記録としての「記述」とが区別された[*5]。この区別は神的理念と現実の出来事とを峻別するプラトン主義的な構成を示している。

アウグスティヌスの歴史に対する理解は初期から後期にかけて変化している。初期の『真の宗教』では「神の摂理の時間的配慮の預言 (prophetia) と歴史 (historia)」（『真の宗教』7, 13）が扱われ，歴史と預言は区別され，歴史は過去の出来事にかかわり，預言は将来の出来事にかかわると説かれた[*6]。その後上記のテキストのように「歴史記述」(narratio historica) と

---

5) 時間の秩序に関しては本節章2節および第Ⅷ章3節の叙述を参照。
6) 初期の著作『真の宗教』では「この宗教が追求している主眼点は，永遠の生命へと改革され回復されるべき人類の教育のため神の摂理が時間的に配慮する預言 (prophetia) と歴

「歴史自体」(ipsa historia) とが区別され，神の知恵の中にある「時間の秩序」と歴史記述とが区別された。この区別は神の内にある救済計画の理念と現実の歴史との区別であって，確かに歴史は依然として過去の出来事の記述であるが，それは神の救済計画である預言をも含んだ，「預言的歴史」(prophetica historia) として特別な意義をもたされている[*7]。こうして「歴史自体」と「歴史記述」のプラトン主義的な分離から両者の総合的な理解へと伸展する。そこに新しい観点からの歴史解釈が見られる。事実，『神の国』第15巻から第18巻では旧約聖書に記述されている「聖史」(sacra historia) を通して救済史が構成される。そのさい救済の歴史記述が記述者の思想を通して解釈されており，聖書が行なっている歴史的考察 (historica diligentia) は「時の順序にしたがって」(per ordinem) 過去の歴史的真理を述べており，その歴史も将来生じることの預言として捉えられる（『神の国』XVII, 1）。それゆえ神の知恵の中にあった「時間の秩序」は歴史を超えた時間過程の究極にある理念であっても，その実現過程が聖史を通して考察されている。

ところが，聖史以外の世俗史となると，ローマの史家サルスティウスの『カティリナ戦記』とかポンペイウス・トグロスの『地中海世界史』といった当時の文献を検討する余裕がアウグスティヌスにはなかったと思われる。事実，『神の国』第18巻には世俗史として年代記を含んでいるとしても，歴史記述としては全く不完全である。そこで彼は『神の国』後半の叙述を開始する際に，オロシウスに『異教徒を論駁する歴史七巻』を著述するように要請した[*8]。このオロシウスはヴァンダル族に蹂躙されたスペイ

史 (historia) である」(7, 13) といわれる。この場合歴史は過去の出来事 (res gesta) に関わり，預言は将来の出来事 (res gestura) に関わる。

7)「もしすべての人々について記述するならば，そうした記述はきわめて長くなり，預言的な予知というよりも，詳細な歴史という性格をもったものとなる。この聖書記者が，あるいは彼を通して神の霊がこうしたこと〔歴史記述〕を追求するのは，単に過去のことを語るためのみならず，未来のこと，しかも神の国に関することを予告するためである」(『神の国』XVI, 2, 3.)。

8) Pauli Orosii Historiarum Libri septem. Praefatio「序言　アウレリクス・アウグスティヌスへ　最も祝福された父アウグスティヌスよ，わたしはあなたの指図にしたがったのです。それが喜びをもって同じく有効に実現しますように。ところが，わたしとしてはそれが成功したのか，失敗したのかそのいずれになるか確信がもてないのです。実際あなたはすでにあなたが命じられたこの仕事にわたしが能力をもっているかどうか判断を下しておられます。しかし，わたしとしては自分の意志と努力でもってそれを美しく仕上げましたので，た

ンから異端問題を相談するためアウグスティヌスを尋ねてきた少壮の学者であった*9。彼はアウグスティヌスの要請に応えて世界の創造から同時代にいたるまで世俗的観点を含めて人類史的考察をおこなったが、この人類史的な視点は初期のアウグスティヌスの著作にも見られる。そこで彼の人類史的歴史理解の特質を明らかにしてみたい。

人類史の基本的特質 この人類史の観念は歴史の神学的解釈が展開する基盤をなしている。そこには次のような基礎的な観点が与えられる。

（1）第一に、人類が一人の人アダムから発現し、彼の中に全人類は統一されている、と考えられた。これはパウロがアテナイのアレオパゴスで演説した言葉「神は、一人の人からすべての民族を造り出して、地上の至るところに住まわせた」（使徒言行録 17・26）にもとづいており、人類を生命的な統一体として「あたかも一個人の生涯であるように」(tamquam unius hominis vita) 把握している（『真の宗教』27, 50）。そして「第一のアダムの中に人類の全体がすでに萌芽として含まれていたように、第二のアダムの中に（彼は神の創造的な言葉の具現であるから）新しい人類の全体がすべての選ばれたものの統一がすでに萌芽として含まれている」と言われている*10。このように人類は肉によれば第一のアダムから出発し、霊によれば第二のアダムであるキリストから新たに開始する。

（2）第二に、人類の歴史は社会という形式において展開しており、個人は国家に属することによってではなく、市民共同体であるキウィタスに、しかも肉の支配する「地の国」か霊の支配する「神の国」かに、属することによって歴史に参入している。それゆえ歴史は一般的な政治史といった普通の理解を超えたキウィタスの歴史となった。このことは人間の基本的な社交性に基づいている。「神は人間を個々に造ったが、それはむろん人間が社会をもたず独りでいるためではない。神の意図は、人間が本性の一致によってのみならず、親近さの感情によっても結ばれるならば、人間社会の統一と和合のきずなとがそれによってますます強くなるためであっ

だご命令が証拠となるだけで満足しています」。Migne Patrologiae Latina, 31, 663-65. 参照。

9) オロシウスについては本書第Ⅹ章2節参照。

10) K. Adam, Die geistige Entwicklung des hl.Augustins, 1931. 『聖アウグスティヌスの精神的発展』服部英次郎訳、創元社、77頁。

た」(『神の国』XII, 22)。また「この天の国は地上を寄留している間に，あらゆる民族からその市民を召し出し，あらゆる言語の寄留者からなる社会を造っている。……これは神を享受し神において相互を享受するもっとも秩序があり，もっとも和合した社会である」(同 XIX, 17)。この社会の形式でもって歩んでいる歴史は，ショルツによれば，アリストテレスよりも遙かに優れた世界史に対する価値高い貢献である[*11]。

　(3) 第三に，人類史は神の救済計画に基づいて進展していると考えられ，救済史という神学的な歴史理解が力説された。神の啓示による救済は啓示の最高峰であるキリストに集中しており，このキリストによって新しい社会である「神の国」が実現した。しかも，この国の歴史はキリスト以前においてはそれを予表する象徴的な仕方で，またそれを予告する預言的な仕方でキリストに向かっており，キリスト以後においてはキリストの体なる教会に加わることによって悪の世界から救済されることに現れている。それゆえ人類の救済史の頂点に立つキリストは人類史の「中軸」(Achse) として彼の目に映じた[*12]。こうして神の人類救済という理念は，二つのキウィタスの歩みとキリストによるその救済の実現という，二重の視点が融合されて語られた。

　(4) 第四に，アウグスティヌスはエウセビオスの教会史と同じく救済史に立っている。『神の国』第18巻に含まれる世俗史が同じく年代記を含んでいても，彼の歴史神学は歴史を起源・経過・終局という三段階に分けて考察するがゆえに，歴史の全体をキリスト教的な救済の完成という目的論的な見地から解釈し直している。それゆえ現在でも異教の世界に寄留している「神の国」は歴史の終末において完成される救済論的な図式に下に立っている。この図式は世界の創造からはじまっているが，救済史となるためには，同時に歴史の起源に起こった罪過が重要な意味をもった[*13]。

---

11) H. Scholz, Glaube und Unglaube in der Weltgeschichte, 1911, S. 47.
12) K. Jaspers, Vom Ursprung und Ziel der Geschichte, erst Teil, Kapitel 1 参照。ヤスパースは人類史の展開軸をギリシアの古典哲学とイスラエルの預言者において捉え，そこでは自然的な人間から本来的な人間へ導く「真理の突破」(Druchbruch der Wahrheit) が実現したと説いている。
13) カントは「自然の歴史は，善をもって始まる。この歴史は神の業だからである。しかし，自由の歴史は悪をもって始まる。この歴史は人の業であるから」(『人類の歴史の憶測的起源』篠田英雄訳，『啓蒙とは何か』所収，岩波文庫，65頁) と語っている。またマックス・シェーラーは「この世界史の初めには一つの罪過が立っている」(Am Beginn dieser

もちろん世界は神の意志によって創造されたかぎり善であるが,「無からの創造」(creatio ex nihilo) によって悪に傾く「可変性」(mutabilitas) を必然的に備えている*14。人間の場合には可変性の欠陥はアダムにおける原罪を引き起こして「死に至る存在」となっているとはいえ,恩恵によって至福となり得るほどに偉大である（同 XII, 11, 13参照）。

　(5) 第五に,このアダムの違反は原罪としてその子孫に伝わり,カインとアベルに発する二つの国の歴史を生みだした（同 XIV, 1）。この歴史は創造の六日になぞらえて六時代に分かれ,キリストの再臨と最後の審判によって第七の安息の時代が到来することによって歴史はその終局に到達し,「死に至る存在」は「永遠の生命」にまで達する*15。

歴史の区分法の問題点　　アウグスティヌスの歴史に関する思想で本来的な歴史といえる部分は起源・経過・終局という三段階の中で中間部をなす経過の部分である。この部分を彼は伝統的な六時代説を採用して説明した。しかし,聖書から任意に時代区分を引き出した点で,確たる根拠に基づいているわけではないとみなされている*16。それは第六の時代をもたらしたキリストが世界史の中心に据えられ,キリスト以前と以後とが異なった方法で歴史的に考察されたからである。つまり中間の経過の終わりになって初めてキリストが歴史に登場し,その以前と以後とに二分されている。このようになったのは経過の部分の決定的な出来事であるキリストが第二段階の内にありながら第三段階を導き出しているからである。こうして第三段階の「終局」(finis) が「当然の終局」(debitus finis) となりうる原因が先行段階において与えられていることになる。このことは第一段階の起源の中にも次の段階に導く原因が「無からの創造」によって与えられていたのと同じである。

　だが,あまりに議論が多岐にわたったために,肝心の歴史の解釈は誤解

Weltgeschichte steht eine Schuld.) と言う (M.Scheler, Vom Ewigen im Menschen, GW. Bd.5, S.57.)。

　14)　「造られたものは,この神によって造られたかぎりで善いが,神からではなく無から生じたかぎりで可変的である。……しかしこの可変的な善も普遍的な善に固着して至福となりうるほどに偉大である」(『神の国』XII, 1, 3)。

　15)　ここには歴史の予型論的解釈 (Typologische Deutung) が見られる。A. Wachtel, Beiträge zur Geschichts theologie des Aurelius Augustinus, 1960, S.33-34

　16)　この点に関しては続く3節の叙述を参照。

を招かざるを得なかった。たとえば「神の国」を歴史の起源にまで遡って考察したばかりか，創造以前の形而上学的な段階までを含めて展開されたがゆえに，『神の国』の読者にとってキリストの歴史的意義が不明確になった。そのためアウグスティヌスの歴史解釈はショルツによって批判されるようになった。

　ショルツは『世界史における信仰と不信仰——アウグスティヌスの《神の国》の注釈』という大著の中でこの種の批判を二回にわたって行い，次のように語っている。「アウグスティヌスがキリスト教を世界史の転換点として評価するのを止めていることは，単に歴史哲学的視点からだけでなく，信仰の哲学的な観点から見ても一つの欠陥である」[17]と。だが，ここで言われているように歴史を哲学的に考察することはキリスト教にとって元来不可能なことであり，歴史認識の限界が一般的に支持されている[18]。したがってアウグスティヌスも歴史を哲学的に扱っているのではなく，むしろ歴史を神学的に解釈していると考えるべきである。次に彼の神学的な歴史解釈は，時間や時代の歩みがあらかじめ神の知恵のうちに「諸時代の秩序」(ordo temporum) としてあって，それが歴史において展開してきたという観点から行われている点が留意されなければならない。

2　「時間の秩序」の内容

　そこで，わたしたちはこの「時間の秩序」という観点から彼の歴史解釈を明らかにしてみたい。この秩序の思想は『告白』の時間論の終りのところで語りはじめられたが，そのさい彼は，時間的な人間存在のすべての苦難が「その秩序を知らない時間のなかにわたしが飛散している」(『告白』29, 39) ことにもとづいていると語り，同時に彼はこの時間の秩序に対する無知を表明した[19]。その後，この思想は，続いて考察されるように，彼の

---

17)　H. Scholz, Glaube und Unglaube in der Weltgeschichte. Ein Kommentar au Augustins 'De Civitate Dei, 1911, S. 174, vgl S.153.

18)　E.Brunner, Religionsphilosophie evangelischer Theologie, 2Auf. S.64. A. Ziegler, Die Grenzen Geschichitlichen Erkenntniss, (in: Augustinus Magister II, S.984) 参照。

19)　詳しくは金子晴勇『アウグスティヌスの人間学』創文社，295-96頁参照。この時間の秩序の思想は『告白』第11巻の心理学的時間論と『神の国』での歴史の発展的理解におい

主著『創世記逐語講解』,『三位一体』,『神の国』の中で内容的に語られるようになり,彼の歴史観の確立にも役立っている。

ここでは次の三つの点をとくに明らかにしてみたい。

① **被造世界と時間との同時性**　『創世記逐語講解』において「時間の秩序」は個体発生の形而上学的原理として用いられた。アウグスティヌスによると「始源の創造」(prima conditio) には時間の契機は入っていない。それゆえ神は万物を同時に一瞬のうちに創造したことになる。つまり創造の六日も時間の順序を示しているのではなく,認識の順序の中にある原因性を示しており,始源の創造においては世界の質料因である四元素と形相因である種子的理念とが可能態として与えられていた。これに続いて生じた「時間の経過」によって人間の身体を含めた生命体は個体へと形成される。この生物の種子的理念と個体としての出現とのプロセスが,神の「管理」(administratio) により導かれ,時間を通しての創造のわざの継続であるといわれる。この管理の働きは永遠の知恵のなかに初めからあった「時間の秩序」にもとづいている。つまり最初の創造の中に生体の発生が予定されていて,「時間の経過」においてそれが現実化したのである。こうして時間はその根源において展開の秩序を予め与えられていたことになる[*20]。

② **永遠不変な神の計画**　　時間が被造物と同時に創造されたことは,創造の六日も太陽暦のような間隔ももたず,その発展の全体が「事物の中なる諸原因の連結」の中に「時間の秩序」としてすでに与えられていることを意味する。しかし,ここでの時間は自然の領域における物理的時間であって,人間の歴史における発展する時間,つまり文化的時間からは区別される。ところで『三位一体』では,時間の秩序は時間を超えた永遠者であ

て示され,『三位一体』では御言葉の受肉との関連で論じられ,さらに『創世記逐語講解』では生命の個体的発生を説明するために用いられている。

20)　彼は言う,「地は生みだす力〔つまり種子的理念〕を受容していた。わたしをして言わしめれば,いわば諸時間の根元において (in radicibus temporum),時間の経過によって将来生じてくるものが,すでに確かに地の中に造られていた」(『創世記逐語講解』V, 4, 11) と。それゆえ「時間は創造された被造物の運動により回転しはじめた」(同 V, 5, 12) と語られ,『神の国』でも「疑いなく世界は時間の中に造られたのではなく,むしろ時間と共に造られた」(同 XI, 6) と説かれて,被造世界と時間とが同時に存在を開始したことが主張されるにいたった。

る神の知恵の内にあって，時満ちる「カイロス」(plenitudo temporis) において御子の受肉として実現していると説かれた[21]。このような時間の秩序は『神の国』で説かれている時間を世界とともに創造し，始まりを与え，歴史を導く「永遠不変な神の計画」(inmutabile aeternumque consillium) と思想内容が全く同じである（『神の国』XII, 15;18）。それゆえ，『神の国』ではこの概念が歴史に適用されたと考えられる。

③ 歴史の発展過程と時間の秩序　この「時間の秩序」は神の知恵のうちにある歴史を導く理念であるが，それが歴史の中に実現するプロセスも「諸時代の発展過程」(volumiona saeculorum) として神の知恵の中にあらかじめ存在していたとも説かれた（同 IV, 17, 23）。この「発展過程」というのは元来「巻き物」(volumen) であって，一巻の歴史絵巻のように，すべては神の内に永遠者の計画として最初から存在していた。アウグスティヌスはそれを段階的発展を含む秩序の理念として，したがって歴史を解明しうる形而上学的原理として確立した。こうして「時間の秩序」は御言葉の受肉を頂点とする歴史に適用され，この観点からの歴史解釈が『神の国』において大規模に展開した。

3　時間の秩序と救済史

『神の国』においては「あらゆる時間の創造者にして秩序者」なる永遠の神が「永遠不変な計画」をもって歴史を導いていることが一貫して説かれている。このように「時間的なものを運動させているものは，時間的には動かされない」（『神の国』X, 12）とあるように，時間を超越しながら時間過程の全体を支配している。そしてこの支配の方法こそ「時間の秩序」にほかならない[22]。だが，この秩序は歴史とどのように関わっているのか。

---

21)　「神の知恵自身において御子は時間なしにいましたもうたが，この時間において神の知恵は肉体をとって現れなければならなかった。したがって御言は時間の開始なしに始源から存在しており，御言は神のもとにあり，神であったから，御子は時間なしに御言自身の内にあったのに，その時間の内に御言が肉となり，わたしたちの間に宿りたもうた。……御言自身においては時間なしにあったお方が，こうした満ちた時に生まれたのである。時間の秩序は確かに神の永遠の知恵の中に時間なしに存在している」（『三位一体』II, 5, 9）。

「世代の秩序」と「時代の分節」　　この時間の秩序は神の言葉の受肉により救済史を段階的に構成させた。そこには人類を救済するために「時代の分節」(articulus temporis) が与えられ，神の国の起源・経過・終極の三段階があるのみならず，中間の経過の部分が創造の六日に等しく六時代に分けられている。この時代区分も「時間の秩序」という形而上学的理念から導きだされているがゆえに，「神の約束の実現の仕方は時間の秩序によって進展する神の国が示すであろう」(『神の国』XVII, 1) と語られる[*23]。

こうして歴史記述は王たちの事蹟や出来事を系統の秩序にしたがって確認しながら，霊的に解釈して将来の預言をとりだすと，王たちの順序が「世代の秩序」となり，時代を画する「時代の分節」(articulus temporis) を通して展開する。これによってアダムから第二のアダムであるキリストまでの歴史をいくつかの時代に分け，それを経過することによってキリストの誕生にいたり預言が実現する。こうして神の内にあった理念的な「時間の秩序」が歴史の内に認識されることになる。それゆえ歴史を導く形而上学的理念としての「時間の秩序」はいまや歴史の記述から確証されるようになった。

ここから歴史の予型論的解釈 (die typologische Auslegung) が生まれてくる[*24]。

歴史の予型論的解釈　　歴史の予型論的な解釈が展開するのは，歴史上の諸事実（人物・行動・出来事・組織など）が「神によって立てられた雛

---

22)　支配の方法として「時間の秩序」は次のように捉えられている。「神はわたしたちには隠されていてもご自身には全く明瞭な事物と時間の秩序にしたがってそれをなしたもう。しかし，神はそのような時間の秩序に奴隷として奉仕するのではなく，主人のようにそれを支配し，統治者としてそれを実現したもう」(『神の国』IV, 33)。

23)　この六時代説というのは全体としては次のように区分される。第一はアダムより大洪水にいたり，第二は大洪水よりアブラハムに及び，第三はアブラハムからダビデに，第四はダビデからバビロン捕囚に，第五は捕囚からキリストの誕生に至る。第六は現在進行中で世代の数によって測られない（『神の国』XXII, 30）。この説は『教えの手ほどき』(400) の22, 39に取り上げられており，エイレナイオスやキプリアヌス，さらにアンブロシウスに受け継がれてきた六千年の時代区分を改作したものであって，アウグスティヌス自身カテキズム教育で学んだものと推測されている (Scholz, op.cit., S.158f.)。なお『神の国』XI, 6を参照。

24)　予型論的な解釈とその文献については A. Wachtel, Beitraege zur Geschichitsthologie des Aurelius Augustinus, S.32-35参照。

型的叙述として，つまり来たるべき，しかもより完全で，より偉大な事実の〈型〉として理解されている」（ゴッペルト）場合である*25。たとえばイスラエルのエジプト脱出という出来事が来たるべき救済のひな型となっている。それは単なる反復でも，循環でも，象徴でもなくて，理念の実現形式である。それゆえパウロが「このアダムは来たるべきものの型である」（ローマ5・14）と言うとき，死の支配をもたらしたアダムが生命の支配を築いたキリストと対置させられて，アダムは古い人間の原型をなすひな型と考えられた。この考えを聖書の歴史解釈に適用するのがアウグスティヌスの予型論的解釈であり，聖書の歴史的真理をとらえる歴史的解釈や精神的意味をとらえる象徴的解釈とならぶ第三の解釈方法となっている*26。

　一つの例としてエルサレムについて次のように解釈される。地上のエルサレムは歴史的事実であるが，それは天上のエルサレムの象徴でもある。この場合，歴史と象徴に加えてその混合である第三の予型論が試みられ，「象徴的予表」(allegorica praefiguratio) が説かれ，「象徴的意味」(significationes allegoricae) だけを捉えてはならないと説かれている（『神の国』XVII, 3, 2）。このような予型論が展開する事例をさらに挙げてみたい。まず，カインとアベルが人間の二つの系列，つまり「地の国」と「神の国」とのひな型をなしており（同 XV, 5；XVI, 42）カインとロムルスが兄弟殺しによって国家を造ったひな型である（同）。アベルとセツがキリストの死と復活の型である（同 XV, 18）。ノアの箱船が来たるべき教会を予表する（同 XV, 26）。さらに祭司職がエリからサムエルに，王国がサウルからダビデに二重になって転換したことが，永遠の王なるキリストの出来事を予表している（同 XVII, 5, 2）。また聖史のみならず，世俗史においてもカインとアベルの出来事がロムルスとレムスの物語と類似したものとして考察され，地上国家の創設者がともに兄弟殺しであって，カインが「最初の

25）　F.Hesse; E.Fascher, Typologie, RGG, Bd.6, 1962, Sp. 1094-1098参照。

26）　アウグスティヌスは聖書の文字的解釈に対して象徴的な解釈をアンブロシウスから学んでいるが，聖書の史実性や象徴性だけを主張する一面的な解釈を退け，キリストとその教会を予表する立場をとっている。これが予型論的な解釈となっている。「わたしたちはこれらの聖書の隠された事柄を，各人に適した程度で可能なかぎり探求している。だが，わたしたちはそれらが起こったり書き記されたりしたのは来たるべきことを予表するためであり，それらはまたキリストとその教会，すなわち神の国にのみ関わるべきであると，信仰において確信している。これの予告は，人類の初め以来絶えたことなく，あらゆるものを通してわたしたちはそれが実現していることを見る」（『神の国』XVI, 2, 3）。

3 時間の秩序と救済史　　　197

模範 (exemplum) あるいはギリシア人が呼んでいる原型 (archetypon) に，その種の類似像が一致していたとしても不思議ではない」（同 XV, 5）と主張される。また『神の国』第18巻では聖史に見られる神の国の発展と並んでそれと対立しながら経過した地の国の歴史が，アッシリア・バビロン・ローマの世俗史と同時的に把握され，歴史神学の中に受容されている。そのさい，バビロンは第一のローマと，ローマは第二のバビロンと呼ばれる（同 XVII, 2, 2）。このようなアッシリア・バビロンからローマへの世俗史も同時にアブラハムからバビロン捕囚時代の預言者を経てキリストに至る発展段階をもつ聖史と共時的に把握され，二つの国の王たちの世代の秩序による発展から救済史が世界史的な射程をもって構築される。

　しかし予型論の最大の試みは「時間の秩序」において行われていると思われる。創造の六日と歴史の六時代の関連についてアウグスティヌスは言う，「わたしたちが神の中に平安を得るに先立って，諸時代はこのように経過しなければならなかったからこそ，かの〔六日という〕日々は理由なく秩序づけられていたのではない」（『詩編講解』92, 1）と。この観点から創造の六日の聖書記事が原型となって歴史の六時代が導きだされる。さらに創造と歴史が同じく神のわざであり，創造がすでに歴史の第一歩をなしているがゆえに，創造の中に歴史的発展が理念としての「時間の秩序」において与えられていると解釈される[*27]。

　この秩序の内容である「神の人類救済計画」には神の予知と歴史との関係が前提されている。そこには第一に，人類の歴史を導いている神は時間を超えた超越神であっても，人間の主体的な自由意志を許容しながら歴史を予定した経路に従って導く[*28]。第二に，歴史を導く神は歴史においてキリストを予告し，イエスにおいて救済を実現し，歴史において神の真理

27）救済史はアダムの子らに生じた二つの国の対立から現実に展開し始め，創造の六日に当たる六時代を経て，七日目の神の安息に等しいわたしたちの安息日に到達する。しかし，この六時代説ではキリストの位置が救済の中心に据えられなくなってしまい，ショルツが批判したことが妥当してしまう。彼によると伝統的な六千年の時代区分をアウグスティヌスが改良しても，キリストが歴史の転換点に立っていることが前景に出てこなくなり，アウグスティヌスの救済思想と一致しなくなる（Scholz, op. sit., S.162）。

28）したがってフィジスが強調したように「だれもアウグスティヌスに優って時間を超えた神の実在の教えを深く極めたものはいない」（J. N. Figgis, Political Aspect of St.Augustine's 'City of God', 1921, p.38.）。

を認識できるようになした。これが「真正な人類の教育」としての歴史認識である*29。神の救済計画そのものは人間には隠されており，認識できないが，歴史における啓示によってそれは初めて認識される。それゆえ「人の行うわざは自由である。しかし神はそれを予知しており，すべてを自己の世界計画の中に加えたもう。こうした形而上学的な解釈は歴史を通して明らかにされる」*30と言われる。それでは認識を超えた絶対的な超越神と認識可能な相対的歴史の世界といずれがアウグスティヌスによって強調されていたのであろうか。ロイターはこれに答えて言う，「アウグスティヌスは好んで絶対的規範 (das absolute Maßstab) を用いたが，相対的なものを欠くことができなかった」*31と。

秩序の破壊と再建　人類救済の歴史は神の国の発展を客観的に述べたものであるが，このような歴史を通して個人が教育され，しかも「時代の分節」により進歩し，永遠的なものの把握にいたると説かれた*32。この進歩は個人の成長と対比させて論じられる。たとえばストア哲学の影響の下，嬰児期・幼少期・青年前期・後期・壮年期・老年期の六段階に分けて考察される。しかし，この段階的発展は一般的には始原の無垢・堕罪・救済の三段階を通して人間学的に解明された。すなわち，この発展はまず「創造と堕罪」の物語を中心にして述べられ，アダム的な人間の始源状態・堕罪と原罪の波及・神の恩恵による新生した本性という三段階が考察される。なぜなら人間存在は時間によって規定されており，無から創造されたがゆえに可変性を身にまとい，罪に陥る可能性を秘めているが，これを克服することも神の摂理によって定められたからである。そのさい注目すべき点は罪が神の定めた秩序を崩壊させ，人間の秩序をも破壊し，これに対する神の罰は神の秩序の反照作用から生じ，「当然の報い」として考えられたことである。こうして人間は死と時間との必然性に拘束されたが，

29) A. W. Ziegler, Die Grenzen geschichtlichen Erkenntnis, in: Augustinus Magister, p.00.
30) E. Salin, Civitas Dei, 1926, S.177.
31) Reuter, Augustinische Studien, S.136
32) 「人類の真正な教育は，神の民に関するかぎり，個人のそれとよく似ている。それは個人が年齢を加えて達するように，ある時代の分節によって進歩した。こうして一時的なものから永遠なものの把握へ，さらに見えるものから見えないものの把握へ昇った」(『神の国』X, 14)。

神の定めた「時間の秩序」は死の時間から人間を解放し、破壊された諸秩序の回復を目ざすものとなった。したがって歴史の発展は単に個人の救済を問題にするだけではなく、個人を包含する「神の国」という「キリストのからだ」である教会の預言・成就・完成が叙述された。ここから個人を含みながら原則的にこれを超越する世界秩序の完成をめざす壮大な規模をもった目標が設定された。この究極目標が「秩序の平安」としての平和である[*33]。この平和は人間的・社会的・宇宙的秩序の完成であって、無秩序の混乱を根底から鎮める。したがって神の定めた「時間の秩序」はその発展の究極において罪と死が支配する時間から人間を解放し、人間の諸秩序を回復させ、秩序がもたらす平安としての平和を実現する。ここにも時間を媒介とした秩序の思想が展開する。

　アウグスティヌスの歴史解釈では「時間の秩序」が歴史の形而上学的原理もしくは理念として前提されていても、歴史の現実との生き生きとした関連で説かれる。それゆえ、歴史叙述は神の国と地の国との対立を現実に即してリアルな姿でとらえながらも、それを超えて神が秩序づける働きの跡が追求される。したがって「神の国」と「地の国」との対立は激突する闘争的な相貌をもって叙述され、ときには絶対に相容れない二元論に陥っているように見えても、「時間の秩序」と「秩序の平安」によって和解に至る。秩序の思想は対立するものを和解させる。こうして二つの国は対立の現実を克服した発展的な理解へと導かれる。それゆえに歴史は神が監督する偉大なドラマとして彼の目に映った。

　次に、この歴史観の根底にある時間論を問題にしてみよう。

4　『神の国』の時間論
―― 円環的時間から直線的時間へ ――

　アウグスティヌスの『神の国』で展開している時間論は『告白』における心で測られる時間と相違して歴史における客観的な時間を考察する。永遠で始まりをもっていない神が時間に始まりを起こし、歴史に始源を与え

33）　この点に関しては第Ⅶ章で詳しく述べたので省略する。出典箇所は『神の国』XIX, 13である。

たのは，被造物を時間とともに創造し，その完成に至るまで援助するためである。「世界が時間においてではなく，時間とともに造られたことに疑いの余地はない」(『神の国』XI, 6)。それは，「変化する運動の連続をゆるす被造物がないなら，時間は全くあり得ないからである」(同 XII, 14)。しかし，このような創造者の時間への関与は歴史の中にその永遠不変な計画が存在すること意味した。そこには世界の運動とともに時間を計るという物理的な時間を超えた意味が当然認められる。

　これまで「時間の秩序」によって歴史を考えてみたが，「時間」と「秩序」は元来ヘブル思想とギリシア思想においてそれぞれ分かたれて強調されて来たものであった。この二者を結合させているところにアウグスティヌスの思想的な特質と文化総合の構造が現れている。秩序は世界を支配している普遍的ロゴスであり，ギリシア人はこれをフュシスと呼んだ。だが「自然のみのある所では，あらゆる個体またあらゆる時間的変化は普遍的にして永遠なるものの繰り返しに過ぎぬものとなるであろう。しかもこの永遠の繰り返しという思想ほど歴史の意義を無視したものはない」[*34]。したがって「時間の秩序」によってギリシア人は時間が秩序をもって永劫回帰すると考えたが，アウグスティヌスはこのようには考えない。彼は神が時間自身を創始し，生物の個体を完成させ，永遠の計画に向けて支配し管理していると考える。時間が事物の運動を測る尺度であって，それが事物の可変性と可動性とともに成立していると説かれるかぎり，円環する時間しか考えられない。だが，もし事物も時間もともに神の被造物として永遠者の意志と計画に従っているとみなせば，世界を創造した神との関係から時間は理解される。この観点からは時間を永遠に回帰するとみなす観点は徹底的にしりぞけられる。したがって「秩序」はギリシア人の聖なるコスモスをもはや意味しない。このコスモスは創造思想によって非神聖視されており，自然法則をも超えた神の計画を表現していると考えられた。

　アウグスティヌスによると宇宙の自然運動と人類の歴史とは永劫回帰する無限のプロセスではなく，開始と終末をもった経過であり，一定の目標に向かう方向性が認められる。そこでは時間を超えた意義が実現する歴史が刻まれている。時間はその秩序によって神の知恵の中に引き入れられ，

---

34)　波多野精一『宗教哲学の本質及びその根本問題』岩波書店，196頁。

4 『神の国』の時間論

時間と永遠との矛盾的対立は止揚され、瞬間における永遠のアトム化（キルケゴール）を起こし、有意義性を担った時である歴史となる*35。

こういう時間の流れは四季の交替に伴われる円環的時間に対して直線的な時間とも言われてきた。円環的時間を歴史にあてはめると特定の周期をもって反復する運動となる。この周期的循環説をポルフィリオスも愚かだと退けている（同 XII, 21, 3)*36。そうすると実際に循環しているのはこのように教えている人たちの誤謬と偽りにすぎない（同 XII, 14, 2)。そして事実、堕罪とともに始まる人類の歩みでは楽園（始源の幸福）が喪失し、悲惨と死とが循環する渦に巻き込まれる。実際、人間は生まれたときから死への道を歩んでいる*37。この意味で人間は「死への存在」である。「人はそこでは、第一の死のように、死の前とか死の後ということなく、常に死の中にある。それゆえ、生きているのでもなく、死んでいるのでもなく、終ることなく死につつあるのである。実際、死の中にある人間にとって、死（終り）のない死があるというほど大きな禍いはないであろう」（同 XIII, 11)。それゆえ死に取り囲まれ、死病にかかっている人間は時間に拘束された存在で、死の家たる牢獄に閉じ込められ、もはや自力ではここから脱出できない。「このようにして自由意志の悪用から一連の禍いが生じた。根のくさった木のように、その始祖から堕落してしまった人類は、神の恩恵によって解放された者を除いて、悲惨の鎖につながれ、ついには終りのない第二の死の壊滅にいたる」（同 XIII, 14)。

アウグスティヌスの目にはこの世界は悲惨の連鎖の中にあり、神の国もこれに巻き込まれて（同 XII, 24)、悲惨が循環していると感じられた。だ

---

35) キルケゴールは『不安の概念』で言う、「瞬間はもともと時間のアトムではなくて永遠のアトムなのである。瞬間は時間における永遠の最初の投影であり、いわば時間を中断しようとする最初の試みである。ギリシア文化が瞬間を理解できなかったのもこのためである。ギリシア文化は永遠のアトムをたとえとらえたとしても、それが瞬間であることをとらえはしなかったからである」と（田淵義三郎訳、「世界の名著40　キルケゴール」中央公論社、289-90頁)。

36) 「この説によると、例えば哲学者プラトンは紀元前4世紀にアテナイのアカデメイアと呼ばれる学園で弟子たちを教えたが、過去の無数の世紀にわたり、無限の広さと無限の長さの中で、同じプラトン、同じ国、同じ学園、同じ弟子が次々に現われ、未来の無数の世紀においても次々に現われるということになる」(ibid. XII, 14, 2)。

37) 「人はだれでも、やがて死ぬべきこの身体の中に存在を始めた時より、一日として死の近づかない生を送ることはない。人はその可変性のゆえに、地上の生 —— それも生と呼ばれるとして —— のあらゆる時に死に向かって近づいている」（同 XIII, 10)。

から円環的時間は何の意味ももたない空想の産物にすぎない。
　「わたしたちは，主なる神の助けにより，空想が生んだこれらの堂々めぐりを，明瞭な理性をもって打ち砕くことができる。あの連中がこのように大きな誤ちを犯し，偽りの円環をさ迷って，真実で正しい道を歩もうと欲しないのは，どんな無限のものをも受け入れることができ，無数のものをすべて思考の変化なしに数えることのできる，まったく不変の神の心を，狭小で変わりやすい人間の心でもって測ろうとするからである」（同 XII, 18）。

円環を選ばせているのは，神に従わず，自己の尺度で神をも考える知性の高慢のなせるわざである。しかし，その悲劇を超えて救済が神の手によって与えられ，この循環から脱出する道がキリストにおいて見いだされる。それゆえ詩編45編7節で「諸時代の諸時代」(saecula saeculorum) といわれる場合，それは諸時代の繰り返しという循環説の空想をいっているのではない[*38]。神はこの諸時代に秩序を与え，この循環から脱出する道を用意し，永遠の生命を授けた。それはカイロスにおいて実現した[*39]。つまり循環から脱出する道はキリストにおいて「真直ぐな道」として与えられた[*40]。「それゆえ，わたしたちは，キリストがわたしたちのために備えた真直ぐな道を歩み，この王にして救い主なるかたによって信仰の道と心の思いとを，空しい偽りの，神を恐れぬ円環から引き離そうではないか」（同 XII, 21）。

　時間の創始者は，罪に染まって悲惨の循環する死の時間円環から人類を救い出すべく，この時間の中に受肉し，死せる時間から人間を解放して永

---

38) 「なぜなら〈諸時代の諸時代〉とは同じ諸時代の繰り返しではなくて，一つの時代から他の時代へ向かって移り行く諸時代の秩序正しい連結を意味し，悲惨から解放された魂はふたたびそこにもどることなく，至福の中にかたくとどまっていることであるか，あるいは，その下にある時間的な諸物を永遠に支配するものであるか——いずれにせよ，同じものを回転させる時間の循環はそこには場所をもたない。聖徒たちの永遠の生命は，このようなものを強くこばむ」（『神の国』XII, 20）。

39) このカイロスは人類に一つの体験として与えられている。「たしかに神はこの永遠の時間に先立って存在しただけでなく，時満ちて明らかにする永遠の生命を約束したのであるが，それは神の言葉以外の何にふさわしいだろうか」（同 XII, 17）。

40) ブルンナーはこれを次のように巧みに表現している。「神はある時点で円環する時間に入り，彼の永遠性の全力をもってこの円環する時間 (time-circle) を倒して線的時間 (time-line) に始めと目標とを，したがって方向付けを授けた」(E. Brunner, Christianity and Civilization, vol. I, p. 50)。

遠の生命へと呼びいだす。「御言は時間の前にあり，時間は御言によって造られたのであるが，時間のうちに生まれたもうた。なぜなら，御言は永遠の生命であり，時間的なものたちに呼びかけたまい，永遠なるものとなしたもうから」(『詩編講解』101, 10)。御言の受肉により生じる時間は円環的時間に対立する直線的時間であるといわれる[*41]。

この神が導く時間のプロセスは現実には歴史において起こっており，それによって時代の一大変化が生じている。ここに歴史的時間としての「世代」(saeculum) の意義がある。つまり歴史の偉大なる時であるカイロスは，罪が支配する世代から新しい命の世代への転換をキリストを通して実現した。そこで次にこの世代の問題を扱ってみたい。

5　キウィタスと世代との転換

歴史の具体的な進展は二つのキウィタスの関連において考察された。したがって二つのキウィタスが進展して行って地の国から神の国に転換する出来事とが，「世代の秩序」(ordo saeculorum) から説かれた。「世代」(saeculum) は「世」とも「全時間」とも訳される言葉であって，「時代」と同義的に用いられている。この「世代の秩序」は時代の発展を含意する歴史の領域を指しており，そこには歴史の諸時代がその全発展過程とともに意味されている。また「世代の発展」(volumina saeculorum) は字義的には時代の発展過程をふくむ「絵巻」(volumen) を意味している[*42]。これは少なくともキウィタスを構成する市民の歩みを指し，人類の始祖たちが子供を生み始めてからそれが止まるまでの全時代を指している[*43]。この意味では

---

41) ドーソンによるとこの時間についての変化は宗教的な経験においてすでに感得されていたが，アウグスティヌスによって初めて哲学的に分析されるに至った。彼は時間の意味を見いだした世界における最初の人であった (C. Dawson, op. cit., p. 69)。

42) この点に関して「彼らは諸世代の発展過程 (volumina saeculorum) を宇宙の創造者と支配者の知恵自身の内に洞察しうるにたりるほど，しっかりと精神の眼を霊的にして恒常不変な永遠性へつけておくにふさわしくない」(『三位一体』IV, 17, 28) を参照。

43) 『神の国』第15巻の始めのところで次のように語られている。「ところで，天使たち ── その数はわたしたちにはわからないが ── における，あるいは最初の二人の人間におけるこれら二つの国の端緒については十分に語られたのであるから，今やその進展について，すなわちあの二人が子供を生み始めた時から，人間が生むのを止めるまでの進展について議

「世」という語はギリシア語のアイオンに相当する言葉である*44。アウグスティヌスは「アイオニオンとは終りのないもの，あるいはこの世の終りまで続くものを指す」（同 XVI, 26, 2）と言う。そのさい彼はこの世のなかで短い時間のうちに変化消滅するものは「この世的なもの」(saecularia) と呼ぶので，アイオンを「世俗」(saeculare) とは訳さなかったと説明している（同）。ところが「諸世代の秩序」(ordo saeculorum) とか「諸世代の展開」(volumen saculorum) が歴史時間の発展をいうのであるから，「世代」の概念の中に「時代の分節」とそれによる神の永遠の計画の実現とを採り入れることによって，「世代」概念を歴史的なものとなし，歴史の神学を形成したといえよう。

アイオンの転換こそパウロのローマ書の中心思想であるとニーグレンは言う*45。このことはアウグスティヌスの思想と関係があるので，彼の所論にすこし耳を傾けてみたい。彼によると西洋近代文明の世俗化によって今日アイオンは理解できなくなった。パウロはこの語により相対立する二つの領域を考え，一つは死の支配する世界，他は生命の支配する世界で，前者はアダムの世代を支配し，後者はキリストの世代を支配する*46。このキリストの出現は新しいアイオンである生命のアイオンを人々に授ける。そして「キリストは古きものに打ち勝ち新しきにいたる道を照らし，二つのアイオンの境界線に立っている」*47という。だからキリストは「この世」から「来るべき世」にいたる道となり，「世」の転換をなした，と主張される。このようなアイオンの動態がアウグスティヌスの主張の背景をなしていると思われる。

アウグスティヌスがアイオンについて言及したのは，約束の子イサクの誕生に関する叙述においてである。そこでは年老いて子を産めず，死んだも同然となった両親からイサクが神の力により授けられた物語が取り上げ

論を進めなければならないとわたしには思われる。というのも，死ぬ者が去り，生まれる者がそれを引き継ぐこの全時間，ないしは世 (saeculum) というものが，わたしたちの論じようとしているこれら二つの国の進展をなすのである」（『神の国』XV, 1, 1）。

44) 新約聖書でアイオーンは永遠という意味と世界や世の意味とをもっている。というのは聖書では永遠の観念が無時間的性格や時間の終りを意味しないで，人間の理解を超えたいつまでも続く「世々」（アイオニオン）を意味しているからである。

45) A. Nygren, Commentary on Romans, trans. by C. C. Headlam, p. 115
46) A. Nygren, op. cit., pp.20-21.
47) A. Nygren, op. cit., p.23.

られた。この出来事のうちに自然から恩恵へ，死から生へ，旧い契約から新しい契約への転換と「新しさ」の体験が説き明かされた。彼は言う，「この約束の子は自然本性ではなく恩恵を表すが，それは彼が年老いた夫と，年老いた不妊の妻に約束された子だからである。出産という自然本性のなりゆきも神の働きではあるが，自然本性が損われて不能となり，神の働きが明らかな場合には恩恵がいっそう明らかに知られる。そしてこのことは出生を通してではなく，新生を通してそうなるべきである。旧い契約の中に新しい契約が影として潜んでいる」(同 XVI, 26, 2) と。それゆえ世代の転換は「自然的出生」(generatio) から恩恵による「新生」(regenaratio) により生命の世代に移り入れられることを言う。

　したがって，二つのキウィタスの対立と抗争には世代の転換により決定的な終止符がすでにうたれていることになる。キウィタスの歴史にこのような転換点が与えられていることにより，歴史の非歴史的解釈から歴史的解釈を隔てる基礎が与えられる。前者では歴史は崩壊過程をなし，世界時代は不可避的な自己破滅をもたらし，救いはそこからの個人の救済にすぎないが，後者では歴史の転換点から新しい創造が生まれ，「救いは歴史を通して歴史における悪しき力からの社会の救済である」(ティリッヒ)といえよう[48]。これまで解明してきたアウグスティヌスの思想もこのことを明らかに示している。人間は地の国から自然の生を受け，恩恵により神の国に移されるが，その新生によってキウィタスの一員に加えられ，本質的に共同的な社会的人間としての生き方が授けられる。「地の国の市民を生むのは罪により損傷された自然本性であり，他方天上の国の市民を生むのは罪から自然本性を自由にする恩恵である」(同 XV, 2) とある通りである。

6　歴史の終末論的解釈

『神の国』の救済史的理解にとってヨハネの黙示録第20章1-6節に記されている「千年間の支配」という所謂千年王国説をアウグスティヌスがどのように考えていたかは重要である。千年王国は歴史の終わりに来ると彼は

---

48) P. Tillich, Protestannt Era, pp.16-31.

以前考えていた（同 XX, 7）。しかし今や千年とはキリストの降誕と再臨との間の歴史の最終期を意味する（同）。この支配の形態は未来に期待する破局の開始を指すのではなく，キリストとともに信徒の間にすでに始まっている国が現実化していく過程である[*49]。したがって「終りのもの」（エスカータ）はキリストとともに始まっており，終末は歴史の彼岸ではなく，此岸においてすでに開始している。「未来において信徒はキリストとともに支配するのではなくて，未来とは異なる仕方ですでに部分的に支配している」（同XX, 9）。同様にキリスト信徒は霊においてすでに復活し，王なるキリストとともにいるが，その姿は人々の目に隠れている。再生した者らはキリストの神秘的なからだとして教会を形成する。「この時代の全体を通して教会の内にすでに教会の成員において救い主の到来は常に起こり，その到来は未だ個人において起こっているが，全教会がキリストのからだとなることによって次第に完成する」（同XX, 5）。とはいえ，神の国の最終的な完成は最後の審判と身体の復活によって生じるがゆえに，歴史の彼方にある（同XX, 6）。それゆえ神の国の完成は純粋に此岸的でも純粋に彼岸的でもない。そこには現実性と将来性との偉大な混合が見られる[*50]。このことは教会の「霊的」（プネウマ的）性格に由来している。つまり信徒の霊的な復活によって神の国はすでに現在的であるが，同時にそれは部分的であって，全体に向かって成長しつつある。霊的復活はいわば種子であり，神の力によってそれは育って将来的に完成する。

　このような千年王国説の解釈はドナティストであったティコニウスの説から採用したものであった[*51]。世界史の終りに千年間キリストの支配が到来するという考えは「古来より伝わってきている粗笨な非学問的な終末論」にすぎない[*52]。むしろアウグスティヌスによって「千年王国は終末論的なものから教会史の一つの時期となった」[*53]。彼によると世界の終りに至るまで教会が混合体でなければならないとすると，その終末はただ終末論的にのみ可能である。しかし教会員の数は量で示されるよりも，象徴

---

49) Kinder, op.cit., S. 12.
50) Kinder, op.cit., S. 13.
51) H. Scholz, op. cit., S. 125. ティコニウスについては本書第Ⅲ章2節参照。
52) トレルチ『アウグスティヌス』西村貞二訳，27頁。
53) Reuter, op. cit., S. 114.

的なものであるから，終末の到来を計算する根拠とはならない。こうして彼は黙示録の伝承を非終末論化することになった。そのさい彼は再臨を歴史の端末から切り離して日々の生活の中に移した。これによって千年王国は終りの時の出来事ではなく，現時における聖徒の支配を意味するものとなった。しかし，アウグスティヌスはドナティストたちが現時点で描いた教会の理想像，つまり「しみも傷もない」キリストの清い花嫁の姿を，遠くの将来に移した*54。

こうしてアウグスティヌスは教会と「神の国」とを教会の霊的な性格において同一視したのであって，決して外的な状態で同一視したのではない。この点で彼はエウセビオスと根本的に相違していた*55。

救済史的な歴史理解ではキリストを中心として前後に時代が二分され，キリスト以前は象徴的にかつ預言的にキリストを指し示し，それ以後はその王的支配である教会に参加することによって歴史はその目的に達する。それゆえ，「歴史は来たろうとするものの象徴であり，すでに来ているものの現実化である」と規定することができる。歴史の転換点がすでに過去に属している見方は「絶対的な歴史哲学が革命によって保守に改造された形態である」（ティリッヒ）*56。この場合「絶対的」とは超越的な神観に由来し，保守というのは神の摂理に由来している。それは超越神が摂理によって人類に働きかけ，その不変の救済計画を歴史において実現し，救済史を完成させるからである。こうして理念的な歴史そのものである救済計画が歴史の過程によって証明される。これが実現する日は「永遠の主の日」であって，「それは霊のみでなく身体の永遠の安息をも予表するキリストの復活によって聖別された日である」（同 XXII, 30, 5）。さらに歴史を導く摂理の神は全能の神として悪をも用いて善となし，対立を通しての極美のうちに全歴史を完成させる（『神の国』XI, 8）。キウィタスは現実には全く

---

54) ところでティコニウス自身は教会は普遍的でなければならないが，その成員は混合体であると考えていた。これではドナティストの教会観を傷つけるとの理由で彼は380年頃破門された。アウグスティヌスの驚いたことには，そこで彼は，ドナトゥス派からカトリックに加わるように傾いていった。

55) A.Momigliano, Pagan and Christian Historiography in the Fourth Century A.D., in: The Conflict between Paganism and Christianity in the fourth Century,ed. by A.Momigliano, p.79ff., S. F. Copeleston, A History of Philosophy, vol. 2, p. 85.コプルストンが強調するようにアウグスティヌスは「歴史的現象と出来事の霊的な，道徳的な意味を解明すること」を行っていたのである。

56) P.Tillich, The Protestant Era, p. 36.

対立した闘争場裏の状態にあった。この空間的な対立は時間へと視点を転換させ、激突せるキウィタスは神の秩序によって平和を回復する。この秩序によって対立を統一する愛は摂理の神への信仰によって歴史のさなかにその実現が始まっていることを洞察できた。自然の中には美的な統一があるように（同 V, 11）、歴史においても二つの国の対立は統一へと導かれる[*57]。しかし、キリストの出現以後の歴史はエウセビオスやオロシウスが説いたように教会を通して実現するとしても、教会はローマ帝国と同一視されていない。皇帝アウグストゥスによって樹立されたローマは教会によってキリスト教化されたとしても、神の国となることはあり得ない。歴史の発展によって教会と国家とが漸次的に同一視されるようになるという学説はオロシウスやフライジングのオットーに見られる楽観的な歴史解釈に過ぎない。救済史の完成は神の計画の中にあって、人間には測りがたいというアウグスティヌスの歴史不可知論から彼らは何も学んでいない[*58]。

---

57) ゼーベルクは言う「アウグスティヌスはかつて自然哲学を通して発見しようとした現存在の統一と調和とは今や歴史哲学によって彼に開示された」R. Seeberg, Lehrbuch der Dogmengeschichte, Bd. III, 3 auf. 1923, S. 472, Anmerkung, 3.

58) マーカス『アウグスティヌス神学における歴史と社会』宮谷宣史・土井健司訳、教文館、174-77頁参照。

第IX章

ドナティスト論争

はじめに

　アウグスティヌスの中期の活動とは，一般的にいって，391年司祭になり，やがて司教となってから，412年ペラギウス論争が始まる前までの時期を言う。この時期の始めの393年にアウグスティヌスはすでにドナティストに対する論駁を開始しており，中期の時代は主としてドナティスト論争に明け暮れることになる。著作としては『洗礼論』という最も大きな書物が400年頃に書かれた。またその後，ドナティストのカルタゴ司教プリミアヌスとの論争が403年に行われたり[*1]，彼らに対する論駁の書物が『ペティリアヌスの手紙批判』(400-402)以来ずっと411年に至るまで続いた[*2]。その間に皇帝ホノリウスによってドナティストに対する厳しい法律が定められたり，ドナティストとの協議会がもたれたりした。アウグスティヌスの努力により開催されるに至ったこの協議会がカルタゴで行われ，カトリックとドナティストの司教が多数集まり，彼が親しかったマルケリウスというアフリカの地方長官の司会によって進められた。この協議会の翌年，412年に皇帝の勅令が制定されドナティスト運動は俗権によって制圧されることになった。

　そこで，この歴史上有名となったドナティスト論争という北アフリカの一種の国民的運動について歴史的にかつ思想的に考察してみたい。

---

　　1)　『詩編講解』XXXVI, Serm.3, 19; MPL36, 393.参照。
　　2)　『カトリック教会の一致』(405頃)，『ドナティストの文法学者クレコニウスに対して』(405-6)，『ドナティスト批判 ── またはアウグスティヌスの手紙185』(417) など。

第IX章　ドナティスト論争

1　ドナティスト論争の歴史的経過

ディオクレティアヌス帝のキリスト教に対する大迫害が起こったとき，聖書と洗礼や聖餐に使用する聖なる器とをローマの官憲に手渡すという，裏切り行為を行った司教が多数でてきた。そうした司教のうちの一人が，カルタゴの司教の就任に際して，任命のための按手礼に加わっていたということから問題が起こってきた。つまり，311年にカルタゴの司教メンスリウスが亡くなると，当時のハト派に属し，ローマの官憲と紛争を起こさず妥協していこうとする司教たちが三人ほど集まってカルタゴ教会の副司教であったカエキリアヌスを司教に任命した。この司教たちの中にアプトゥンガ出身のフェリックスという人物がいて，この人が聖書および聖器をローマの官憲に引き渡したと言われている。

ところが，これはそう言われているだけで，だれもその事実を確実に論証しているわけではない。そのことはアウグスティヌス自身も述べており，例えば『ドナティスト批判』の中でこう言っている。「じっさい，彼らは聖書の証言よりも自分たちの論争的主張を選んで提示している。というのはかつてのカルタゴ教会の司教カエキリアヌスに対する訴訟のときに，彼らは証拠だてることもできなかったし，現在もできないような起訴理由を彼に対して投げつけ，カトリック教会，つまり万民の統一から自分たちを分離させたのであるから」(『手紙』185, 1, 4)。

また次のように明白に証言されている。「カエキリアヌスが聖なる正典〔聖書〕を裏切った者によって叙階されたのかどうかわたしは知らない。わたしはそれを目撃していない。わたしはそれをただ彼の敵たちから聞いているにすぎない」(同1, 5)。

このように歴史的に言ってもカエキリアヌスが事実裏切り者の指導者によって叙任されたかどうかは確定できず，ただそのように言われているに過ぎない。このテキストにある「正典を裏切った者」については『洗礼論』の中でも語られており，諸正典の「引き渡し」(traditio) ということから「裏切者」(traditor) つまり「背教者」といわれるようになったと記されている (『洗礼論』7, 2, 3)。このことはディオクレティアヌス帝の迫害の時

にいかに裏切りが生じ、キリスト教からの離教が起こっていたかを示している。

さて、アフリカにおいては迫害以前でもキリスト教徒の間には政治的な対立があり、タカ派とハト派に分かれていた。タカ派のキリスト教徒は世俗の権威、つまり俗権に協力することには絶対的な拒否の態度をとったのに対し、ハト派は俗権との協力のもとに教会を維持して行こうと考えたようである。タカ派の人たちはどのような迫害にあっても決してキリスト教信仰を曲げず、信仰の告白をどこまでも貫き、かつ公に告白していくという姿勢を堅持した。そのため「告白者」(confessor) と称せられた。そのなかの殉教した者たちは「殉教者」と名付けられ、それを非常な誇りに思っていた。

また、このタカ派とハト派はドナティスト紛争以前においても分裂しており、例えば北アフリカにあった異教徒の神殿に対しても、一方は破壊的であり、他方はそのような行動がキリスト教を誤解させるという理由で、穏健な立場をとっていたようである。

303年のディオクレティアヌス帝による大迫害はやがて311年に発せられた寛容令によって終り、313年コンスタンティヌス大帝のミラノ勅令によってキリスト教が公認され、325年にニカイアの公会議が開かれてキリスト教が帝国の宗教として承認されるところまで発展していった。このような時期に先に述べたように、北アフリカ教会において一人の司教の就任をめぐって激しい対立が生じた。こうしてカエキリアヌスがカルタゴの司教に任命されると、312年にドナティスト派はそれに対抗する司教を立て、ヌミディア州の大司教マジョリヌス (Majorinus) をカルタゴ司教として立てた。この人の後任がドナトゥス (Donatus) という人物であり、この人の指導のもとに活動が展開したので、この分離派を「ドナティスト」(Donatistos) と称されるようになった。

ドナティストはこの対立の調停をコンスタンティヌス1世に願い出た[*3]。それに対し皇帝は313年に教皇メルキアデスに会議を開かせカエキリアヌスが正統であるとみなされた。さらに314年にはアルル教会会議が開かれ、

---

3) このことをアウグスティヌスは事あるごとに倦むことなくドナティストに想起させた。それはこの紛争が皇帝によって解決される問題であることを理解するように欲したからである。

再洗礼が禁止された。この会議の模様は『洗礼論』に詳しく述べられている。これに対してドナティストはコンスタンス帝に訴えたが、かえって指導者が追放されたりして弾圧を受けることになった。こうした皇帝の決定はカトリック教会の見解に従うものであったが、一時的に起こったユリアヌス帝の寛容政策の後には、ヴァレンティアヌス１世も厳罰をもって臨んだ。それでもドナティストの運動は激化の一途をたどり、403年に起きたバガイの司教マクシミリアヌスに対する加害行為は狂信化した姿を呈し*4、同司教はラヴェンナの宮廷でドナティストに対し厳罰を要求した。この要請に加え、ホノリウス帝は404年にカルタゴ会議の要請を受けて、厳罰と罰金刑および財産没収をともなった「ドナティスト統一令」を出した。その後ドナティストへの寛容政策もとられたが、それでも紛争は収まらず、寛容政策も後退せざるをえなかった。そこで、カルタゴで両派の協議会 Collatio の招集と開催がホノリウス帝の勅令で決められ、カトリックの文官マルケリヌスもカルタゴへ派遣され、411年には協議会が始まった。協議会の後に、マルケリヌスはドナティストの過ちを確定し、412年には「ドナティスト鎮圧令」が交付され、実施された*5。

　事実、北アフリカにおいては教会からの分離派が非常に勢力をふるっていた。アウグスティヌスが司教となったとき、北アフリカはすでに約85年間もドナティスト運動に巻きこまれていた。そしてヌミディア地方では三分の二がドナティストの教会であって、ヒッポの町はカトリックよりもドナティストの勢力の方がはるかに強かった。さらに、アウグスティヌスが亡くなった後、ヴァンダル族が北アフリカに入ってきて北アフリカを征服するに至るまで、カトリックとドナティストは同じ信仰をもちながらも、それぞれ別々の司教を立てて激しく対立するという事態が続き、やがてその対立がどろ沼化し、激烈なものとなっていった。と同時に、ドナティスト派はキプリアヌスという258年に殉教した司教の考え方に従って、裏切者の施したサクラメントは無効であるがゆえに、もう一度それを執行する必要があると説き、「再洗礼」を主張した。そして事実彼らはキプリアヌスにしたがい再洗礼を実行し、裏切者の行ったサクラメントが無効であるとみなした。だが、キプリアヌスとの最大の違いは、キプリアヌスが分離

　4）　このことに関しては後述する『手紙』185を参照。
　5）　罰金刑の内容に関しては新田一郎『キリスト教とローマ皇帝』（前出）198頁参照。

しないでカトリック教会の中に留まったのに対し，ドナティストたちは分離派となって別れていった点である。

彼らの行動は次第に過激となった。北アフリカ教会のタカ派たちがかつて異教の神殿を攻撃したのと同じように，今度はドナティストたちがバジリカ風のカトリックの教会堂に対して激しい攻撃をしかけるようになった。彼らは教会堂を破壊しただけでなく，人々に対しても危害を加えるようになった。その有様はアウグスティヌスによってさまざまに述べられているが，とくにドナティストたちの習慣化した行動は殉教者を特別扱いにし，自分が殉教者になるために殺されることさえ願ったり，それを強要したりした。それが受け入れられないと自ら絶壁から身を投げて自殺をするという暴挙も始終起こった。これは過激な一つの行動であるが，殉教者となることによって名声を博すという暴挙であり，また殉教者によって一種の宗教的ファナティズムが引き起こされた。

アウグスティヌス自身もあるときドナティストの伏兵に命をねらわれたが，道案内人が道を間違えたために命拾いしたと記されている[6]。もっともひどい実例はバガイの司教のマクシミリアヌスが受けた迫害であった。これは『ドナティスト批判』に詳しく記録されている。それは次に述べられているように殆ど殺人行為であるが，彼は奇跡的に一命をとりとめた。

「バガイの司教〔マクシミリアヌス〕について言うならば，彼が正規の裁判官のもとで各々の党派が主張を互いに述べたのち，彼の述べた見解がきっかけとなって，ドナティストは〔当地の〕大聖堂がカトリック教会のものであったので，そこに侵入し占拠した。そして彼らは，恐るべき暴力と残忍な狂暴にかられて，祭壇のところに立っていた彼に向かって突進し，棍棒やあらゆる種類の武器で彼に襲いかかり，ついに聖堂の祭壇を破壊してそこからもってきた木片でもって彼を残忍にも打ち倒した。彼らはまた短刀でもって彼の下腹を刺し通した。彼らがさらに加えた残忍な行為をもっても彼の生命を断つにいたらなかったとしても，刺された傷からほとばしり出た〔多量の〕血がきっと彼の生命を奪っていたことであろう。ところがそうならなかったのは，彼らがこのようなひどい傷を負った者をさらに地面の上で引きずり回

---

6) ポシディウス『聖アウグスティヌスの生涯』（前出）12章，45-46頁参照。

したとき，血の流れ出ている血管に塵がつまって血をとめたからである。血の流出は〔そのままにしていたらすぐにも〕彼を死へ追いやったであろう。それから，彼らがついに彼を捨て去ったので，わたしたちの仲間が賛美歌をうたいながら彼を連れ出そうと試みた。すると彼らは前よりももっと激烈な怒りに燃えて彼を運んでいた人たちの手から彼を奪い取った。そして彼らはある高い塔の中に彼を投げ込んだ」（『手紙』185, 7, 27）[*7]。

2　ドナティストの主張の要点とアウグスティヌスの反論

ドナティストの主張の要点　そこでわたしたちはドナティストの主張の主なるものを，① 教会の少数派性，② 教会の純粋性，③ サクラメント観からなる三つの点に要約して明らかにしておきたい。

　カトリック教会は全世界に及ぶ普遍的な教会を意味しているのに対し，ドナティスト教会は北アフリカだけで優勢であり，全世界的な規模ではなかった。ところで神の国はアフリカにあるというドナティストのアフリカ主義に対して，人々はそれではほんとうのカトリックではないと批判した。これに反論してドナティストたちは，神の業は個別的なものに集中している。つまり受肉は個別的なものに表れるのが受肉の原理である。したがって少数派がキリスト教の真理を保持しているのであって，多数派は現世と妥協する軟弱な立場をとっているにすぎないと説き，教会の神聖性はその統一性に勝っている，あるいはその唯一性に勝っていると考えた。彼らは教会は何よりも純粋で神聖でなければならないと強調した。とりわけノアの方舟の譬えを用いて方舟に入っていた人たちはわずか八名であった。このように少数派こそが真のキリスト教を代表しているものであると彼らは

　7）　続けて次のように記されている。「彼らは彼の生命がもう尽きたと思ってそうしたのであるが，彼はなお生きていた。しかし，彼は柔らかい土の上に落ちたが，多くの日を経たのちあのような絶望状態から回復した。ところがドナティストの犯罪行為によって彼が殺害されたという噂は海を越えて伝わっていた。その後，彼が海を越えて旅したとき，まったく予期していなかった彼の生存が明白になり，多くのまた大きな，さらに新しい傷痕を見ることによって，彼が死んだという噂が伝わったのも根拠がなかったのではないことが証明された」。

2 ドナティストの主張の要点とアウグスティヌスの反論

主張していた。

次にドナティストは教会がしみもしわもない純粋なものでなければならないと考えて自分たちの教会だけが神の宮であり，ほんとうの神聖さと純粋な礼拝を守っていると説いた。それに対しカトリック教会は背教者によって今や汚されており，不純なものになっていると彼らは考え，カトリック教会から分離し，カトリック教会を攻撃するに至った。

さらにドナティストによるとカトリックで行われているサクラメントは何ら価値をもたず，それはむしろ言語道断の冒神的行為である。このように考えてカルタゴ司教のみならず，ローマ司教でさえも，もし裏切り者との交わりを認めるならば，それはアンチ・クリストであると言って批判した。

これらのドナティストの主張に対してアウグスティヌスはどのように対処したのであろうか。

アウグスティヌスの反論　彼はまず何よりも彼らとの協議会における討論によって何らかの合意に達しようと努力した。そこで彼はアフリカの司教たちに働きかけ，411年に協議会を開催し，できるならばドナティストとの意見の一致に至るように話し合いたいと考えた。そのさい彼は上記のドナティストの論点を次のように説いている。

教会の少数派というのはドナティストたちが主張するアフリカという土地の局地性という問題である。アフリカの土地にだけ教会が限定されるのは間違いである。というのはマタイ福音書第13章の天国の比喩の中で主は毒麦の譬えを話されて，たとえ間違った人がいても「最後の審判に先立って裁いてはいけない。収穫の日までそのままにしておくべきだ」と述べているからである。この主の考えによってアウグスティヌスはたとえ現在の教会の中に裏切者がいるとしても，それだけの理由で教会から分離し，教会を分裂させるのは許しがたい。教会はコルプス・ペルミックストゥム (corpus permixtum) つまりさまざまな人が混合した共同体なのである。このように彼は主張した。とくにドナティストの言うノアの方舟の8人というのはアウグスティヌスに言わせると，それは霊的な心をもった聖徒の数であり，確かにそれは少数であるが，現実の教会は多数の人々が混同しており，ちょうどノアの方舟の中で人々が理性をもたない動物の仲間たちと

共にいて，その悪臭に耐えていたように，もし外へ出て溺死を免れたかったなら，たとえ問題があっても教会の中に止まるべきである，と主張してきた（『洗礼論』V, 28, 39; VI, 40, 78）。

次の教会の純粋性に関しては裏切者との交わりが問題である。教会の交わりが裏切者の罪によって汚染されるとドナティストは主張するが，教会を裏切った背教者との交わりがカトリック教会を汚すことはない。つまり背教者と交際することによって背教の罪を教会が負うことにはならないと彼は力説した。現実の教会はその中に毒麦がともに育った畑のようなものであって，善人と悪人とが混合した共同体であると彼は言う。したがって背教者によって教会が汚されるというのはドナティストだけの偏見にすぎない。どこまでもそれに固執するところに異端者の特質があると述べている[8]。

第三の問題はサクラメント（秘蹟，聖礼典）に関するものである。サクラメントはそれを通して神が恩恵を施す手段であって，それがどういう人を通して授与されようと問題にならない。問題はサクラメントを通してその人が新しくされるということであって，それを媒介する聖職者は，たとえ過ちを犯した人であっても，サクラメントそのものを汚すことにはならない，と彼は主張する。また再洗礼の問題については，洗礼それ自体は聖なるものであって，それは一度授けられると，たとえ人がそれに従わなくてもそれ自体は聖性を保っており，有効な結果が得られないとしても，サクラメントとその働きとは厳密に区別されなければならない。それゆえ再洗礼は必要ではないことが強調された。

サクラメントと再洗礼の問題　このサクラメントの問題はとりわけ『洗礼論』において徹底的に論じられた。この全7巻から成る大著の中でアウグスティヌスが特に強調している点をいくつか取り上げて補足しておきたい。先ずキプリアヌスの考えに従い，彼は「教会の外に救いはない」(salus extra ecclesiam non est) ということばを引用して，教会の中にあると

8）たとえば彼はその問題にふれて『パルメニアヌスの手紙批判』(400) という書物において「全世界はそれは何の問題もない」と裁くと言い，さらに異端というのは次の特色をもっていると言う。すなわち「他のすべての人々にとり全く明確であることを洞察できない」ということに異端者のすべてに共通する特徴がある，と言っている（『パルメニアヌスの手紙批判』III, 24; II, 5）。

いうことは，サクラメントが有効に働くということであって，教会の外にいると結局それは有効な働きをもたないと解釈する（『洗礼論』IV, 17, 24）。サクラメントとその使用，サクラメントとその働きとを区別すること，これがこの著作を通して一貫して論究されている主題である。

したがってドナティストの問題は，任職や洗礼などのサクラメントが，授与する聖職者の人格に依存するか否か，ということに起因する。アウグスティヌスは『洗礼論』のなかで異端者が有効な洗礼を授けることができるか否かを問題にする。その回答は教皇ステファヌスによってその有効性が認められたことでなされる[*9]。それゆえ，アウグスティヌスの見解を要約すると「洗礼の問題についてわたしたちが考えるべきことは，誰が授けるかではなく，何を授けるかであり，誰が受けるかではなく，何を受けるかである。誰がもっているかではなく，何をもっているかである」ということになる。したがってサクラメントはそれ自体聖なるものであって人によらない。これは恩恵を絶対的に重要視する彼の主張からの当然の帰結といえるが，ここから中世のスコラ神学で説かれたサクラメントの効力は「事効」(ex opere operato) であって，「人効」(ex opere operantis) ではないという客観主義が生まれた。

ところがそのさい問題なのは，その働きが有益であるか，それとも無益で終るか，ということである。救いに役立つ場合は有益であり，救いに役立たない場合は無益であるが，彼によると教会の外に出た分離派の人たちにおいては，それが有効ではない。なぜならば，そこには教会を一つにする愛が欠けており，分離という分裂が考えられているからである。彼は教会の本質を愛の統一に見ており，分離を誤りであるとみなしている。

さて，このサクラメントの内容は単なる洗礼における水でも聖餐におけるパンとぶどう酒という物素にあるのではなく，福音のことば，すなわち救いのことばが，そこでは働いていると彼は考える。したがって『洗礼論』においても福音のことばが加わって初めて，洗礼は異教徒のさまざまな宗教の中にある洗礼とはちがった「キリスト教の洗礼」という形で聖別される。その聖別によりそれを受けた人が信仰によってそれを授けられると必ず罪のゆるしを得，その結果よいものへと変えられてゆく。そしてこのよ

---

9) この点は『洗礼論』V, 23, 31; 25, 36; VI, 15, 24-5 で検討されている。

いものに変えられるのはそれは物素に対して神のことばが働いて，それが単なる水ではなくて活ける水として注がれるからであると考えられた。この点が『ヨハネ福音書講解』においてきわめて詳しく，またきわめて明解に論じられている。その中で「御言葉がエレメント(element)，すなわち物素に加えられると，それはサクラメントになる」（『ヨハネ福音書講解』80, 3），といわれていて，これが後にルターが『大教理問答書』で引用しているように，性質の変化がそこにあると考えられている[*10]。そして性質の変化を起こしたサクラメントの物素が，たとえば洗礼の場合水が注がれると，罪のゆるしと新しい生をもたらすようになって，そこに有効性が見られると考えられた。そのさい，それはもちろん信仰によって受けられなければならないということが強調された。こうして新しく生まれた者たちは『洗礼論』においては「聖徒の数」に入れられるという。そこでは予定された聖徒の確定された数が問題になり，カトリック教会の中だけでなく，分離派の人々の中にもその数の中に入れられる人たちが含まれている点が認められている。しかし，その数に入るのは実は教会の中心の存在（つまり聖人）であって，その周辺には無数の群衆がおり，その中には心においてカトリック教会と分離している者もいる。ところで，実際には分離派となって身体的にも分かたれている人はさらに教会から遠くあるということになる（『洗礼論』VI, 5, 7）。このように現実の教会が毒麦をも含んだ混合した共同体であることをアウグスティヌスはこの『洗礼論』において強調した。

3　俗権論にあらわれた政治思想

次にドナティスト論争における政治との関連について，つまり俗権論について考えてみたい。アウグスティヌスは俗権である現世の主権に対してどのような態度をとっていたのであろうか。一般には最初彼は現世の主権が教会に介入することを否定していたけれども，やがてそれを肯定するようになったといわれる。確かに404年に皇帝の勅令が出て，411年に実際の弾

---

10) Martim Luther, Weimarer Ausgabe, 30-1, 214. Clemen Ausgabe, Bd.4, 81, 6-10参照。

圧政策が強行されたために，アウグスティヌスの思想も変化していることは事実である。しかしながらその場合でも404年の勅令が出る前からアウグスティヌスは罰金とか財産を没収するとかいう脅迫のもとに，ドナティストたちをカトリックに帰還させることに賛成していなかった。それは第一に，そのようにしてドナティストたちがカトリックに還ってきても単に偽善的な回心を生むだけであると考えられ，第二にその結果ドナティストのテロ行為が激増するのではなかろうかと恐れられ，第三にテロ行為といわなくてもドナティストたちが強い弾圧のもとに熱狂的な殉教を願って益々自殺することが起こりはしないかと懸念された。第四にカトリックに対する憎悪が増してくると考えてアウグスティヌスは強権発動を得策とは思っていなかった。

ところが404年にその発令が出て，いくつかの協議会がもたれ，カトリックとドナティストとの合同問題が論議されたが，412年の強制策の実践によって多くの人がやはり罰金とか，財産を奪われることが恐くて，カトリックに帰還することになった。この実際的な成果を見てアウグスティヌスはやはり俗権のもっている力を認めざるを得なかった。

だが司教たちの中にはそのような強制的なカトリックへの改宗というのは，結果的にはよくないという批判が出てきて，アウグスティヌスは今までとは反対に，その強行策が意味を持っているということを弁護せざるを得なくなってきた。そのために412年以後に書かれた著作においては，現世の主権が権力をもってカトリックに介入してくることの意義を考えるようになった。

ところが俗権の強権発動がアウグスティヌスによって肯定的に考えられてくると，異端に対して苛酷な法令をもって臨むということが正当化されてしまい，そのため16世紀のプロテスタント，さらにはカトリックの宗教弾圧政策にそれが反映してくる。あたかもハイジャックの犯人や麻薬の密売人を抹殺することによってのみ，除去できるというような信念が，その後アウグスティヌスの権威をもって認められるということが起こった。

カルヴァンはセルベトを火刑に処し，もちろんその前にカトリックはサヴォナローラを火刑にしたし，フランスのユグノー教徒に対するカトリックの弾圧はナントの勅令に至るまで強行策と弾圧がなされた。そのさいにアウグスティヌスがやはり彼らの行動を支持する根拠になったところに問

題があろうかと思う。

　そこで『ドナティスト批判』(417) の中で彼が述べている点を少し紹介してみよう。この書簡体の論文は当時の護民官であったボニファティウスに宛てたものである。ボニファティウスという人はヴァンダル族が北アフリカを蹂躙したとき政治的に重要な役割を演じる人物であるが，アウグスティヌスはドナティストに対し彼がいかに対処すべきかを語っている。先ず，主イエス・キリストの行動には強制的な力をもって人々を導くという要素が認められるという。その第一の例として挙げているのがパウロの回心であり，それは単にことばではなく，力をもってパウロをダマスコ途上で投げ倒すということが起こったことを指している。このときキリストはまずパウロに対して強制してから，その後に教えている。最初に打ち倒し，その後に慰めている。そしてあのルカ福音書14章23節にある「道や垣根のあたりに行って誰でも見つけしだい無理に連れてきなさい」ということばの中に強制連行ということがイエスにおいて認められた。最初の人たちは招かれた人たちであるが，それでもあの盛大な晩餐会に人が満たされなかった。そこで，主は垣根のあたりに行って無理やりに人々を強制連行してきなさいと言っている。ここが聖書的な出典となってよく引用された。そこにある「垣根」というのは垣根によって家が分けられ他の家と区別されている。この区別するというのは分離することであって，分離派は垣根にしがみついて離れないとアウグスティヌスは考える。そこでこの分離派のところに行って強制的にカトリック教会という家の中へと連行してきなさいと解釈された（『手紙』185, 6, 21-4）。

　ところが，アウグスティヌスが初めからそういう考え方をもっていなかったことをこの『ドナティスト批判』は明らかにしている。彼は法令が出されることを最初願ったのは，異端そのものが根絶されるように願ったのではなく，むしろドナティストの荒れ狂う暴力からカトリック教会を守るためであった。ところが既述のマクシミリアヌスという司教が暴行を受けて半死半生のまま捨てられるという大事件が起きた。アウグスティヌスもカトリック教会の保護を皇帝に願おうとしたさなかにこの事件が起き，マクシミリアヌスが皇帝に直訴し，「ドナティスト鎮圧令」が出された。しかし，404年その法令が発令されてからアウグスティヌスの態度が少し変わってきて，不敬虔な誤謬を徹底的に是正し，ドナティストたちの荒れ狂

う暴挙を制限するだけではなくて，むしろ恐怖と強制をもってしてもカトリック教会へと復帰させるほうが良いと考えるようになった。この法令は412年に実行に移され，ドナティストたちのカトリック教会への復帰が実現することによって益々確信されるようになった[11]。

　この417年に出た『ドナティスト批判』以前において彼はどのように考えていたかを次に明らかにしなければならない。『ペティリアヌスの手紙批判』（400-02）という書物においても，信仰は意志に反し強制されてはならないと言いながらも，苦しみの天罰や罪の恐れなどによって裏切り行為が正されるのが当然であるという考え方もやはり最初からみられる。そして自ら進んで自分自身の生活を改めるのが，いちばん正しいことである。しかし，親がこどもを導く場合には自分のこどもの傾向に相反してでも，鞭打って導くことが必要である。神によって人を導く任務がわたしたちには与えられているのであるから，そういう指導もまた必要であると語られている。つまり一方においては人々の自由意志を尊重しながらも，他方においては鞭や強制もやはり必要であると認めるわけである。しかしそれはあくまでも警告するためであり，決して罰によって人々を導こうとする強制を，そのときは考えていたのではない。だから彼は『手紙185』で示されているように，ドナティストたちを迫害するためではなく，カトリック教徒たちを彼らの暴力の不法行為から保護するためにこのような措置を執るべきだと繰り返し主張した（『手紙』185）。とりわけ「放浪修道士団」(circumcelliones) と呼ばれた人たちの暴力行為はあまりに酷く，その暴挙が法令発令の要請となった，と語られている[12]。しかし，アウグスティヌスの考え方は主として「勧告と教育」によって指導する基本姿勢を維持していた。人々の自由を重んじることが彼の態度であった。だが，強制による連行というあのルカ福音書の14章23節のことばは重大な意味をもっ

---

11) ここでの叙述は『ドナティスト批判 —— またはアウグスティヌスの手紙185』（417）の25節による。
12) 新田一郎，前掲書，「キルクムケリオーネスの運動」197-209頁参照。これによると，この circumcelliones という名称はもともと「納屋を巡る者」の意味で，アウグスティヌスが命名したようであるが，生活の糧を求めて農家の納屋に群がる放浪者をいう。彼らはヌミディア地方の農民層で，殉教者を崇拝する宗教性をもっていた。ドナティストでもあったティコニウスは彼らを「自らの魂の救済のためさまざまな地を遍歴し，聖なる墓を訪れる」巡礼者と言っている。それゆえアウグスティヌスの解釈は一面的であると批判される。

ていた。それは404年に法令が出て412年に実行された時点において明白になった。「強いて連れてきなさい」といわれる場合，強制が外的に行われ，—— 意志はその人の内において起こると言い訳して —— 強制的な弾圧策を認めるようになった。「単に招くだけではない。強制しなくてはいけない」こういった背景にはカトリック教会が初代の信仰の小集団の段階から発展してキリスト教皇帝を戴くようになり，アウグスティヌスの時代にはカトリックの教会が実際テオドシウス皇帝のおかげで権力をもつに至ったことが認められるし，アウグスティヌス自身もそのように述べている。このように権力をもつに至った。だが，権力をもったからといって，何をしてもいいということにはならない。この416年に書かれた『ヨハネの手紙講解』の中においても「愛しなさい。そしてあなたの欲するところをしなさい」というあの有名なことばが記されている。しかし，それは何をしてもよいというのではなく，愛の根から出た行為にあなたはよく注意するように，行為が愛の根から出たものであるようにしなさいと説かれた。それゆえ叱責するにせよ，ムチを打つにせよ，外面的にはそのような行為をしても，心の中では深い愛に基づいて行なわなければならないと説かれた。つまりどのような業をなす時にもその心の一番の根である愛に注目しなさいと言っている[13]。

　このような事情を勘案してみると，アウグスティヌスのことばがその後強制を意味し勧めているものとして理解されるようになるのは正しくなく，むしろ誤解であると言わなければならない。確かにこのヒッポの町も強権発動によってカトリック教会は少数派から多数派に変わったわけである。アウグスティヌスは人々を誤謬の中にそのまま放置しておくことはよくない，強制してでも良い方向へ導くことが必要であると考えるように変わってきている。しかしその思想の根本においては，ちょうど父が子どもに愛の鞭をふるうように，父の心をもってする行為をその場合には考えていた。したがっていかなる場合にあってもたとえドナティストが人々を殺

---

13) 「人々の行動は愛の根にもとづいてのみ見定められねばならない，と私たちが主張していることに注意してほしい。外見は良く見えても愛の根から生じていない多くのことが行われている。……したがって短く単純な戒めが決定的にあなたがたに与えられる。愛せよ。そしてあなたの欲することをなせ。……愛の根があなたのうちにあるように。そうすればその根から善のみが生じることができる」(『ヨハネの手紙講解』VII, 8)。

3　俗権論にあらわれた政治思想

害する行為を犯した場合でも決して死刑のような極刑を科してはならない，とアウグスティヌスは訴えたのであった。これをみても分かるように彼は明らかに子どもを叱責する父の態度を最後まで持していた。

　アウグスティヌスの時代はキリスト教と国家，教会と国家が大きな問題となってきた時である。コンスタンティヌス帝以来教会と国家とは新しい関係に入ってきた。そして君主は義務として教会の治安を維持することが重要な課題と考えられるようになった。したがってアウグスティヌスも単に俗権を否定しているのではなく，俗権のもっている有効性，その価値を十分認め，しかしあくまでも愛によってそれを行使することが最も大切である，と説いたのである。それゆえ俗権は強制を単なる支配の手段としてはならないと言ったのであって，後の人たちがアウグスティヌスを利用して宗教上の弾圧を行った俗権論とは本質的に相違していると言うべきである。

　とはいえドナティスト運動はローマに対決する北アフリカの民族的自立ともからむ複雑な様相を呈していた。だからドナティストの暴動に対し愛を説くアウグスティヌスでも国家権力にその鎮圧を要請せざるを得なかったし，彼自身死の危険にもさらされるほど彼らの行動は狂暴なものであった。

第 X 章

ペラギウス派論争

はじめに

410年アラリックのひきいる西ゴート族が「永遠の都」ローマに侵入し略奪した事件は，西洋史のエポックを画する事件であった。永遠の都が没落にいたった原因がキリスト教徒とその宗教とに帰せられたのに対し，アウグスティヌスは『神の国』をあらわして護教家として活躍したが，ローマの没落はまたペラギウス論争を併発させることになった。ゴート族によるローマ劫掠の翌年の春に，その難を避けてペラギウスもカエレスティウスもローマを去り，北アフリカに移っており，あいついでアウグスティヌスが司教であったヒッポを訪ねている。その当時北アフリカの教会はドナティストとの論争に巻き込まれていて，ヒッポの町も410年8月25日に皇帝によって開催を命じられたドナティストとの協議会を準備することに追われ，両人の到着に注意しなかったし，アウグスティヌス自身もヒッポを離れてカルタゴに行っていた。その後，ペラギウスが彼に手紙で無事アフリカに到着したことを知らせたのに対して，彼は丁重にしかも用心深く返事をしている（『手紙』146）。彼が実際ペラギウスに会ったのはカルタゴにおいてであった。二人が出会ってどんな印象を互いにもったであろうか。ペラギウスはアウグスティヌスから手紙をもらったことがあり，その初期の著作『自由意志』にも共感していたのであるが，彼の面前である司教が『告白』第10巻にしるされているアウグスティヌスの有名な祈り，「あなたの命じるものを与えたまえ，そしてあなたの欲するものを命じたまえ」を述べたとき，彼は忍耐できず，激憤せんばかりであった（『堅忍の賜物』20, 53 参照）[*1]。道徳的に深刻は腐敗現象を露呈していた当時の世相に対しペラギウスは教養ある平信徒として大きな影響をもつようになり，人間

の自然本性を自己開発力によって良い状態へと導こうとした。このような道徳主義者ペラギウスは何かを乞い求める祈りなどは行わない。祈るのは神に感謝するため，しかも助力を求めてではなく，自由意志の力によって実現された行為に対する感謝のためである。したがって，彼はアウグスティヌスの精神的発展を理解しないで，かえって道徳的に堕落していると考えたから，そのような態度をとったのであろう。他方，アウグスティヌスの方はペラギウスがある会話のなかで，幼児洗礼は罪の赦しのためではなく，キリストにおいて聖化されるためだと，あたかも吐きだすように彼が主張しているのを聞いて，驚いている（『説教』167参照）。

アウグスティヌスとペラギウス派との論争はキリスト教史上画期的意義をもち，キリスト教の中心的教えである「罪と恩恵」の教義がこれにより明確に確立された。アウグスティヌスは中期から晩年にかけてほぼ10年間にわたって三位一体や，創造論，また魂の起源といった深淵的ではあるが，高度に思弁的な議論に携わってきた。ところがペラギウス主義の挑戦によって彼が直面した問題は，キリスト教の「最も確かに基礎づけられた信仰」(fundatissima fides) に直に関係するものであった（『手紙』166, 25）。この論争から彼が確立した恩恵学説はその後の歴史にとって計り知れない意義をもったがゆえに，彼は「恩恵の博士」(doctor gratiae) と呼ばれた。

そこでペラギウスとアウグスティヌスとの共通点と相違点とをその出会いから論じて，この論争の歴史を問題にしたい。わたしたちはまずペラギウスとペラギウス主義の特徴を概観し，ペラギウス論争の経過を通観しながらこの論争の意義を考えてみよう。

---

1) ここにある「ある司教」というのはノラの司教パウリヌスであると思われる。ペラギウスにはこのような祈りは神に個人に対し依怙贔屓をするように求めるがゆえに，律法を授ける神の大いなる権能を犯す不敬虔と思われたであろう。とくに病人に対する癒しなど必要ないというのが彼の意見であった (De nat. et gratia, 21, 23)。ブラウン『アウグスティヌス伝』下巻，69頁参照。ペラギウスは人間を完全に独立した個人において常に考えている。それに対しアウグスティヌスは『告白』第4巻の最初に記されているように神によって養われる「乳飲み子」において「人間としての人間」を捉えている（『告白』IV, 1, 1）。

1 ペラギウスとペラギウス主義

ペラギウスは4世紀の中頃，ブリテン（イギリス）にキリスト信徒の両親のもとに生まれた。彼の生まれ故郷がアイルランドかそれともスコットランドであるかはいまだ決着がついていない。ブリテンで学校教育を受けてから380年ごろローマにきて法律学を勉強した。当時の慣習にしたがって彼は幼児洗礼を受けていなかったが，ローマで受洗の決心をし，同時にキリスト教の生活にふさわしい義務を真面目に実践した。彼は極端な禁欲主義者ではなかったが，道徳的にきわめて謹厳であった。なお，よく間違って主張されるような修道士ではなく，平信徒であった。つまり彼は世俗の人であった。一般的に言うとローマの信者たちには良心のよき指導者であって，きびしいが立派な人物と思われていた。アウグスティヌスもペラギウスについて人々から聞いているところを伝え，「彼は聖なる人の一人で，宗教的に少なからず精進したキリスト者の一人である」（『罪の報いと赦し』III, 1, 1）と言い，「善良で称賛されている人」（同 III, 3, 5）とみなしている。

ペラギウスとアウグスティヌスとは共通点が多い。二人とも地方出身で，同じころ，イタリアに来た。アウグスティヌスのイタリア滞在は四年間であったが，ペラギウスはローマに滞在し続けた。前者は4年間信徒の生活をしたが，後者は30年間以上平信徒のままであった。しかし，相違点もいちじるしい。アウグスティヌスが地方の町で牧会と知的活動とからなる孤独な生活を送ったのに対し，ペラギウスはローマにあって平信徒を指導し，弟子を養成し，教養社会において華々しく活動した。そして両者の思想における対立は決定的なものであった。

ペラギウスはローマで平信徒を指導している間に数冊の書物を書いた。『三位一体の信仰』(De fide Trinitatis) 3巻，『聖書選釈1巻』(Eclogarum ex divinis Scripturisunum liber unus)，『聖パウロの手紙注解』(Commentarii in epistulas S. Pauli) のうち前二者は散逸し現在残っていないが，最後のものはヒエロニュムスの著作に入れられながらも，今日残っている[*2]。彼は『自然について』（アウグスティヌス『自然と恩恵』からの抜粋，414）で人

間の本性に内在する基礎的な可能性を支持し，人は神の創造によって生まれ，神の戒めにしたがって生き，罪なしに生きうる可能性を説いている。また『自由意志論』（アウグスティヌス『キリストの恩恵』からの抜粋）でこの思想はさらに発展する。自由意志は創造という善でも悪でもない中立的な状態において人間に植え付けられた根本(radix)であると説かれる。

　これらの著作が彼の作品のなかで最もすぐれたもので，これにより彼の名声はにわかに高まった。ペラギウスは言論と書物により自分の思想を宣伝したのであるが，彼は当時の頽廃した道徳に対決し，真剣にキリスト教徒たることを，しかもすべてのキリスト教徒の守るべき神の戒めにしたがう生活を力説したのである。彼は両親の心配をかえりみず，現世的栄達の道を捨て，禁欲生活と自己吟味の生を開始した点にも，彼の道徳的謹厳さは知られよう。そして教養ある異教徒のみならず，教会にも多大の影響を与え，多くの信奉者と支持者とをもつにいたった。

　この点でデメトリアスに宛てた手紙が彼の思想をよく言い表している[*3]。彼女はローマの貴婦人で14歳のとき，修道女となるために政略結婚の有力候補を捨てて禁欲生活を送った。これを支援すべくペラギウスが彼女に宛てた手紙には彼の教えの核心が述べられている。彼の使信は単純で明解である。「道徳的完成は人間にとって可能であるがゆえに，義務とすべきである」。彼によると人間の自然本性はそのような完成にいたることができるように神から創造されている。神は人間にできないことを求めているのではない。「わたしは道徳的行動の規則と聖なる生活について語らねば

---

　2)　その他の彼の著作は『ファラオの心の頑なさ』『ヨブ記の行間注記』『キリスト教的生活』『デメトリアスへの手紙』『神の律法』『処女についての手紙』『マルケラへの手紙』『ラケンティアへの手紙』『信仰についての小冊子』『証言の書』『愛について』『リワニアへの手紙』（アウグスティヌス『ペラギウスの訴訟議事』からの抜粋）『イノケンティウスへの手紙』（アウグスティヌス『キリストの恩恵』からの抜粋）「友への手紙」（アウグスティヌス前掲書からの抜粋）「弟子たちへの手紙」（アウグスティヌス『原罪』からの抜粋）「ウインドボネンシア断片」が残っている。

　3)　『デメトリアスへの手紙』には彼の人間学が説かれている。「本性的な健全性」は各人に生具的に備わっており，魂の中枢において善悪の判断をするように管理している（4章）。この本性の中には選択の可能性における強制するような悪徳は見いだされない（8章）。罪の習慣から本性の中に入ってきた暗黒は神の恩恵によって克服された。この恩恵はキリスト以前には神の律法であり，次はキリスト自身の模範である。童貞は義認の生活の中に入ってきており，万人に求められるものを超えている。だがそのために教育されることは可能であり，童貞によって特別な報酬が期待される。

ならないときはいつでも，まず第一に人間の自然本性の力と性質とを指摘し，それが何をなしうるかを示し，聴く人の心に徳を呼び起こすのです」[*4]。これを見ても知られるように彼は当時の教養階級にあって道徳的に厳格な禁欲主義者であった。つまり人間には道徳的完成が義務づけられており，そのため神は無条件の服従を求めている，と考えられている。

　ローマ世界の悲惨な出来事を経験した人たちにはペラギウス主義はキリスト教会を全面的に方向転換させる改革を意図しているように見えた。ペラギウスはすべてのキリスト教徒に修道士となるように求めた。実は，アウグスティヌスもタガステの地に退いたときには同じ理想に燃えていたはずであった。しかし，ペラギウスの急進主義はカルタゴの司教アウレリウスやアウグスティヌスまたアリピウスによって修正させられた。それはローマの攻略を前にして北アフリカに移住してきたメラニアとピニアヌスという大富豪に対する態度を見るとよく分かる。ペラギウスはこの世と完全に断絶するように彼らを導いたのに反して，アフリカの司教たちは彼らのアフリカの財産を教会に寄進するように説いた。彼らはこれにしたがって自分の永代所有地をカトリックの修道院に寄付した。ここにペラギウスの急進的な改革志向に反対するアフリカの司教たちの姿勢が明らかである。これはローマ帝国内の平均的な善良なカトリック平信徒の姿勢であった。ペラギウス派はそのような微温的な傾向に批判的であったが，カトリック教会は反体制の急進派から体制内改革の穏健派に転向する傾向もあって，そこにペラギウス論争の社会的な背景が示されている[*5]。

　ペラギウスの信奉者のなかにローマで弁護士をしていたカエレスティウスがいた。彼はカムパニアの生まれで，イタリアの貴族の出身であった。彼はペラギウスの影響を受けて，世をすて，修道院の生活を憧れ，事実，禁欲生活に入り，ペラギウスの実践を裏づけるためにするどい理論をもって彼に協力した[*6]。したがってペラギウス主義は二人の合作という傾向を

---

4) ペラギウス『デメトリアスへの手紙』第2章
5) ブラウン，前掲訳書，73-74頁参照。
6) カエレスティウスの著作には『罪の遺伝説批判』(Contra traduccm peccati) があり，そこには七箇条の間違った命題が邪説であると訴えられた。411年，カルタゴの教会会議に召喚されたカエレスティウスは，自説の撤回を拒否したため，その教説は邪説であると宣告され，司祭への希望もくじかれた。そこで彼は北アフリカを去り，416年エペソスに行って司祭の仲間に加えられ，彼の思想は次第に広まった。こうしてペラギウス主義はカルタゴか

もっている。なお，この二人がカルタゴ教会会議で破門になったのち，この判決に抗議して立ちあがった人々のなかにエクラヌムの司教ユリアヌスがいた。アウグスティヌスはこの人といっそう激しく対決することになった*7。しかし，このユリアヌスの死をもってペラギウス論争はいちおう終結に達する。そこでペラギウス主義の思想上の特質を述べる前に，論争の経過の概略を述べておきたい。

2 ペラギウス派論争の経過

ペラギウスとカエレスティウスがローマの教養ある知的なサークルで活躍している間は問題は起こらなかったが，ローマが攻略された後アフリカに彼らが移ってきて，カトリック教会の機構に積極的に入ろうとしたときに，大きな論争が巻き起こった。

ペラギウスはカルタゴに長くとどまらないで，パレスチナに向かった。これに反し，カエレスティウスはカルタゴで司祭になりたい希望をもっていた。これを知ったミラノの助祭パウリヌス —— 彼はアンブロシウスの伝記のための資料調査に北アフリカを訪ねていた —— は司教アウレリウスに手紙を送ってカエレスティウスの著作『罪の遺伝説批判』(Contra traduccm peccati) には七箇条の間違った命題があり，それが邪説であると訴えた。マリウス・メルカトルがしるしている提訴箇条は次の7箇条である。

(1) アダムは死すべきものとして創造されたので，罪を犯さなくても死んだであろう。

(2) アダムの罪はただ彼だけにわざわいとなったのであって，人類には

ら離れてシケリアやガリアさらに小アジアに広まって行った。彼はエペソスからコンスタンティノポリスに移り，417年ごろふたたびローマに現われている。さらに『カエレスティウスの定義集』という小冊子が現れ，アウグスティヌスによって批判された。ここでの思想は教皇イノケンティウス一世によって断罪された。彼は次の教皇ゾシムスに働きかけてローマで暫く名誉を回復されるが，418年のカルタゴ教会会議で異端として宣告される。最後の記録としてはコンスタンティノポリスでユリアヌスのグループに彼が加わっていたことが記されている。しかし，そこからも追放されている。431年エペソスの会議で断罪されたことが記録に残っている。

7) ユリアヌスとの論争に関しては本章第3節とアウグスティヌス『ユリアヌス駁論』金子晴勇訳，教文館「著作集第30巻」の「解説」を参照されたい。

には及ばない。
(3) 生まれたばかりの赤子は堕罪以前のアダムと同じ状態にある。
(4) 幼児は洗礼を受けなくても，永生をもつ。
(5) 人類はアダムの罪と死によって死ぬのでもなく，キリストの復活によって甦るのでもない。
(6) モーセ律法は福音と同じく天国へ導く力がある。
(7) キリスト降誕以前にも罪のない人がいた[*8]。

411年，カルタゴの教会会議に召喚されたカエレスティウスは，自説の撤回を拒否したため，その教説は邪説であると宣告され，司祭への希望もくじかれた。そこで彼は北アフリカを去り，エペソスに行って司祭となった。アウグスティヌスがペラギウス論争に加わったのはこの会議からである[*9]。

その頃スペインの若い司祭オロシウスが自国の異端問題について相談するためアウグスティヌスをヒッポに訪ねた。アウグスティヌスはこの有能な青年をさらにヒエロニュムスのところに遣わし，同時にペラギウスの行動を監視させた。ペラギウスはパレスチナのエルサレムで司教ヨハンネスと親交を得，その庇護のもとにあったが，オロシウスに異端として問責され，ディオスポリスにおける教会会議で二回にわたって訊問されたが，アウグスティヌスによるとたくみな言い逃れとカエレスティウスへの責任転嫁によって無罪となった[*10]。

---

8) メルカトル「カエレスティウスの訴訟に関する備忘録」Ⅱ，5 なお，アウグスティヌス『ペラギウスの訴訟議事』11・23，『キリストの恩恵と原罪』Ⅱ，11，12 参照。なお同Ⅱ，3，3-4，3にはパウリストとカエレスティウスとの教会会議における討論の状況が紹介されている。

9) 412年に友人であり政治家として有力な指導者であったマルケルリヌスが教会が直面している問題についてアウグスティヌスの見解を求めてきた。それに答えたのが，『罪の報いと赦し』全3巻であり，ペラギウス派駁論集の第一作である。この著作を読んでマルケルリヌスが新たな質問を彼に提出した。これに答えたのが『霊と文字』である。同じころ，ペラギウスの弟子たち，ティマシウスとヤコブスの二人からアウグスティヌスはペラギウスの著作『自然について』(De natura) を入手し，これを批判する書『自然と恩恵』を書いた。415年ごろスペインの司教エウトロピウスとパウルスが『カエレスティウスの定義集』(Definitiones Caelestii) をアウグスティヌスのところに送って来た。これに答えて『人間の義の完成』が書かれた。

10) この会議の経過はアウグスティヌスの『ペラギウスの訴訟議事』によって知られる。この会議では同時代人のペラギウスに関する態度が彼の発言に基づいて判断されており，異端問題に関しては彼が伝統的な教義に違反していない点だけが審議されている。それゆえに

アフリカではこの知らせに驚き，ペラギウスが教皇に訴えてアフリカ教会会議の決定が教皇によって撤回されることを恐れた。そこで416年，69人の司教が集まってアウレリウスを議長とする教会会議が開かれ，411年のカルタゴ会議の決定を確認した。また，アウグスティヌスが所属するヌミディア大管区でも59人の司教が集まり，ペラギウス説を邪説とした。そして両会議とも教皇イノケンティウス1世に手紙を送ってその裁可を求めた。

教皇はこれら教会会議の決議に答えてペラギウスとカエレスティウスとが原罪と恩恵のカトリックの教義を否認しているのなら，教会の交わりからのぞくと言明した。しかし，教皇はこの破門宣言の後，しばらくして死去した（417年3月）。後継者のゾシムスはギリシア生まれであったため，東方教会で援助を受けていたペラギウスとカエレスティウスは新教皇に対し自己の名誉と地位とを回復する運動をはじめた。まず，カエレスティウスはカトリック教会の教義に対する信仰告白を新教皇に提出し，訊問をうけ，無罪とされた。他方，ペラギウスは416年に現在は散逸してしまった『自由意志論』(De libero arbitrio) 全4巻を書きあげ，自説に修正を加え，信仰告白とともに前教皇あてにローマに送った。これを受けとった新教皇はペラギウスもカトリックの教義から逸脱していないと判断し，それをアフリカの司教たちに伝えた。この知らせを受けたアフリカの司教たちは緊急司教区会議を開いて，ペラギウスとカエレスティウスに対する処置の撤回を求めた。ゾシムスもこれにゆずり，教皇の命令による教会会議をカルタゴで開くことを決意した。有名なこの会議は418年5月1日200名の司教の参加によって開かれ，罪と恩恵に関するカトリックの教義を確認し，それにもとづいてペラギウス主義を邪説であると判決した。この会議で決定された八つの条項は重要であるから，その要点をあげてみよう。

(1) アダムの死は自然本性によるのではなく，その犯した罪による。
(2) 新しく生まれた赤子も原罪ゆえに罪の赦しの洗礼を受けなければならない。

ペラギウス問題は当初アフリカ教会にとってのみ存在していたことになる。「後期帝国の善良なキリスト教徒にとって，〈異端〉とは神性についてのギリシア人たちの誤謬を意味するのであり，アフリカ人の恩恵と自由意志についての疚しさのことではなかった」（ブラウン，前掲訳書，82頁）。

(3) 義とする恩恵はすでに犯した罪を赦すために役立つのみならず，罪を犯さないようにする援けとしても役立つ。
  (4) キリストの恩恵は神の戒めの知識を与えるだけでなく，戒めを意志し実行する能力をも与える。
  (5) 神の恩恵を欠くと，善いわざを行なうのが困難であるばかりでなく，絶対に不可能である。
  (6) 謙虚になるためだけではなく，実際に罪人であることをわたしたちは告白すべきである。
  (7) 聖徒たちは「わたしたちの負債を赦してください」という主の祈りを，他人についてだけでなく，自己自身についても行なう。
  (8) 聖徒たちは同じ祈願を謙虚のためではなく，本当に罪を犯したから行なう*11。

この条項はアウグスティヌスがペラギウス主義に対決してくり返し論じてきたものである。それを見てもいかに彼がカルタゴ教会会議において積極的に意見をのべ，この問題に深くかかわり，ペラギウス主義の批判に情熱を傾けていたかが知られる。

教皇ゾシムスはカルタゴ教会会議の決定を受けて，ペラギウスとカエレスティウスを異端として破門し，全世界の司教に回勅を送り，ペラギウス主義を異端として罰することの同意を求めた。しかし，イタリアでは18人の司教が署名を拒絶した。そのなかにはエクラヌムの司教ユリアヌスがいた。アウグスティヌスはこの人といっそう激しく論争をしてゆくことになる。彼は418年に『キリストの恩恵と原罪』を書いてペラギウス主義に対する彼の思想をまとめて発表した。

3　ペラギウス派論争の発展

教皇の回勅に同意するのを拒んだ司教たちの中でエクラヌムの司教ユリアヌスはアウグスティヌスを批判して，その死にいたるまで激しく論争をしかけた。彼はペラギウスの信奉者のなかでも若く，論争好きであり，合理

---

11) デンツィンガー篇『カトリック教会文書資料集』浜寛五郎訳，エンデルレ書店，1974, 49-51頁参照。

主義に徹していた*12。アウグスティヌスは彼のことを「ペラギウス主義の建築家」と呼んでいるように，彼のうちに最も重大な論敵を見ぬいており，彼の鋭い批判を受けて，教父の恩恵論もいっそう思想的に進展した。

ユリアヌスはまずアウグスティヌスの学説がマニ教の誤りに陥っていると批判した。人間が本性上壊敗しているというのはマニ教の決定論と同じではないか。だが，この壊敗の程度は身体生活のすべてに及ぶのか。もしアダムの罪が代々遺伝するなら，結婚は悪魔のわざとして断罪されるのか。こういう批判と疑義がアウグスティヌスに向けられた。これに答えてアウグスティヌスは419年に『結婚と情欲』を書き，キリスト教的結婚の善と情欲の邪悪とを区別すべきことを力説した。

ローマの政治家でアウグスティヌスの親しい友であったウァレリウスは，ユリアヌスが先のアウグスティヌスの著作を批判した文書の抜粋を入手し，速やかに回答するよう要請した。こうして『結婚と情欲』の第2巻が書き加えられた*13。さらに当時，教皇ボニフナティウス一世は，破門された司教たちの手になる二つの手紙がローマで回覧されているのを知り，アウグスティヌスの友人で司教であったフリピゥスをとおしてアウグスティヌスに反論を要請してきた。この手紙の一つは確実にユリアヌスのものであり，もう一つも彼の手になるものであると考えられた。こうして『ペラギウス派の二書簡駁論』全四巻（422-23）が発表された。ところでユリアヌスの方はアウグスティヌスの『結婚と情欲』第1巻を批判して『トルバンティウスへの四巻』を著わした。アウグスティヌスはこの著作によりユリアヌスの主張を正確に知るにいたり，423年ごろ大作『ユリアヌス駁論』全6巻を書きあげた。その中で論争点が五つの命題，つまり創造の讃美・結婚の讃美・神の律法の讃美・自由意志の讃美・聖人の功績への讃美に要約されたので，それをあげてみる*14。

───────────

12) アウグスティヌスとユリアヌスの父親とはノラの司教パウリヌスを通して知り合っていた。ユリアヌスの父親は息子に贈るために『音楽論』の写本をアウグスティヌスに求めた。これを寄贈する傍ら彼はユリアヌスにヒッポを訪れるように誘った。彼はユリアヌスがアフリカを軽蔑していただけでなく，ペラギウスの讃美者で，この人物を有罪宣告に導いたかどで彼をも嫌っていたことを知らなかった。

13) さらにこの当時ペラギウス主義に傾いた折衷的思想家ウィンケンティウス・ウィクトールの書を批判し，なかでも原罪とそれが洗礼によって清められることについて論じて，『魂とその起源』全4巻をあらわしている。

14) この主張は『ユリアヌス駁論』II, 9, 31で全体の骨子として簡潔に述べられている。

ユリアヌスの主張　「あなたは言う，『① もし神が人間を創造しているなら，彼らはなんらかの悪をたずさえて生まれることはできない。② もし結婚が善であるなら，そこから悪はなにも生じない。③ もしすべての罪が洗礼によって赦されるならば，再生によって生まれた者は原罪を引き寄せることはできない。④ もし神が義しいなら，子供に対しその両親の罪を裁くことはできない。なぜなら神は両親に彼らの罪を赦しているから。⑤ もし人間の本性が完全な義に適しているなら，本性上の欠陥をもつことはできない』と」。

アウグスティヌスの反論　「これに対しわたしたちは次のように答える。① 神は人間の，つまり魂と身体との双方の，創造者である。また，② 結婚は善である。また，③ キリストの洗礼によってすべての罪は赦される。また，④ 神は義である。そして ⑤ 人間の本性は完全な義に適している。しかしながら，これらすべてのことが真理であっても，人々は最初の人が引きずっている毀損された根源に服して生まれており，したがってキリストにより再生することなしには，断罪に向かうのである。そしてわたしたちはこのことをカトリックの聖人たちの権威によって証明した。彼らもまた，わたしたちが原罪について語り，これら五つの命題がすべて真理であると告白していることを，〔同様に〕主張している」（『ユリアヌス駁論』II, 9, 31）。

　アウグスティヌスは論争においても驚くべき才能を発揮し，相手の議論をあげ，逐語的にその主張を吟味し，批判している。同様に『未完書・ユリアヌス駁論』（429-30年）という超大作も同じ系列に属している[*15]。相手の言うところに耳を傾け，誠実にかつ広大な心をもって認めながらも，誤りを正していくアウグスティヌスの姿には史上に類例がはたしてあるだろうか。

　15）　これはユリアヌスがアウグスティヌスの『結婚と情欲』の続きを批判して書いた『フロールスへの8巻』を同じ手法で反論し，6巻まで書き進めたとき，死によって未完成となったものである。

4　セミ・ペラギウス派論争

　さらにアウグスティヌスの思想はカトリック教会の内部から批判された。その人たちの説はペラギウスの教えから派生してきたのではなく、原罪とキリストの恩恵による救済との説を受け入れており、決して異端ではなかった。だが、彼らはアウグスティヌスの恩恵論を批判してペラギウス主義に近づいた。それゆえセミ（半）ペラギウス主義と呼ばれた。

　このような批判がどのように生じたのか。教皇シクストクス3世（位432-40年）はその司教時代にペラギウス主義に同情的であるとのうわさが広まった。そこで彼はアウグスティヌスの許に詳しい手紙を送り自分の思想がペラギウス主義に傾いているかどうかの判断を乞うた。アウグスティヌスはこの手紙を見て、司教が異端の友であるどころか、反対に真のカトリックの教えに忠実であると判断し、418年に手紙を送り、司教を励まし、謬論を反駁するための手本を提示した（『手紙』194）。この長文の手紙のなかで彼は、恩恵が自由意志を廃棄しているとのペラギウス主義の主張に加担する人は、意志を正しく確立することなく、強固な支えを失っていると反論した。さらに各人の功績を認めない場合には神が人を偏って見ることになると主張する人は、神の正義も恩恵も理解していないと説いた。彼はそのように意志の自由を「曲解する人」に対決して神の恩恵の絶対性を力説した。このように神の恩恵に先行する功績が否定され、恩恵が功績を生んで永遠の生命を授けるがゆえに、神がわたしたちの功績に報いるのは、実は神自身の功績に報いるにほかならない。「それゆえ、人間よ、お前が永遠の生命を受けるであろうとき、それはたしかに義に対する報いではあっても、義そのものが恩恵なのであるお前にとっては、恩恵なのである」（『手紙』194, 5, 21）。また予定についても、神の選びは人を偏り見ることなく、恩恵により人を救いに、義の審判により人を滅びに予定すると説いた。

　さて、アウグスティヌスのかつての教え子であり、ウザラの司教をしていたエウォディウスは、この手紙を入手し、自分の管轄下にあった修道院の兄弟たちに自由に読んで、信仰の導きとして用いるように与えた。この手紙がフロールスによって同じ司教区にあるハドルメトゥムの修道院に伝

えられると，そこでは大問題となった*16。在院者の少数の者たちは，功績を全く認めない恩恵の説が意志の自由を廃棄するのみならず，審判の日に各人がそのわざによって報いられるという信仰箇条に違反する，と主張した。フロールスは旅から帰ってこの意外な結果に驚くとともに，論争の張本人ともいわれて，失望し，事の次第を院長に説明した。院長の調停も失敗したので，司教エウォディウスに事情の報告がなされざるをえなかった。しかし，せっかちな在院者たちはこれにあきたらず，アウグスティヌス自身から問題の手紙について真意を説明してもらいたいと迫り，院長もこれ以上の混乱を招くのを恐れて，仕方なくこれを許可した。

ハドルメトゥムの修道院からのこのような問題提起を受けて書かれたのが『恩恵と自由意志』(426-27)である。この著作を受け取ったハドルメートゥムの修道院ではそれをも批判し，意志が弱いために恩恵を祈り求めることしかできないとしたら，祈るという仕事があるだけで，譴責する任務は不用となりはしないかと反論した。そこでアウグスティヌスは恩恵と人間の責任の双方の必要を説くために，『譴責と恩恵』を書いて答えた*17。

さらに彼の恩恵論に対する批判は北アフリカから南フランスに移って行った。マルセイユの修道士や聖職者は『譴責と恩恵』を読んで，その中の道徳的にも尊敬されている人たちが反撃に転じ，批判の動きが巻き上がってきた。反対者らの主要なる批判の第一はアウグスティヌスの予定説に対してであり，彼らはキリストの贖罪によりすべての人は救われるという普遍的万人救済論を主張した。救済はすべての人に及んでいるのであるから，問題は自由意志によってこの恩恵を受容するだけである。それなのに教父のように神の計画により救いと滅びは予定されていると説くことは，罪人から悔い改めようとする意志をとりのぞき，善人を怠惰に導くにすぎない。こうしてアウグスティヌスの予定説に対し自由意志を彼らは強調し，救い

---

16) 同じウザラの司教区に海浜の町ハドルメトゥムがあり，そこにも平信徒の修道院があって，そそこからフロールスという人がやってきてウザラの修道院を訪ねた。彼はウザラの図書室にあったアウグスティヌスのシクストゥス宛ての手紙を見いだし，その内容に感激し，同行者のフェリックスに筆記させ，ハドルメトゥムの修道院にとどけさせた。彼はこの手紙をとどけることによって同信の兄弟たちに奉仕し喜んでもらえると確信していた。しかるに，この手紙は院長ウァレンティヌスの知らない間に回覧され，フロールスの期待に全く反して，修道院内で賛否両論により激しい論争が起こってしまった。

17) この書は『恩恵と自由意志』を補う第2巻として書かれたことになる。

にいたる前に自由意志によって信仰が始まると主張し、アウグスティヌスの「先行的恩恵」を批判し、永遠の生命を報酬として与えられるための堅忍も自由意志の力に訴えない説は無益である、と反論を加えた。これに答えて『聖徒の予定』と『堅忍の賜物』が書かれ、前者は主として信仰の出発点について論じ、後者は堅忍を中心に予定の教説の個別問題を扱い、合わせて「恩恵と予定」という最晩年の思想を展開している。

したがってアウグスティヌスの思想はカトリックの内部にあっても必ずしも正しく理解されていなかった。とくに義認にさいし意志に先行し、かつすべての行為に伴わなければならないといった徹底した恩恵論は、功績を排除し、人間の自由意志を攻撃して排斥すると考えられ、人間の側の主体的な誠実な意欲や司牧的努力をも無効とするように見えた。それゆえ信仰の出発点を自由意志に求めるペラギウス的な主張がアウグスティヌスに対する批判という形で生まれ、救いにいたる神の予知は認めても、永遠の生命を報いとして受ける功績を認めないような厳格な予定説は受け入れがたい。また終りの日まで善と信仰にとどまる堅忍も、恩恵よりも人間の意志にかかわる問題ではないかという反論も生じてきた[*18]。彼はこれらの批判者たちに対し、その主張を異端視することなく、自説を正しく理解してくれるように終始努めた。

5 ペラギウス派論争の意義

わたしたちはこれまでアウグスティヌスとペラギウス主義者たちとの論争の歩みを辿ってきた。次にこの論争がもっている世界史的な意義について簡潔に述べてみたい。

ペラギウス主義の特質　まずわたしたちがペラギウスを正しく理解しようとするならば、あらかじめ銘記すべきことは、彼が異端であることを欲していなかったという事実である。アレイオスやアポリナリオスはみず

---

18)　こういう疑義もしくは批判はペラギウス主義に近づく傾向のゆえにセミ・ペラギウス主義と呼ばれている。アウグスティヌス自身はこれを「新しいペラギウス主義的異端者」(『手紙』214, 3; 215, 1) と呼んでいる。

から異端者であろうとした。アレイオスはキリスト教の伝統の最も重大な点を否定したし，アポリナリオスもキリストの受肉に関してまったく片寄った考えを表明した。それに反し，ペラギウスは公会議によって定められた信条に全面的に従っていた。ペラギウスは当時の社会が道徳的に頽廃しているのを刷新しようとして，道徳の上での人間の責任の意識を喚起すべく，人間における自由意志の力を認め，もっぱら実践的領域で禁欲的生活の理想を説いたのである。このような道徳説は当時は一般に受け入れられていたし，自由意志も古代教会で普通肯定的に説かれていたのであるから，異端の宣告は受けることはなかった。しかるに彼の場合には信奉者や弟子たちを集め，自説を広汎に宣伝させた指導性が発揮され，かつその教えが実践の領域をこえてキリスト教の教義に対しても攻撃するところまで進展していったため，それが異端もしくは邪説としてとりあげられるにいたった点に特質がみられるであろう。この点でカエレスティウスが理論家として指導的役割をはたしたのである。

　ペラギウスは神の正義を強調する。しかし，この正義は聖書に由来するよりも，ストア哲学もしくは理性に由来している[19]。したがってキリスト教をも哲学から解釈する傾向が明らかに認められる。つまり神の正義は人間に要求し審判するものであるが，人間に不可能なことを神は求めるはずがない，といった具合に，理性的な解釈が神の正義に対して加えられるのである。神はすべての人を裁く正義をつらぬき，人間は神の戒めを実行しうるように創られているのである。これこそ自由意志の力である。ここからカエレスティウスは，「もしそうあらねばならないのならば，そうありうる」(『人間の義の完成』3, 5) という[20]。ペラギウスはこの自由意志を神学的に基礎づけ，神の創造の恩恵としてこれを考える。神の恩恵とは神の律法と自由意志との授与に認められる。自由意志のないところに責任はなく，責任のないところに道徳の確立はない。

---

19) ストア主義にはアリストテレスの思想も含まれているため，ペラギウスもユリアヌスもアリストテレス的であるとも言えよう。しかし，結婚を讃美しながらも，両者は厳格な禁欲生活を説きかつ実戦しているがゆえに，全体的性格としてはストア主義であると言えよう。

20) これはカントの命題，「あなたはなすべきであるゆえに，なしうる」とまったく同じ事態を示している。したがって道徳の意識が行為の能力（自由意志）の存在を証明している。このような義務の意識はストア的であり，理想主義的であるといえよう。

このような主張が最初にぶつかるのは原罪説である。ペラギウスは人祖アダムの罪が遺伝によってすべての人に及んでいるという思想を批判する。神が人間に他人の罪を帰したり，人間自身が犯した罪を神が赦すべく備えているといったことは絶対に不可能である。もちろんペラギウスもアダムが後代に与えた悪しき影響を認めている。しかし，これも罪が遺伝するのではなく，アダムが示し多くの人たちが倣った悪しき先例にすぎない（『自然と恩恵』9, 10）。だからアダムの堕罪以後も罪のない生活の可能性は原則として認められる。このようにアダムにおける原罪を否定すれば，当然のことながら罪による人間の自然的な死も，幼児洗礼の必要も否定されることになり，人間の「無罪性」(impeccantia) の主張とならざるをえないのである。

罪を避ける方法は神の律法を厳格に教えることにかかっている。アダムの罪によって失われたのはこの律法の知識であり，モーセの律法もはたしえなかったことをイエス・キリストは実現し，神の真の戒めを教えている。それは富を放棄し，純潔な生活を送るようにすすめている山上の説教に明らかになっている。たしかにキリストは罪の赦しを人びとに授けているが，それは洗礼によって洗われる過去の罪であって，キリスト教徒は直ちに完全な自由を回復し，肉に従う生活を避け，賢明な仕方で新しい生活を開始し，英雄主義的な行動に立ち向かう[*21]。

こういうペラギウスの思想はその基盤をストア主義という古い異教の倫理思想においており，知性こそ人間の自律的源泉であるといえよう。ストアの賢者は理性の力によって自然の欲望を支配する。罪は人間が自然の欲望に譲歩することから生じる。自然の欲望それ自体は善悪無記であっても，これが理性により統制されないと人間を引きずって罪を犯させる。この激情的欲望や傾動から心を解放することが理性の力である。だから人間は正しい行為をする力をもっていても，何が正しいかの知識が授けられ，教育されなければならない。それを行う律法こそ神の恩恵である。このようなペラギウスの主張は自然主義的であって，人間の自然の破壊とその救済か

---

21) 最初期のアウグスティヌスにはこういう生き方が認められる。事実ペラギウスもアウグスティヌスの『自由意志論』には共感を覚えていた。しかし，アウグスティヌスは一般民衆との接触によって人間の弱さへの自覚が深まり，罪の癒しの過程を経て人ははじめて道徳的完全に近づくと説くようになった。

ら神の恩恵を説くアウグスティヌスとは正面から対決する運命にあったといえよう。

アウグスティヌスの恩恵論の特質　彼はキケロの『ホルテンシウス』を読んで哲学への回心をした経験からみても，ストア思想の影響を若い時に受けている。ペラギウスがアウグスティヌスの初期の著作に共鳴するのもうなづける[22]。しかし，アウグスティヌスの精神的発展は，自由意志と恩恵との関係においていちじるしいものがあった。彼はパウロの予定説について論じたことに関して次のように『再考録』で語っている。「わたしはこの問題を解決しようとして人間の自由意志を弁護するように努力してきた。だが，神の恩恵が〔それに〕勝った」（『シンプリキアヌスへ』I, 1, 1）と。このように彼は自説が大きく変化したことを認めた。したがって彼によると自由意志によって救われるのではなく，聖書の真理は神の恩恵を説き，信仰の出発点をも神の賜物によって与えられる。このような変化はペラギウス論争が始まる以前にすでに芽生えていた。これが生じた原因は彼が司教として広く民衆に触れ，その慢性的な病弱状態を知悉し，情欲に屈した自己の内なる罪の深淵にたえず目を向け，根源的罪性を洞察したことによる。たとえば『告白』第8巻に展開する堕落した意志の内部分裂のドラマは，キリスト教文学の最高峰であって，この内面的な戦いこそ思想の基礎にある経験である[23]。ここから「恩恵が勝利した」という先の『再考録』の言葉も理解できるのみならず，ペラギウス主義との対立も鮮明になってくる。

まずアウグスティヌスの思想における特質は，ペラギウスと比較してみるならば，深刻な罪悪観に求められる。罪は神から離反して自己のみに立とうとする高ぶり，つまり傲慢であり，また道徳生活における邪欲としての「むさぼり」である。そこでは何よりも「病んだ人間」が恩恵によって癒されることに最大の関心が寄せられている[24]。この罪はアダムによっ

---

22)　この点に関しては『自然と恩恵』67, 80-81参照。
23)　この部分が書かれる直前に『キリスト教徒の戦い』という書物で内的な葛藤が窮め尽くされている。
24)　例えば，ノラのパウリヌスに宛てた手紙には「恩恵ほど魅力的なものがほかにあるであろうか。わたしたち病んだ人間はこの恩恵によって癒されるから」（『手紙』186, 39）と

て説明される。彼は「罪を犯さないことができる」状態にあったが，それは自由意志のみの力によるのではなく，神の恩恵の助力によって可能であった。だが，恩恵に寄りすがることなく，自己自身で立とうとするなら，それは高慢であって，これにより罪が犯された。罪とは偶然犯される個別的な道徳違反ではない。それゆえ善いわざによって償われ帳消しにはならない。むしろ高慢によって人間の意志は正しい方向を失い，罪を犯さざるをえない状態に追い込まれる。これが罪の生んだ結果であり，人間の自然の破壊となって人類に及んだ原罪の事実である。アウグスティヌスはこの事実を，パウロの言葉から理解している。「こういうわけで，ひとりの人によって，罪がこの世にはいってきた。そして罪によって，死がはいってきた。このようにすべての人にそれがゆきわたり，ひとりの人によってすべての人は罪を犯したのである」（ローマ5・12）[*25]。

アダムの罪の結果は人間の自然本性の破壊としての「無知」と「無力」である。前者は知性の盲目であり，何をなすべきかを知らないことである。後者は当為を実現することのできない意志の脆弱である。これらは罪の罰であって，神を求める方向から転落した罪深い愛，つまり邪欲となって現われている。邪欲は性的なものにかぎらず，「むさぼり」でもあって，転倒した無秩序の意志であり，神を使用してまでも自己を享受しようとする。しかし邪欲は性的領域で優勢に支配しており，人間をその奴隷となしている。これは克服しがたい罪である。しかもそれは「罪の娘」から「罪の母」にまでなっていて，原罪を遺伝させているとも考えられている（『結婚と情欲』I, 24, 27）。だからキリスト信徒の両親から生まれた子供といえども，罪から洗い清める洗礼が必要である。もちろん子供を産むこと自体は罪ではないが，情欲と結びついた生殖が問題となる[*26]。

罪の教説は神の恩恵を強調する基盤になっている。ペラギウスは神の恩

ある。この「病める人間」の宗教における意義についてはウィリアム・ジェイムズ『宗教経験の諸相』上巻，桝田啓三郎訳，岩波文庫，第6・7講「病める魂」195頁以下参照。

25) この言葉はアウグスティヌスが用いた古ラテン訳によって訳出したものであるが，終わりの文章は，「こうしてすべての人が罪を犯したので」と今日では訳されている。彼は自分の使用したテキストにしたがって「アダムによって」すべての人が罪を犯したと理解したのである。ここには『アンブロジアステル』の解釈が影響している。このテキストの解説と訳について小高毅編『原典・古代キリスト教思想史3』149-61頁参照。

26) こういう考えは古代末期の禁欲思想と彼自身の経験とから生じているものであろう。

恵のもとで，神の創造における恩恵として律法と自由意志の授与を考えたが，アウグスティヌスは罪からの救済としての恩恵を説いた。そこには創造者の恩恵と救済者の恩恵との相違がある。この相違は自然神学的な神と救済論的な神との相違とも，理神論的な考察と啓示論的な考察の相違とも言い換えられるし，宗教学的には「一回生まれの人」と「二回生まれの人」もしくは「健全な心」と「病める魂」との違いともいえよう[*27]。しかし，アウグスティヌスの場合には創造の恩恵から救済の恩恵にまでのプロセスで人間を把握しており，救済史的な理解となっている。しかし，ここにはアフリカとイタリアやガリアとの宗教性の相違もある程度意味をもっていたかも知れない。なぜなら総じてアフリカではキリスト教が社会の中に深く浸透していたのに反し，イタリアやガリアでは異教徒との対決や異教徒への宣教がいまだ継続しており，戦闘的なキリスト教徒の集団形成が急務であったからである。したがって前者では恩恵による罪の癒しが，後者では洗礼による劇的な出発が意図されていたといえよう[*28]。

救済史的な恩恵論　ペラギウス主義は恩恵の内容として自由意志を考えているので，自由意志と恩恵との関係は，内容的にも両者は「同一的」である。さらに自由意志により律法を実現し，永遠の生命に値するという功績思想を展開しているがゆえに，それは「連続的」でもある。ところがアウグスティヌスはこの連続的見方を批判し，アダムの堕罪以後では自由意志は罪の奴隷的拘束のうちにあるので，神の恩恵によりこの奴隷の縄目から自由にされなければならないと説いた。ここから彼は「自由にされた自由意志」(liberum arbitrium liberatum) を強調する（『ペラギウス派の二書簡駁論』III, 8, 24)。このようにしてペラギウスの連続的考え方は否定されるが，弁証法的には活かされる。彼はペラギウスと同様に，律法は自由意志によって実現されるとみなしながらも，そこに自由意志が罪の奴隷状態から解放されるという中間規定が入って来て，義への愛が自由意志により生じ，愛が律法を成就することになり，ここに非連続による質的な変化を経て連続へ高められる。アウグスティヌスの恩恵論のこのような発展的全

---

27) ウィリアム・ジェイムズ『宗教経験の諸相』上，桝田啓三郎訳，岩波文庫，251-52頁参照。

28) この点に関してブラウン，前掲訳書，95-96頁参照。

体像は律法－罪の自覚－恩恵－新生－律法の実現という救済史のプロセスをとる[29]。

さらにアウグスティヌスの恩恵論で注目すべきことは、ペラギウスに対決し聖霊のそそぎを強調する点である。『霊と文字』はこの点を主題とした作品であり、律法は、そこに「生かす御霊」がないときには、「殺す文字」となっているというパウロの思想が展開する。そのさい聖霊は神の愛として人間の心のなかにそそがれ、心を造り変えて、喜んで律法を実現するように働く。アウグスティヌスはここに神の恩恵が自由意志に先行して活動し、自由意志に働きかけて共働することを説いた。このように神のイニシアティブが力説されても自由意志は無効になっていない。自由意志は人間の自然的能力であって、それは「自由な意思決定」(liberum arbitrium) である。人間の行為にはこの「決定」の力が働いており、理性の判断にしたがって人間は意志を決定している。ところが罪に染まると人間は悪をなさざるをえないほど、悪に向かって自由な意思決定を方向づけ、悪に対して自由であっても、善にとっては不自由になる。それゆえ「もし真理の道が隠されているなら、自由意志は罪を犯すことだけにしか役立たない」(『霊と文字』3, 5) とも言われる。これが罪の奴隷状態である。この拘束からの解放こそ恩恵のわざであり、自由意志は「自由となった自由意志」として新生する[30]。この自由意志のもとに彼は人間の責任を強調し、道徳的行為の主体としての責任を一度も否定したことはない。つまり恩恵に

---

29) このプロセスは次のことばのなかにもっとも簡潔に語られている。「律法は、恩恵なしには実現することができない事柄を、教え命じることにより、人間に自己の弱さを明示する。それは、このようにして証明された弱さが救い主を求めるためであり、この救い主により救われた意志が、弱さのゆえに不可能であった事柄を可能にする。それゆえ律法は（証示された弱さにより）信仰にまで導き、信仰は無償の御霊を求め、御霊は愛を心にそそぎ、愛が律法を実現する」(Epistola, 145, 3)。

30) アウグスティヌスは「生まれながらの属性」(naturaliter attributum) と「自由とされた自由意志」(liberum arbitrium liberatum) と明確に区別した。自由意志は本性的な機能としては認められていても、堕罪後は神の助けがなければ罪を犯さざるをえないため、「拘束された自由意志」となった。この「拘束された自由意志は単に罪を犯すことができるだけである。神によって自由とされ、たすけられていなければ義をなしえない」(Contra duas epist., Pelag., III, 24)。ジルソンはこの点に関して次のように言う、「わたしたちが行うように選ぶことを実現する力は自由選択以上のものである。それは自由である。聖アウグスティヌスには恩恵と自由意志の問題はなくて、恩恵と自由の問題がある」(E. Gilson, The Christian Philosophy of St. Augustine, 1961, p.157)。したがってアウグスティヌスは自由を単なる選択に還元しないで、十全に行為する自由として捉えていたことになる。

よって自由意志はいっそう自由になっている。ここに生まれながらの本性的な自由が神との関係でいっそう自由とされている。彼はこの自由をいつも「より大きな自由」「より満たされた自由」「より完全な自由」として比較級で語った(『手紙』157, 2, 8)。それゆえこう言われる。「自由意志は健全になるに応じて,いっそう自由になるであろう。しかし,自由意志は神のあわれみと恩恵のもとに服するにしたがっていっそう自由となるであろう」(同)と。こうして自由は三つの段階図式によって説かれた。① 無垢の状態「罪を犯さないことができる」(posse non peccare),② 罪の奴隷状態「罪を犯さざるを得ない」(non posse non peccare),③ キリストによる新生「罪を犯すことができない」(non posse peccare)。なかでも罪による本性の破壊は,かえってその偉大さを証明していると説かれる。すなわち「その欠陥自体は自然本性がいかに偉大であり,いかに称賛に値するかの証明である」(『神の国』XII, 1, 3.)。このように否定から肯定に転じる彼の思考は弁証法的である。

　罪ある人間を義しい者とする神の恩恵をアウグスティヌスは「神の義」として説いた。ここにパウロ思想の再建が顕著にみられる。しかし彼は神の恩恵の行為を罪の赦しよりも,むしろ人間の新生,つまり聖化のもとにとらえている。義認は罪の赦しの宣告よりも,人間を事実において義人となしてゆく創造行為として捉えられている。したがってルターの義認論の先駆をなしているが,その中心思想は「義認」を「成義」として把握している点に求められよう[31]。

　アウグスティヌスの恩恵論はキリスト教思想史上もっとも偉大な記念碑的業績である。罪と恩恵の教義がここにはじめて神学的に解明され,後代の人々に輝く導きの星となっている。彼の偉大さは当時の古代末期における禁欲的道徳主義やペラギウス主義との対比においてあざやかに示されている。

---

31) アウグスティヌスとルターの「神の義」の理解の相違について詳しくは金子晴勇『近代自由思想の源流』創文社,203-45頁参照。

終　章

アウグスティヌスの影響

───────

　アウグスティヌスの作品の中で生前から今日まで最も親しまれてきたのは『告白』であるが，政治史においては『神の国』が後世に計り知れないほどの影響を与えた。わたしたちはこれまで「アウグスティヌスとその時代」を主題として考察してきたのであるから，まずは『神の国』に展開するキウィタス概念が政治の領域でどのように中世に影響したかを問題にし，その後はどのような解釈が近代以降試みられているかを考察してみたい。その後で思想史における一般的影響について広く考えてみよう。

1　中世における国家学説への影響

　アウグスティヌスの『神の国』が中世の政治・社会思想に対し大きな影響力をもったことは事実である。しかし，歴史上重大な結果が生じるのには，多くの原因が結合している[*1]。アウグスティヌスの国家思想が中世に受容される過程を辿ってみると，カール大帝の政治姿勢が意味をもっている。

　アインハルトによるとカールは自ら望んでローマ皇帝の称号 (imperator et Augustus) を受けたのではない。たしかに教皇レオ三世の要請によってカールはローマの治安を回復したが，そこにはローマ市民の古ローマ復活

---

1)　J. N. Figgis, The political aspects of S.Augustine's City of God, p.81. フィジスはルソーとフランス革命の例を挙げて「あなたがどんなに高くルソーを評価したとしても，彼がフランス革命を起こしたのではなかった。それは長い間活動してきていた力の結果であった。ルソーはマッチをすって，火薬庫に火を付けたかもしれない。だが，彼は火薬を造ったわけではない」と語っている。

への憧れ,「ローマ的イタリアの統一」の願いが大きく働いていた[*2]。しかし, この新しい皇帝はヨーロッパという西方世界の皇帝であり, ローマ帝国は今や「キリスト教帝国」(imperium Christianum) として甦り, アウグスティヌスの「神の国」の理念がカールによって受容された[*3]。ところがすでに学んだようにアウグスティヌス自身は地上の国家を神の国と同一視したことはなかった[*4]。こうして『神の国』の神権政治的な解釈が生まれた[*5]。

アウグスティヌスのキウィタス思想は, さらにフライジングのオットーの『年代記』に著しい変化の跡を刻んでいる。彼は「人民だけでなく, その支配者もほとんどがカトリック教徒になった。それ以来, わたしには自分が二つの国の歴史を書いているのではなく, わたしが＜キリスト教世界＞と呼ぶほとんど一つの国の歴史を書いているように思える」と語った[*6]。こうしてアウグスティヌスの二つのキウィタスという対立する国の歴史は消滅していく。ゲルマン人の帝国を「神聖ローマ帝国」と最初に呼んだ者こそ, このフライジングのオットーの甥, 皇帝フリートリッヒ・バルバロッサ, または彼の周辺の誰かであった[*7]。この「神聖ローマ帝国」は地上における神の国であると宣言され, 国家と教会とを支配する両剣をもつと信じられた[*8]。

　2) アインハルト『カルロス大帝伝』(Vita Caroli Magni)（国原義之助訳, 筑摩書房, 38頁）によるとカールが『神の国』を愛読し, 第5巻の「君主の鏡」を自己の理想としていたことが知られる。
　3) アインハルト前掲訳書35頁。とくに「君主の鏡」(『神の国』V, 24) が好んで読まれた。
　4) フィジスは言う「アウグスティヌスは（あなたがどう解釈しようと）神の国をいかなる地上の国家とも決して同一視しなかった。だが, 彼は他の人々がそのようにする道を準備していた」(op.cit., 84.) と。
　5) このような解釈は Figgs, op. cit.,82-84. および Edgar Salin, Civitas Dei, 1926, S.197.に出ている。
　6) Ottonis episcopi Frisingensis Chronica sive Historia de duabus civitatibus, Editio altera, 1912, 226.
　7) マーカス『アウグスティヌス神学における歴史と社会』宮谷・土居訳, 教文館, 176頁。
　8) ハルナックは言う「そこでは宗教が間違った方向に迷い込んだ。ギリシア・カトリック教会が多くの点で福音の歴史よりも, ギリシア宗教史に置かれるのは適切であるように, ローマ・カトリック教会もローマ世界帝国の歴史に置かれるべきである」(『基督教の本質』山谷省吾訳, 257頁)。同じことをレーオポルト・フォン・ランケも断言している。レーオポルト・フォン・ランケ『世界史の流れ』村岡哲訳, ちくま学術文庫, 90頁。「ふつうひとは教皇権というものを宗教的理念の発展と見るが, それは誤りである。教皇権は文字通り一個

中世における市民的共同体の形成　カール大帝の治世は神聖ローマ帝国という新しい国家共同体の建設に向かって進んでいった。そこでは教会の宗教的指導者と国家の世俗的統治者との提携によって統治される「キリスト教共同体」(corpus Christianum) の理念がつねに追求された。

①　こうした共同体の歴史の根底にある中世都市の発展が認められる。M．ウェーバーやピレンヌ以来の中世都市研究に触れることはできないが[*9]，中世都市の起源に関しては城塞都市 (Burg) と商人定住地 (Wik) が研究されてきたことに注目したい。この Wik というのは旧来の貴族的な都市支配層とは別に11世紀の後半になって形成された商業中心地である。それはとしのいち歳市開催地・週市・遠距離貿易の結節点であって，「キウィタテス」(civitates) と呼ばれた。この呼称は古代末期の都市を受け継いだに過ぎないという説もあるが[*10]，都市法によって自律し，代表を選んだ団体という特質を備えており，従来の国家や教会とも異なる団体に属する。ここに中世都市の独自な性格があって，「国民」でも「個人」でもない独自の「団体」としての「市民」(civis) と「市民共同体」(civitas) を生んだ[*11]。

②　この中世の共同体をオットー・ギールケの『中世の政治理論』は法の視点からも解明した。彼は「キリスト教は，人間性の理想を現世的国家から神の国に移すことによって，古代的社会学説の基底を破壊した」と主張し，「信者の共同体は，外的な組織への法的な表現が要請され，他面ではキリスト教により創基せられた神との共同体に起源，本質，使命に関して与えられたものが，形成途上にあった可視的教会に移転せられた。外的教会団体は，神の国の部分的な表現として現れた。なかんずく聖アウグス

の国家で，すでに発展していた教義の展開の結果支配権を得たのではなく，それは争いや戦いによって得たものであった」。

9)　ウェーバーによると古代都市が軍事的配慮と地主からなり消費的利害関係に立っていたのに対し，中世都市は平和的実業関心と経済的収益の可能性を団体として追求した点に見ている。後者では市民の誓約団的結合がキリスト教的・ゲルマン的な「宗教的結合」(con-fraternitas) からなされ，「職業的な結合」(Zunft, Gilde) の精神に基づいていた。増田四郎『西欧市民意識の形成』講談社学術文庫，61-73頁参照。

10)　増田四郎，前掲書，248-49頁。

11)　E．ヴェルナー『中世国家と教会』瀬原義生訳，未来社，59-70頁。

ティヌスにより，その中世社会哲学にとって基底的になった著作『神の国』の中で現実的教会が神の国と同一化せられ，これに反して国家はこの世の国と同一化せられた」と語っている*12。しかし，これによって教会には「キリストの神秘的からだ」(corpus mysticum Christi) を構成している超越的な本質に反する要素が入ってきた。それでも，ここから人格共同体の思想がその深みをもって告知される。この共同体は外的な団体をもって現世と関わった。

③　こうして古代的民族の地盤から離れていっそう開かれた社会の実現をめざし，教会と国家との分離を認めたうえでの統一という中世統一文化を形成した。この文化は13世紀のトマス・アクィナスに見られるような壮大な神学体系を生んだとはいえ，国家の相対的独立が人間の自然本性と共に認められ，民主制や社会契約などに固有の意味が与えられた。彼はアリストテレスによって「国家は完全な共同体である」(civitas est communitas perfecta) と定義したが，これに優る上位の団体「王国」(regnum) や「帝国」(imperium) が付加されると，国家の絶対権は相対化され，国家は多数の「市国」(civitates) に変化する*13。また「帝国」だけが本来の国家となるとregnum, civitas, populus も低次のまたは地方の政治的統一体や自治体の意味となった。ここから優越する支配者をもつ団体「帝国」と，それをもたない団体 regnum, civitas とが区別され，キウィタスは市民団体を指すことになった。

④　14世紀に入ると，トマスの神学体系にしたがう詩人ダンテ（1265-1321年）の『帝政論』は，政治の基として人間を教化する「世界君主」と「市民的共同体」(humana civilitas) を捉えた。これはアウグスティヌスのキウィタス学説を継承している*14。

---

12) オットー・ギールケ『中世の政治理論』坂本仁作訳，ミネルヴァ書房，2-4頁。
13) 『君主政治論』I, 1f.,『神学大全』II, q.1, a.90, 2-3.参照。なお，『君主政治論』(同) では civitas, provincia, regnum において自足性の上昇段階が認められる。『君主政治論』の続編Ⅲ, 1, c.参照。
14) 『帝政論』で彼は平和のために世界王国が不可欠であり，この王国がローマでなければならないと説き，さらに地上の権威を主張する教皇権の問題を論じている。彼の主張の中心は二王国説である。人間は精神と身体との二つの本性をもっており，この本性に相応する二つの目的をもっている。前者が天上の楽園で，教会がそこへ導き，後者は地上の楽園で，皇帝がこれを司る。地上の目的は普遍的皇帝を通して実現されるといわれるとき，アウグストゥス時代のローマの治世が考えられている。しかし，ここにはトマスが相対的な自律性を

⑤　このように中世末期には教会と国家との関係は両者間の権利の譲渡関係を中心にして展開していき，今や両者の統一から分離へと，つまり政教分離が強調された[*15]。それをさらに進めてパドヴァのマルシリウス（Marsilius = Marsiglio da Padova, 1290-1342年）は教会を国家に従属させようとした。「彼が教権 (Sacerdotium) および王権 (Regnum) の双方における究極的な権力を主権をもつ人民に移譲したことは，西ヨーロッパがコンスタンティヌスの改宗以来さまざまな段階において教会に譲渡してきた特殊な政治的役割が終焉することを予示している」[*16]。彼は教会を政治的な市民集会と同じであると言ったことは，「市民団体」としてキウィタスの理解を復興させたことになる。

2　近代以降における国家学説の解釈

近代以降においてもアウグスティヌスの国家学説はさまざまな解釈の試みがなされてきた。その代表的な解釈をあげてみたい。

観念論的（理想主義的）解釈　これは教会や国家を理念と現実とに分けて考察する解釈であり，プラトン主義の傾向が強かったアウグスティヌスにおいては当然考えられる解釈である。ショルツがこの解釈を代表している[*17]。しかし，中世に入るとフライジングのオットー以来神権政治的解釈が優勢となり，神の国と地の国との同一視された。だが，アウグスティ

認めた国家の権利が最大限に拡大されている。国家と教会とは目的を異にする二つの組織である以上，一つのキリスト教的共同体という以前の理想は放棄されており，両者は相互に独立していて，しかも協力し合う関係におかれている。ここに近代化への一歩が踏みだされているともみなされている。

15）　マルシリウスはイタリア都市国家の出身で，当時北イタリアでは裁判権をめぐって教皇と国王との間に長い闘争が続いていた。彼は教皇ヨハネス22世の野望に公然と反対を表明し，帝国の権利を主張したバイエルン公（後の神聖ローマ皇帝，イタリア王）のルードウィッヒ4世（1314-46）の下で活躍し，帝国の擁護者として『平和の擁護者』（1324）を著わした。

16）　モラル『中世の政治思想』柴田平三郎訳，未来社，160頁。

17）　H. Scholz, Glaube und Unglaube in der Weltgeschichte, Ein Kommentar zur Augustin's 'De Civitate Dei', 1911.

ヌスでは「神の国」と教会は同一視されず，「毒麦の譬え」にあるように両者は混合していると説かれていた。ところが観念論的解釈は「神の国」自身を理念と現実に分けて捉えている。元来このように理念と現実とに分けて考察する観点はプラトン主義的であって，アウグスティヌスに対しある面では適切な解釈であると考えられる。

さて，一六世紀の宗教改革の時代になると教会の世俗化に対するプロテストがルターによって起こってきた。このルター派教会の基本姿勢に関してゼーベルクは次のように語っている。「教会は単にこの世との対立において ＜隠れている＞ のではなく，また教会の中でも隠れている。したがって，救われた者も一部は救われていても，他の一部は罪の状態に置かれている」[18]と。こうして宗教改革の時代以降教会は「見える教会」(ecclesia visibilis) と「見えない教会」(ecclesia invisibilis) という教会概念の二重性によって規定されるようになった。同様に対抗改革者イグナティウスは「二つの旗」(Zwei Fahnen) によって明らかにアウグスティヌスの二つの国のことを考えている[19]。

しかし，この解釈は19世紀から20世紀にかけて隆盛となり，ドイツ観念論の基調となっている経験的現象界と理念的本体界との二元論を援用して「教会概念の二重性」が説かれた[20]。またハルナックにおいてもこのような観念論的で理想主義的な解釈を見出すことができる[21]。

この観念論的な解釈はプロテスタントでは神権政治の脅威に対抗して立てられ，カトリックでは国家の自然法的解釈への脅威によって支持されたが，単なる皮相的な逃げ道に過ぎなかったのではなかろうか。

終末論的解釈　これは現代のカール・バルトの弁証法神学とヤスパースの実存哲学の影響を受けたカムラーによって提唱された解釈である。弁

---

18) Erich Seeberg, Luthers Theologie in ihren Grundzügen, S.165.
19) Ratzinger, Herkunft und Sinn der Civitas-Lehre Augustins, im: Magister Augustimas II, S. 965ff.
20) W.Kamlah, Christentum und Geschichtlichkeit, Untersuchung zur Entstehung des Christentum und zu Augustin's "Bürgerschaft Gottes", 1954, S.154.
21) ハルナックは言う，「アウグスティヌスにとって地の国は不敬虔な者や罰せられた者らの社会であり，神の国はすべての時代の全聖徒の天上的な交わりである。したがって前者が世界国家に，後者が経験的教会にその歴史的で地上的な表現と現象形態をもっている」（A. von Harnack, Lehrbuch der Dogmengeschichite, Bd. III, S.151.）と。

証法神学は終末論的であっても，歴史の終末における完成よりも，現在の時点で歴史の終わりを捉えるため，本来の歴史に対して消極的である。それゆえカムラーが説いている「歴史性」とは歴史的な「自己主張」もしくは「自主性」の意味であって，本来のキリスト教的な意味とは相違している[22]。しかしこの解釈の優れている点は「見える教会」と「見えない教会」というプロテスタント的な教会概念の曖昧さを克服して，個人の実存による「真の宗教団体」と「もはや宗教団体でないもの」とに明瞭に分けていることである[23]。「アウグスティヌスは自身が現に存在するキリスト教的我々 (das christliche Wir, in dem er existiert) をゲマインデとなし，それが純粋な聖なる団体でなければならないし，またそうあり得ると考える」[24]と彼は言う。こうして彼はエクレシアを純粋にするために経験的カトリック教会をラディカルに否定し，「選ばれた者」だけを残した。しかし，このような個別的な生き方によってエクレシアを解釈することは，キリスト教の終末論から懸け離れている。そこにある個人は個人主義を克服していないし，サクラメントと礼拝を魔術的礼典であるとみなす偏見も示され，経験的なカトリック教会の否定は歴史的基盤を喪失させ，再び観念化されたエクレシアの強調となった[25]。

プネウマ的解釈　カムラーの終末論的な解釈はラッティンガーやキンダーによって直接に，また間接に，批判されている。それはキウィタスのプネウマ的 (pneumatisch) な解釈であって，それによって現実の教会の存立の意義が確認されている。この解釈は決して新しいものではなく，ハルナックやトレルチによってすでに指摘されていた。ハルナックは「無数の叙述の中でアウグスティヌスは端的に霊的な共同体のことを考えていたということ以外にいかなる教会概念も知らなかった」[26]と語っているし，トレルチも教会の形成を論じた箇所で教会のプネウマ的性格について明言している[27]。

---

22) カムラーの書物の初版は『キリスト教と自己主張』(Christentum und Selbstbehauptung) となっていた。
23) W. Kamlah, op. cit., S.136-40.
24) W. Kamlah, op. cit., S.137.
25) W. Kamlah, op. cit., S.133-54参照。
26) A. von Harnack, op. cit., S. 163.

アウグスティヌスが説いた神の国は現実の教会と同一視できないけれども，これと全く切り離されているのでもない。それは「寄留」(pergrinatio) という歴史・終末論的形態において現実の教会に現存している。終末論といっても，それは黙示録的な世界破局を夢見るものではなく，キリストとそのエクレシアにおいてすでに実現した神の国に基礎をおいている。しかも『神の国』第20巻で問題となったいわゆる千年王国はすでに信徒の霊的復活において開始している。この霊的復活こそ「贖われた社会」(societas redempta) であって，プネウマにおいて復活した者の共同体である。この「霊」はキリスト教的な人間の在り方を示す基本的な特質である（『神の国』XIII, 24, 3)。そこにはキンダーが説いているように「一方において教会に歴史性と権利の委任を与える＜神の国＞と教会の同一化があり，他方において教会が自己自身を超えて示す＜神の国＞による教会の高揚がある」といえよう[28]。

3 中世スコラ哲学への思想史的な影響

中世思想はある意味でアウグスティヌス解釈の歴史であったといえよう。こうした傾向はさらに一六，七世紀まで続いている。そこで，まず，ヨーロッパ中世と近現代の思想家の中で彼の影響を受けている者たちを幾人か重点的にとりあげ，彼の影響の跡を辿ってみたい。中世ではアンセルムスとトマスなどを，近代からはルターとエラスムス，またパスカルなどを，現代からはシェーラーやニーバー兄弟とティリッヒをとりあげてみたい。

中世は古代と近代との中間の時代をいう。したがって中世哲学は九世紀から十五世紀の前半にわたり，大部分は中世キリスト教会の聖堂や修道院の付属の学院また学僧たち (scholastici) によって説かれた哲学であって，スコラ哲学とも呼ばれる。古代末期のアウグスティヌスはこの時期の思想家に決定的な影響を与えている。初期のスコラ哲学においてはアウグステ

---

27) E. Troeltsch, Die Sogiallehren der christlichen Kirchen und Gruppen, 1965, G.S. BL. I, S. 90f.

28) E. Kinder, Reich Gottes und Kirche bei Augustin, 1954, S.19.

ィヌスが『キリスト教の教え』において示した方法，つまり哲学を利用してキリスト教の優位のもとに両者の総合を図る仕方が踏襲された。しかし，12世紀ルネサンスによってアラビアを経由してアリストテレスが導入されると，13世紀の半ば以降哲学が神学から独立しはじめる。こうして法律と医学のみならず，哲学が独立した学部を形成してくる。このことは中世の大学の教育組織にまず表面化しており，やがて哲学と神学の区別を前提した上での統合する中世の偉大な統一文化が生まれた[*29]。

アルクィヌスによるアウグスティヌスの受容　古代から伝わる教育課程は七つの自由学科からなり，これはカロリング・ルネサンス時代に活躍したアルクィヌスによってゲルマン社会に導入されたが，彼はこれを哲学の七段階と呼び，精神はこれらの段階を通って聖書の頂上にまで至らなければならないと説いた。この傾向は原則として一三世紀に至るまで変わらなかった。この方法は基本的にはアウグスティヌスに由来する異教的な哲学をキリスト教の中にとり入れて総合することにあった。したがって七つの自由学科はローマ的な古代の遺産として継承された[*30]。

アンセルムスのラチオ論　12世紀を代表するアンセルムスは自ら第二のアウグスティヌスであろうと志し，その思想に忠実に従いながらも，そのラチオ（理性）論に明らかなように，厳密な論理的思考を展開させた。したがって信仰の内容をできるだけ理解にもたらそうとするアウグスティヌスの精神を受け継ぎ，信仰に属している事柄をはじめから理性で解明しようとするのは傲慢であるとしても，信仰内容を理解しようとしないのは怠慢である。かえって信仰そのものが理解するように促しているのだから，信仰は権威でなく理性によって解明されうる，と彼は主張する。このように理性による解明はキリスト教の啓示に向けられている。

　たとえば神の存在論的証明を見てもそれは明らかである。彼にとって神の本性は信仰により明白であるから，理性に残された仕事は宗教的神の観念を解明することであった。したがって彼は信仰内容の理性的把握を試みたのである。『プロスロギオン』における神の観念も彼がアウグスティ

---

29)　詳しくは金子晴勇『ヨーロッパの思想文化』教文館，68-71頁参照。
30)　ステーンベルヘン『十三世紀革命』みすず書房，33-42頁参照。

スから継承したもので,「神はそれよりも大いなるものが決して考えられないものである」と規定されているが,キリスト信徒にとりこういう定式だけがまったく超越的な神の尊厳をいい表わしていた[*31]。この人間の理性と思想をもこえた超越存在の現存をいかにして証明することができるのか。彼は次のように論証する。神が人間の理性の中にだけ存在するとみなす,単に思考された存在にすぎないならば,それは不合理である。だから人間の理性の中だけでなく,また現実の中にも存在する方がいっそう大きい。したがって,それ以上に大いなるものは考えられない神は,理性のうちのみならず現実にも存在しなければならない,と。これが有名な神の存在論的証明である[*32]。

トマス・アクィナスの思想体系　神学と哲学との領域を区別した上で両者の統一を試みたスコラ哲学最大の哲学者は,13世紀のトマス・アクィナス(1225-74年)であった。トマスの思想体系はアウグスティヌス的伝統をアリストテレスの哲学によって再構成することにあった[*33]。その体系は「恩恵は自然を破壊せず,かえってこれを完成する」との指導的命題に端的に示されているように,信仰と理性,啓示の認識と自然認識とを区別しながら,調和的統一を図った。そのさい哲学の領域はもっぱら理性,つまり自然の光によって論証されるものであるが,神学は聖書の啓示と超自然的な起源に由来する教義,たとえば三位一体,創造,受肉,復活,終末などについて扱い,信仰によって受け入れられる。このように両者は境界が分けられているが,いずれも真理であるなら,最終的には一致しうる。また啓示の真理には信仰よりも理性による解明の方に価値があるものがあっ

---

31) アンセルムス『プロスロギオン』長沢信寿訳,岩波文庫,84頁および42頁参照。

32) アウグスティヌスは信仰と理性の働きを相互的要請の関係に立つものと考え,「知解するために信ぜよ」という基本命題に対し補助命題として「信仰するために知解せよ」をあげ,信仰の必要をも理性が明らかにすると主張した(Augustinus, Sermo, 43, 7, 9.これに関し金子晴勇『アウグスティヌスの人間学』創文社,122-26頁参照)。そこには「信仰の知解」という統合が見られるが,アンセルムスでは理性が信仰内容を対象として解明する独立した働きをもつようになり,「信仰と知解」の関係が明確に分けられるようになっている。

33) この点は神学大全の叙述方法にも示され,まず問題が提示され,反対論とその反論がなされてから,アウグスティヌスの主張がアリストテレスによって修正されながら回答されている。それゆえアウグスティヌスにはトマスの解釈を必要とするとの一般的傾向が定着した。

て，たとえば神の存在証明，物事の根源，事物の創造主への帰還などを論じる自然神学は，啓示神学とともにトマスが深く究明した哲学の分野である[*34]。ここに中世統一文化の哲学的表現がみられ，古代文化とキリスト教との統合が完成している。

　トマスは人間観でもアウグスティヌスの影響下に立っている。それは人間を恩恵を受ける以前と以後とに分け，さらに堕罪以前のアダムと以後の罪の状態とが分けられた。それゆえ人間の第一段階は自然本性は毀損されていない「原義」を保ち，第二段階は自然本性が壊敗した段階「原義の欠如である原罪」の支配する罪の状態であり，第三段階は恩恵による新生の段階である。恩恵と自由意志の問題は第二段階から第三段階への移行である救済で生じている[*35]。それゆえトマスはアウグスティヌス的恩恵論に完璧な表現を与えた[*36]。したがって両者の思想間には対立はない。「源泉と平原の水流とのあいだには対立はない」(ジャック・マリタン)。ところがアウグスティヌスにないものがトマスに加わっている。それが聖霊のそそぎを「習性的恩恵」として捉える考え方である。罪の習性により自然本性は壊敗していたが，恩恵が聖霊により心にそそがれると，新しい内的な習性を形成し，戒めや命令を自由に実現するようになる。こうしてよい意志と行為へ向けて動かす神の内的援助と内的な習性の賜物との二重の恩恵が必要とされる。この習性としての恩恵がアウグスティヌスの言う「活動的恩恵」であると説かれ，セミ・ペラギウス主義は克服されている[*37]。

---

　34) 信仰により人間が全体として方向づけられている終局目的と幸福とを神においてとらえ，理性をもって一歩一歩解明してゆくところにトマスの哲学における神学の優位があり，哲学は神学の召使いである。彼は神学者として哲学を使用している。こうして理性は世俗化され，自律性をもち，信仰と区別されながらも，階層的に秩序づけられる。

　35) この移行についてトマスは次のように語っている。「ある人が罪から恩恵へ移る場合，彼は奴隷状態から自由へ移っている。このことは彼が自らを恩恵に関わるものと結びつけないとしたら，単に恩恵が前進するだけでは生じない」と。トマスによると神は万物をそれぞれにふさわしい仕方で動かし，人間に対しては「人間的自然本性の特性」に応じて働きかけるため，神の恩恵は自由意志に向けられる。

　36) その代表的な文章をあげる。「それゆえ，義に向かう，神からの運動は，自由意志を用いているものにおいては，自由意志の運動なしに生じることはない。とはいえ，義とする恩恵の賜物をそそぐに当たって，神は同時にまた自由意志が，この運動を受容しうる人たちにおいては，恩恵の賜物を受け入れるように恩恵をもって動かすのである」(Thomas Aquinas, ST. II-I, q.113, art.3).

　37) Thomas Aquinas, ST. II-I, q.110, art.2.; q. 114. art. 9.

オッカム主義と近代への移行　　トマスの学説はスコトゥス（1266-1308年）の主意主義の立場から批判され，その批判はさらにオッカム（1285頃-1349年）によって徹底された。オッカムが確実性の土台に据えているのは，実践的意志の内的で明晰な経験であり，アウグスティヌスの内面性の立場に立っている。彼はスコトゥスにしたがって知性に対する意志の優位を主張する。人間の意志はその本性によって幸福，つまり究極目的に関わっている。この目的は行為の規範となっているが，トマスのように客体的善の価値によっては決定されず，かえって主体的意志のうちに置かれた。だから意志は究極目的に外から引き寄せられたり，目的達成の手段選択においてのみ自由であるのではなく，それ自身の中立的性格のゆえに自由である[*38]。

　アウグスティヌスがプラトン哲学により，トマスがアリストテレス哲学により，神学のなかに組み込んだ形而上学は元来キリスト教とは異質のギリシア文化が生みだしたものである。キリスト教とギリシア形而上学の総合はアウグスティヌス以来構想されてきた宗教哲学の体系化の試みであり，中世スコラ神学がその頂点となっていた。だが，オッカムにおいて今や解体しはじめる。その解体過程は哲学と神学の分離や二重真理説となって主張されたが，その根源はオッカムの自由意志の把握の仕方に求められる。実際，彼こそスコラ神学者のだれよりも信仰の主体性を重んじ，神学を意志の主体に集中させ，神学の中心に神の全能と人間の罪や功績との関係を問うノミナリズムの伝統を形成した。こういう伝統に立って初めて以前には予想できなかった内面的な救済がたてられた。

　こうしてオッカムによって神を世界との関係から類比的にとらえる哲学的神学に代わって，神と人とが直接人格的に意志において応答的に関係する新しい神学が出発した。オッカムの思想を神学的に完成させたのは最後の中世スコラ神学者といわれるガブリエル・ビール（1410頃-95年）であった。ルターはオッカム主義の新しい学問の影響を受けながらもその救済論を批判して宗教改革者となった。

---

　　38)　オッカムは『自由討論集』第1巻16問で自由意志について論じ，次のようにいう。「私は，無差別にかつ偶然的に多様なものを生みだしうる能力を，自由と呼ぶ。こうして私はその能力の外部に存在する多様なものになんらよることなく，同じ結果を惹き起こすことも起こさないこともできるのである」Quodlibeta Septem, I, q. 16 (Opera Theologica, IX, 87-88)

4 ルネサンスと宗教改革の時代

近代の初頭はルネサンスと宗教改革の時代といわれる。イタリアにおける14世紀中葉に起こったルネサンス運動の代表者はキリスト教的ヒューマニストのペトラルカであった。彼はアウグスティヌスの著作に親しみ，それとの共感の下に思索を深めていった。たとえば「ヴァントゥー山登攀」において彼は自己の体験をアウグスティヌスの『告白』から多くの文章を引用することによって表現している。また，『我が秘められたる心の戦い』ではアウグスティヌスを対話者として立て，人妻ラウラとの許されない恋愛の苦渋を披瀝した。この時代は後期スコラ神学の隆盛期であって，アウグスティヌスは新たに芽生えてきた近代的意識によって再び受容された。このスコラ神学によって教育された宗教改革者ルターは，アウグスティヌスの新しい解釈と受容によって，スコラ神学と対決し，近代プロテスタンティズムの創始者となった。

ルターによるアウグスティヌスの受容と批判的超克　ルターの中心思想は信仰義認論である。これはオッカム主義の行為義認と正反対な立場で，それを克服するためにアウグスティヌスの後期神学思想を積極的に受容した。ルター自身がアウグスティヌス派の修道会に属し，初めからアウグスティヌス主義に立ってアモールバッハ版のアウグスティヌス全集（1507年出版）に親しんでいた。とくに教父の『霊と文字』は彼の新しい思想に対し決定的な影響を与えている。彼の自伝的文章には次のように語られている。

　「その後，わたしはアウグスティヌスの『霊と文字』を読んだ。この本の中でわたしは予想に反して，アウグスティヌス自身もまた神の義を同じように解釈しているのを見いだした。つまり神がわたしたちを義とするさいに，それをもって神がわたしたちに着せたもう義であると。そして，このことはいままで不完全にしか述べられていないし，義とみなすことに関しては，彼もすべてを明瞭に説明していないけれど，それでもわたしたちが義とされる神の義が教えられていることは

喜ばしいことであった」*39。

この引用文によると「神の義」の新しい解釈*40の発見の後に、以前に読んだことがあるアウグスティヌスの『霊と文字』を再読すると、神の義に関して教父が自分と同じ解釈をしているのを発見し、大変に驚いたことが知られる。と同時に教父の解釈の不明瞭さにも気づいて批判の余地も残っていることを示唆している。事実、キリスト教思想史の上でこの作品に勝ってルターの新しい神学に近いものはない。彼は今やアウグスティヌスの権威によってオッカム主義をペラギウス主義であると批判し、教父との一体感にたって著作活動を開始していく。彼の新しい神学の概要を述べた『ハイデルベルク宣言』(1518) の序文では「使徒パウロとその講解者アウグスティヌス」を自説の証人にあげ、『霊と文字』から多くの引用をもって論証した。さらに大学の教育においても従来採用されてきたアリストテレスを退けて、この著作を中心にカリキュラムの改革が実施された*41。

エラスムスのアウグスティヌス受容　ルターの同時代人で好敵手であったエラスムスはヒューマニストとして活動し、ヒエロニュムスやアウグスティヌスの全集を次々に出版していった。エラスムス自身ステインのアウグスティヌス派修道院にいたとき以来教父の著作に親しんでいる。この修道院での生活を賛美した『現世の蔑視』という最初の著作で彼は次のように語っている。「もしそれ自身でも美しい真理が雄弁の魅力によっていっそう優美になるのを好むなら、ヒエロニュムス、アウグスティヌス、アンブロシウス、キプリアヌスその他の同類のものに向かう。少し嫌気がさしてきたら、キリスト教的キケロに耳を傾ける喜びがある」*42と。彼の思想形成にとっても教父は実に大きな影響を及ぼしている。初期の代表作『エンキリディオン』にそれは明瞭であり、彼は哲学と神学の総合を目指しており、アウグスティヌスの初期著作『キリスト教の教え』における総合の

---

39)　Martin Luther, WA.（ワイマル版全集）56, 186.
40)　つまり「神の義」とは神が所有している義ではなく、神が人間に対し授与する義の意味である。
41)　しかし、彼は、自己愛から隣人愛を経て神の愛に向かう伝統的な「愛の秩序」の思想に関する限り、その源泉であるアウグスティヌスに対して批判的態度をとっている。『愛の思想史』知泉書館、166-86頁参照。
42)　D. Erasmus, ASD.（アムステルダム版全集）V-1, 80.

方法から影響を受けている。また，自由意志に関する論争ではエラスムスがアウグスティヌスよりもヒエロニュムスを重んじたのに反し，ルターはヒエロニュムスよりもアウグスティヌスを重んじている点に相違があった[*43]。

なお，宗教改革者の中ではカール・シュタットがアウグスティヌスの『霊と文字』を尊重していたことはよく知られている。また，カルヴァンはアウグスティヌスの諸著作を暗記するほどにその思想に通暁しており，その著作における引用は夥しい量に上っている。

5　近代思想への影響

近代の合理主義の時代に入ると，アウグスティヌスの思想は影響力が弱まってくるのは事実であるが，合理主義が一面的に偏向し，現実から遊離するようになると，それに対する批判としてアウグスティヌスが顧みられ導入されるようになってくる。

デカルト　デカルト哲学の第一原理となった「わたしは考える。それ故にわたしは在る」(Cogito ergo sum) にしても，アウグスティヌスの命題「わたしが欺かれるなら，わたしは存在している」(Si fallor sum.) が先行しており，少なからず影響を与えていることが注目された。また，意志学説においてもデカルトは当時有力になっていたジュスイットの圧力を受けて後退してはいても，元来は神の恩恵の先行性という教父の思想に従っていた。ジュスイットはモリナの説にしたがって自由意志を説いていた。モリナはその主著『自由意志と恩恵との一致』の中でトマス・アクィナスの

---

43) ルターは，エラスムスの友人でもあるシュパラティンに宛てた手紙の中で，エラスムスの律法や原罪の解釈の問題性を指摘し，これらの問題はアウグスティヌスのペラギウス派駁論集の著作によって初めて正しく解釈できると語っている。この手紙ではヒエロニュムスを高く評価するエラスムスにルターは対立して次のように述べている。「エラスムスはアウグスティヌスをあらゆる点でヒエロニュムスの後に置いているが，それと同じだけわたしは聖書の解釈においてヒエロニュムスをアウグスティヌスの後に置くことによって，わたしがエラスムスと疑いなく意見を異にしているのは，確かなところです」(Luter, WA. Br. I, 70, Nr. 27, 17ff.)。しかし，このような相違は，エラスムスがアウグスティヌスの初期の思想を受容していたのに対し，ルターのほうは後期の思想を主として受容していったことから生じており，両者の受容の相違にあったといえよう。

『神学大全』の注釈という形でルター主義の反駁を試みたが，原罪が軽視されたため，事実はトマス主義を解体するものであった。ジュスイットはプロテスタントと対決するために自由意志を全面的に主張した。というのは当時のフランスのプロテスタントの間では，神の絶対意志による「救済と破滅との二重予定説」に立つカルヴァン派が勢力を振るっていたからである。このような対立的な思想状況の中でジャンセニストといわれるグループはヤンセンの有名な著書『アウグスティヌス』に基づいてジュスイットと対決の姿勢を堅持した。

パスカル　同じ時代にパスカルはポール・ロワイアルの修道院にあってジュスイットとの対決の姿勢をとった。パスカルは「聖アウグスティヌスの弟子たち」の見解をもってモリナ主義者とカルヴァン主義者との双方と批判的に対決し，次のように語っている。「モリニストたちは，救いと滅びの原因は人間の意志にあるとする。カルヴィニストたちは，救いと滅びの原因は神の意志にあるとする。教会は，神の意志が救いの原因であり，人間の意志が滅びの原因であるとする」[*44]と。最晩年には彼は，人間には滅びへの自由しかないと主張し，後期のアウグスティヌスに接近し，同時にルターの奴隷意志の立場に近づいた。

パスカルはまたアウグスティヌスの「心」(cor) 学説の復興者であることに注意すべきである。彼は身体・精神・心（愛）という「三つの秩序」のあることを強調し，その中でも「心には，理性の知らない独自の道理がある」[*45]と説き，「愛の秩序」に関して次のように言う。「イエス・キリスト，聖パウロのもっているのは，愛の秩序であって，精神の秩序ではない。……聖アウグスティヌスも同じである。この秩序は，どちらかといえば，目標に関連のある個々の点にあれこれ目を配りながら，しかもつねに目標を指し示していくことを内容とする」[*46]と。これと内容上同一の表現は教父の『神の国』に見られる[*47]。パスカルは教父と一致して秩序の概念を

---

44) パスカル著作集『恩寵文書』田辺保訳，教文館，151頁。
45) パスカル『パンセ』田辺保訳，L. 422, B. 277.
46) パスカル『パンセ』（前出）L. 298, B. 284.
47) アウグスティヌス『神の国』XIX, 17.「天上の平和こそ真の平和であって，厳密にはこれのみが理性的被造物の平和，つまり神を享受し神において相互を享受する点でもっとも秩序があり，もっとも和合した社会である。……天の国はよい行為のすべてを，天上の平

目的への機能的な連関として捉えた。また一九世紀では枢機卿ニューマンがアウグスティヌスの方法と教えとをこの時代に再生するように努めて，信仰と理性の関連を考察し，社会哲学を再建している。

6　アウグスティヌスと現代の思想的状況

現代はアウグスティヌスの時代と類似していることから，現代においてもアウグスティヌスへの関心は続いている。現代の気鋭の政治学者にしてアウグスティヌスの研究家でもあるハンナ・アレントは教父のことを「記述された歴史の他のいかなる時代よりもわたしたちにある面で類似している時代に生きた偉大な思想家」と語っている。じっさい，両時代の類似性は大きく，たとえば現代の二つの世界大戦によって起こってきた終末意識は教父の時代のそれと等しく，古代の終末に直面しながら新しい中世への出発を導いたアウグスティヌスに多くの現代の思想家たちは熱い視線を向けてきた。

実存哲学者たち　実存哲学もこのような終末意識から生まれてきたのであって，その創始者キルケゴールが実存の三段階説やハイデガーの本来的存在と非本来的存在の区別などにはアウグスティヌスの自己理解への共感が認められる。

フッサール　さらに，ヴィンデルバンドのいうアウグスティヌス的な「内面性の形而上学」に関しては，とくにフッサールの『内的時間意識の現象学』冒頭の次の発言が注目に値している。
　「時間意識の分析は古来，記述的心理学と認識論の十字架である。ここに伏在する非常な難問題を深く感知し，それらの問題にほとんど絶望的なまでの辛苦を重ねた最初の人はアウグスティヌスであった。『告白録』第11巻14-28章は今日もなお，徹底的に時間問題と取り組むすべての人びとによって研究されねばならない。なぜなら学識を誇

は今日シェーラーに受け継がれている。

シェーラー　またマックス・シェーラーも現象学の立場に立ちながら情緒的生の領域においてアウグスティヌスとパスカルの伝統を発展させている。その著作『愛の秩序』は未完成に終わったが、アウグスティヌスに淵源するこの概念を自己の思想の中核として体系化しようとする試みであった。彼は認識論においてもアウグスティヌスの照明説にある啓示の説を積極的に取り入れた。たとえば、認識主観の活動というものが、同時に対象自身の応答作用・自己与示・自己開示・開明したがって真の自己啓示と深く関わっているとみなした。またキリスト教の出現とともに認識と愛との関係が根本的に変化したことを強調し、「認識に対する愛の優位」の主張がアウグスティヌスの伝統以外では哲学的に生かされてきていないと説いた[*49]。

ニーバー兄弟とティリッヒ　現代アメリカの思想家ではラインホルト・ニーバーがその著作『人間の本性と宿命』の中でアウグスティヌスにしたがって「人間の自己超越能力」を強調し、そこに創造性と同じく破壊性をもつ自由を説いている[*50]。また、アウグスティヌスの政治思想がもっている国家理論の現実性を強調している。たとえば「民とはその愛する対象への共通な心によって結合された理性的な人々の集団である」[*51]という民の定義は近代の社会契約説よりもはるかに現実味があるという。そこには完全な社会が革命や教育によって到来するといったユートピアの幻想はま

---

48)　『内的時間意識の現象学』立松弘孝訳、みすず書房、9頁。
49)　ここでアウグスティヌス的伝統というのはスコトゥスやオッカムの意志優位説ではなく、パスカルやマールブランシュの思想を指し、愛と関心こそ精神の最も原初的な根源とみなす立場である。彼は次のように言う。「〈或るもの〉に関心をもつこと、〈或るものへの〉愛は、そこにおいてわたしたちの精神一般が〈ありうべき〉対象を把握する最も始源的な、そして他のすべての作用を基底づける作用である。同時に、これらの愛や関心の作用は、それと同じ対象に向かうもろもろの判断・知覚・表象・記憶・意味志向のための基礎である」（シェーラー『愛と認識』白水社版著作集第9巻、153頁）。なお、シェーラーとアウグスティヌスとの関係に関しては金子晴勇『愛の思想史』を参照されたい。
50)　Reinhold Niebuhr, The Nature and Destiny of Man, vol. I, p.166.
51)　アウグスティヌス『神の国』XIX, 24.

ったく見当たらない。「最小の最も原初的共同体である家族から最大の最も近代的世界共同体にいたるまで，自己の属する共同体が危機の内にあり滅亡に向かっているのを見いだす世代は，その難局を切り抜けるにあたって聖アウグスティヌスに相談するとよい」[*52]とまで彼は語っている。彼の弟のリチャード・ニーバーは『キリストと文化』の中でアウグスティヌスこそ「キリストが文化の改造者である」との信仰を表明した古典的思想家であるとみなしている。さらにドイツからアメリカに移住したティリッヒはアウグスティヌスの中にギリシア哲学とキリスト教とを総合する立場を高く評価し，「人間の精神が神の存在に直接近づくことができる」との主張に信仰と文化との双方に対する強固な基礎を見いだしている[*53]。

　わが国においては哲学者の西田幾多郎や岩下壮一と吉満義彦，経済学者の矢内原忠雄，教会史家の石原謙などによってアウグスティヌスの思想は受容されてきた。

---

52) Reinhold Niebuhr, Christian Realism and Political Problem, p.146.
53) リチャード・ニーバーは『キリストと文化』赤城泰訳，日本基督教団出版局，73, 295頁以下参照。

あ と が き

　本書はこれまで発表してきた論文に新しく二編を加えて一書に纏めたものである。既発表の論文にはかなり古いものも含まれていたため，大部分は全面的に改稿された。題名はその全体を統一する形で付けられているが，その内容は純粋な歴史書ではなく，あくまでも思想史的な観点から書かれたものにすぎない。

　アウグスティヌスの時代はキリスト教古代である。ユスティノスに始まりオリゲネスを経てアウグスティヌスにいたるまでの教父たちを通観してみても明らかなように，彼らに共通していることは，プラトニズムによってキリスト教の真理を弁証した点である。そこにギリシア精神とキリスト教とが接触し，キリスト教的叡知が美しく結実している。ここに偉大な文化総合の試みが見られ，ヨーロッパ思想の特質とその全体像の骨子が造られた。この時代には，暖流と寒流がふれる場所に豊かな漁場があるように，未完成であっても創造に富む世界が広がっている。わたしはこの「文化総合」という観点からアウグスティヌスの歴史的意義を解明することができると信じている。

　わたしはこれまでアウグスティヌスに永いこと親しんで来ており，すでに半世紀を超えている。実際，わたしが歴史や思想に関心をいだき始めたのは，敗戦後の混迷を極めた時代であった。敗戦の挫折感が強く働いていたため，現代思想よりも転換期の歴史と思想家に強く惹きつけられた。当時感じられた終末意識がヨーロッパ古代末期の精神状況に通じていたためか，高校2年生のときアウグスティヌスの『告白』を郷里の古本屋で偶然見つけ，直ちに読んでみてたいへん感激したことを覚えている。こうして激動の時代であったキリスト教古代に対し強い関心と憧憬をいだくようになった。このことがギボンの『ローマ帝国衰亡史』全7巻を読了するように促したが，啓蒙主義に立った彼の歴史観には疑念をもたざるをえなかった。またギボンはアウグスティヌスをあざけって「彼の学問はあまりにも

しばしば借りものであるし，彼の議論はあまりにもしばしば自分自身の思想を述べただけだ」と書いている。しかし，チャドウィックが言うように「ギボンの嘲笑はアウグスティヌス主義に向けられた18世紀の啓蒙思想に特有の一般的な敵対感情をはっきり言い表わしたものであった」（チャドウィック『アウグスティヌス』教文館，201-02頁）。それゆえ，わたしはアウグスティヌスを原典に即して自分で研究してみようと思い立った。

そういうわけで，わたしは大学時代にアウグスティヌスが激動の時代をいかに生き抜いたかを如実に伝えている『神の国』を卒業論文の対象として選び，全巻を英訳書で通読した上で，研究テーマを彼の歴史哲学に決めた。さらに修士論文では『三位一体論』を扱った。その後，わたしは無謀にも転換期のもう一人の大思想家ルターの研究に進み，両者を比較することを試みた。こうして博士課程の終わりに「宗教的基礎経験の意義について —— アウグスティヌスとルターの比較考察 —— 」（『ルターの人間学』創文社の付属論文）という論文を発表して，この課程を終了した。その後も同じこの比較という観点を維持しながらルター研究を継続していったので，もしわたしのルター研究に特質があるとしたら，それはアウグスティヌスとの比較というアプローチであったといえよう。

アウグスティヌス自身に関する研究は『アウグスティヌスの人間学』（創文社，1982年）でもって一応区切りをつけ，それ以後はもっぱら『アウグスティヌス著作集』全30巻（教文館）の翻訳に参加してきた。わたしが主に担当したのは，ルターとの関係が深い恩恵論の部分であったが，そのほかにも訳出した『神の国』第3〜4巻ではローマの宗教と占星術の批判が，また『ドナティスト駁論』では北アフリカにおける分派活動による政治問題が，さらに全4巻にわたって訳出した『ペラギウス派駁論』では当時の最大の教義論争が，それぞれ当時の論敵との間に激烈に展開していた。そのため彼の著作がその時代の動向と密接に関わっていることを痛感せざるをえなかった。

本書に纏めた研究は，40年余にわたって発表してきたものであり，重複した内容も散見され，まことに不完全ではあるが，こうした時代の諸問題と対決している転換期の思想家アウグスティヌスを歴史の流れの中から少しでも明らかに把握してみようとした試みである。なお，ペラギウス派との論争文書に関する研究は『アウグスティヌスの恩恵論』として出版す

る予定である．しかし，本書からペラギウス論争の叙述を削除することはできないので，簡単に概説した要約を付け加えて本書の相対的な独立性を保つことにした．また，アウグスティヌスのテキストの訳出にさいし，教文館版「著作集」の訳を，『告白』の場合には岩波文庫版と「世界の名著」版を参照した．なお，文献その他に関して出村和彦氏のお世話になった．

　出版に関しては今回も知泉書館のお世話になった．出版事情がさらに一段と厳しいにもかかわらず，本書が日の目を見ることができたのは，小山光夫社長のお陰であると思い，感謝を新たにしている．

2004年8月23日

金　子　晴　勇

初出一覧

Ⅰ　古代末期の世界 ── 原題「コックレンの歴史観」「キリスト教と文化」(ICU) 第2号1966

Ⅱ　ポリスからキヴィタスへ ── 原題「アウグスティヌスのキウィタス学説」『人間の内なる社会』創文社，1992年，第3章第4節

Ⅴ　不安な心の軌跡と思想形成 ── 原題「不安な魂の足跡を訪ねて」「共助」キリスト教共助会1963年9～12月号

Ⅵ　三位一体と神の像 ── 原題「アウグスティヌスにおける〈神の像〉」『ヨーロッパの人間像』知泉書館，2002年，第4章

Ⅶ　創造の秩序と乱れ ──(1)原題「アウグスティヌスと古代の自然観」「自然概念についての学際的研究」聖学院総合研究所，2002年 ──(2)原題「ORDO AMORIS ── アウグスティヌスからルターまで ──」「中世思想研究」中世哲学会，1990年

Ⅷ　歴史の神学 ── 原題「時間の秩序と歴史の解釈」「中世思想研究」中世哲学会，1982年

Ⅸ　ドナティスト論争 ── 原題「ドナティスト批判」「アウグスティヌス著作集」8，教文館，1984

Ⅹ　ペラギウス派論争 ──「ペラギウス派論争」(総説論文)「アウグスティヌス著作集」9（教文館）1979

終わりに　アウグスティヌスと現代 ──原題「アウグスティヌスと近現代思想」『アウグスティヌスを学ぶ人のために』世界思想社，1993年

参 考 文 献
(本書で参照したアウグスティヌスの著作と研究論文のみ収載)

原典の全集と著作の翻訳

Sancti Aurelii Augustini Opera Omnia (Benedictus) Paris 1838
Aurelius Augustinus : Oeuvres de saint Augustin, Paris, 1949ff.

著 作 集
『アウグステイヌス著作集』教文館，1979〜。全30巻34冊の予定。
第1巻　初期哲学論集(1)——『アカデミア派駁論』，『至福の生』，『秩序』，『ソリロキア（独白）』（以上，清水正照訳）1979
第2巻　初期哲学論集(2)——『魂の不滅』，『魂の偉大』，『教師』，『真の宗教』（以上，茂泉昭男訳）1979
第3巻　初期哲学論集(3)——『自由意志』（泉治典訳），『音楽論』（原正幸訳）1989
第4巻　神学論集——『信の効用』，『信仰と信条』，『シンプリキアヌスへ』，『信仰・希望・愛〈エンキリデイオン〉』（以上，赤木善光訳）1979
第5巻　「告白録」上（宮谷宣史訳）1993
第6巻　『キリスト教の教え』（加藤武訳）1988
第7巻　マニ教駁論集——『二つの魂』，『フォルトゥナトゥス駁論』，『基本書と呼ばれるマニの書簡への駁論』，『善の本性』，『結婚の善』，（以上，岡野昌雄訳）1979
第8巻　ドナティスト駁論集——『洗礼論』（坂口昂吉・金子晴勇訳），『ドナティスト批判』（金子晴勇訳）1984
第9巻　ペラギウス派駁論集(1)——『霊と文字』，『自然と恩恵』，『人間の義の完成』（以上，金子晴勇訳）1979
第10巻　ペラギウス派駁論集(2)『恩恵と自由意志』，『譴責と恩恵』（以上，小池三郎訳），『聖徒の予定』（金子晴勇訳），『堅忍の賜物』（片柳栄一訳）1985
第11巻　『神の国』(1)——第1〜5巻（赤木善光・泉治典・金子晴勇訳）1980
第12巻　『神の国』(2)——第6〜10巻（茂泉昭男・野町啓訳）1982
第13巻　『神の国』(3)——第11〜14巻（泉治典訳）1981
第14巻　『神の国』(4)——第15〜18巻（大島春子・岡野昌雄訳）1980
第15巻　『神の国』(5)——第19〜22巻（松田禎二・岡野昌雄・泉治典訳）1983
第16巻　創世記注解(1)——『創世記逐語注解（第1〜9巻）』（片柳栄一訳）1993
第17巻　創世記注解(2)——『創世記逐語注解（第10〜12巻）』（片柳栄一訳），『未完の創世記逐語注解』（野町啓訳）
第18巻　『詩編注解』(1)（上）——第1〜50編（今義博・大島春子・堺正憲・菊地伸

二訳）1997 （下）〔未刊〕
第19巻 『詩編注解』(2)（上・下）—— 第51〜100編〔未刊〕
第20巻 『詩編注解』(3)（上・下）—— 第101〜150編〔未刊〕
第21巻 『共観福音書説教』(1) ——「マタイによる福音書」(1)（茂泉昭男訳）1993
第22巻 『共観福音書説教』(2) ——「マタイによる福音書」(2)「マルコによる福音書」,「ルカによる福音書」（茂泉昭男訳）2001
第23巻 『ヨハネによる福音書講解説教』(1) —— 第1〜23説教（泉治典・水落健治訳）1993
第24巻 『ヨハネによる福音書講解説教』(2) —— 第24〜54説教（金子晴勇・木谷文計・大島春子訳）1993
第25巻 『ヨハネによる福音書講解説教』(3) —— 第55〜124説教（茂泉昭男・岡野昌雄訳）1993
第26巻 パウロの手紙・ヨハネの手紙説教 ——『ローマの信徒への手紙選釈』,『パウロの手紙説教』,『ヨハネの手紙一講解説教』〔未刊〕
第27巻 倫理論集 ——『禁欲』(今義博訳),『キリスト者の戦い』(森泰男訳),『修道士の労働』(宮谷宣史訳),『見えないものの信仰』(茂泉昭男訳),『信仰と行為』(出村和彦訳),『神を見ること』(茂泉昭男訳)『神を見ること、あるいは手紙147』(菊池伸二訳) 2003
第28巻 『三位一体』(泉治典訳) 2004
第29巻 ペラギウス派駁論集(3) ——『罪の報いと赦し』,『キリストの恩恵と原罪』（金子晴勇訳）,『ペラギウス派の二書簡駁論』（畑宏枝訳）1999
第30巻 ペラギウス派駁論集(4) ——『ユリアヌス駁論』（金子晴勇訳）2002

単 行 本

『カトリック教会の道徳』熊谷賢二訳，創文社，1963
『教えの手ほどき』熊谷賢二訳，創文社，1964
『告白』山田晶訳,「世界の名著」14，中央公論社，1968
『主の山上のことば』熊谷賢二訳，創文社，1970
『告白』上・下，服部英次郎訳，岩波文庫，1976
『神の国』1-5，服部英次郎訳（4・5は藤本雄三との共訳），岩波文庫，1982-91
「アウグスティヌス修道規則」篠塚茂訳『中世思想原典集成』4，平凡社，1999, 所収

研 究 論 文

A 古代史

A. Hilary Armstrong, Plotinus and Christianity, in: Platonism in Late Antiquity, ed., S. Gersh and C. Kannengiesser, 1992
N. H. Baynes, Constantine the Great and the Christian Church, 2ed. 1972
C. H. Cochrane, Christianity and Classical Culture, 1st ed., 1939, 1944
Andre-Jean Festugiere, Personal Religion among the Greeks, 1954

参 考 文 献

R. Lane Fox, Pagans and Christians, 1987
W. Jaeger, Paideia. The Idea of Greek Culture, 3 vols, 1957
The Satires of Juvenal, trans. by L. Evans, in: Juvenal, Persius etc., by L. Evans (Bohn's Libraries) 1914
E. Gibbon, The History of the Decline and Fall of the Roman Empire, 1776-88
Ferdinand Lot, The End of the Ancient World and the Beginnings of the Middle Ages, 1961
Pauli Orosii Historiarum Libri septem. Migne Patrologiae Latina, 31
M. Rostovtzeff, Social and Economic History of the Roman Empire, 1926
R.L.ウィルケン『ローマ人が見たキリスト教』松本宣郎・三小田敏雄訳, ヨルダン社, 1987
ウェーバー『古代ユダヤ教』I, II, 内田芳明訳, みすず書房, 1967
『古代社会経済史』渡辺金一・弓削達訳, 東洋経済新報社, 1974
ウォールバンク『ローマ帝国衰亡史』吉村忠典訳, 岩波書店, 1971
オリゲネス『諸原理について』1, 1, 5.小高毅訳, 創文社, 1978
カッシーラー『国家の神話』宮田光雄訳, 創文社, 1982
ギルバート・マレー『ギリシア宗教発展の五段階』藤田健治訳, 岩波文庫, 1971
クーランジュ『古代都市』田辺貞之助訳, 白水社, 1967
スターク『宗教社会学』杉山忠平・杉山泰一訳, 未来社, 1979
チェインバーズ編『ローマ帝国の没落』弓削達訳, 創文社, 1973
チャドウィック『初期キリスト教とギリシア思想』中村担・井谷嘉男訳, 日本キリスト教団出版部, 1983
テルトゥリアヌス『護教論』金井寿男訳, 水府出版, 1984
デンツィンガー編『カトリック教会文書資料集』浜寛五郎訳, エンデルレ書店, 1974
ドッズ『不安の時代における異教とキリスト教』井谷嘉男訳, 日本基督教団出版局, 1981
ドプシュ『ヨーロッパ文化の経済的社会的基礎』野崎直治他訳, 創文社, 1981
ブラウン『古代末期の世界 ── ローマ帝国はなぜキリスト教化したか』宮島直機訳, 刀水書房, 2002
ブルクハルト『コンスタンティヌス大帝の時代』新井靖一訳, 筑摩書房, 2003
ベルグソン『道徳と宗教の二源泉』平山高次訳, 岩波文庫, 1977
モンタネッリ『ローマの歴史』藤沢道郎訳, 中公文庫, 1978
ポンペイウス・トグロス『地中海世界史』合阪学訳, 京都大学学術出版会, 1999
出 隆『ギリシャの哲学と政治』岩波書店, 1949
「聖キュプリアヌスの行伝」『キリスト教教父著作集』第22巻, 教文館, 1990
小高毅編訳『原典古代キリスト教思想史』第1巻, 教文館, 1999
金森賢諒『プラトンの神学と宇宙論』法蔵館, 1976
関根正雄『イスラエル宗教文化史』岩波書店, 1954
弓削達『ローマ皇帝礼拝とキリスト教迫害』日本基督教団出版局, 1985

B アウグスティヌスの時代

Apuleius, On the God of Socrates. in: The Works of Apuleius, 1876.
P. Brown, Religion and Society in the Age of Saint Augustine, 1972
E. Dinkler, Die Anthropologie Augustins
W. H. C. Frend, The Donatist Church. A Movement of Protest in Roman North Africa, 1952
────── Martyrdom and Persecution in the Early Church, 1965
R. A. Markus, Saeculum: History and Society in the Theology of St Augustine 1970. 『アウグスティヌス神学における歴史と社会』宮谷宣史, 土井健司訳, 教文館, 1998
Noch, Conversion, The Old and the New in Religion from Alexander the Great to Augustine of Hippo, 1963
Ottonis episcopi Frisingensis Chronica sive Historia de duabus civitatibus, Editio altera, 1912
Reitzenstein, Antike und Christentum, 1963
M. Ruokanen, Theology of social Life in Augustine's De civitate Dei, 1993
アマン『アウグスティヌス時代の日常生活』上下巻, 東丸恭子, 印出忠夫訳, リトン, 2001
『アンブロジアステル』, 小高毅編, 『原典・古代キリスト教思想史3』教文館, 2001
ドーソン『ヨーロッパの形成』野口啓祐・草深武・熊倉庸介訳, 創文社, 1988
────『アウグスティヌスとその時代』服部英次郎訳, 『アウグスティヌス』筑摩書房, 1969
トレルチ『キリスト教社会哲学の諸時代・諸類型』住谷一彦他訳, トレルチ著作集7, ヨルダン社, 1981
────『古代キリスト教の社会教説』高野晃兆, 帆苅猛訳, 教文館, 1999
────『歴史主義とその諸問題』上中下巻, 近藤勝彦訳, トレルチ著作集4-6, ヨルダン社, 1980-88
────『アウグスティヌス』西村貞次訳, 新教出版社, 1965
ピレンヌ『ヨーロッパ世界の誕生』中村宏・佐々木克己訳, 創文社, 1980
ブラウン『アウグスティヌス伝』上下巻, 出村和彦訳, 教文館, 2004
N. H. ベインズ「聖アウグスティヌス『神の国』の政治思想」(モラル『中世の政治思想』柴田訳, 未来社, 1975所収)
ポシディウス『アウグスティヌスの生涯』熊谷賢二訳, 創文社, 1963
石原謙『中世キリスト教研究』岩波書店, 1952 (『石原謙著作集』第4巻, 1979, 所収)
内田芳明『アウグスティヌスと古代の終末』弘文堂, 1961
近山金次『アウグスティヌスと歴史的世界』慶応通信, 1975
新田一郎『キリスト教とローマ皇帝』教育社, 1980
三木利英『キリスト教古代の研究』風間書房, 1977
松谷健二『ヴァンダル興亡史』白水社, 1995

C アウグスティヌスの思想形成

Apuleius, On the God of Socrates.in: The Works of Apuleius, 1876.

参 考 文 献

Augustine through the Ages. An Encyclopedia, ed. by A .D. Fitzgerald, 1999
Lee Francis Bacchi, The Theology of Ordered Ministry in the Letters of Augustine of Hippo, 1998
T. D. Barnes, Augustine, Symmachus,and Ambrose, in: J. McWilliam (ed.), Augustine from Rhetor to Theologian, 1992
E. Benz, Marius Victorinus und Die Entwicklung der abendlaendischen Willensmetaphysik, 1932
V. J. Bourke, Augustine's Quest of Wisdom. Life and Philosophy of the Bishop of Hippo,1947
P. Brown, Christianity and Local Culture in Late Roman Africa, 1968, in; Religion and Society in the Age of Saint Augustine, 1972
J. Burnaby, Amor Dei, A Study of St. Augustine's Teaching on the Love of God as the Motive of Christian Life, 1960
J. P. Burns, The Development of Augustine's Doctrine of Operative Grace, 1980
R. Crouse, paucis mutatis verbis: St. Augustine's Platonism, in: Augustine and his Critics, ed., R. Dodaro and G. Lawless, 2002
P. Courcelle, Recherches sur les Confessions de saint Augustin, Paris, 1950, 93-138, Die Entdeckung des Christlichen Neuplatonismus, in: C.Andresen, Das Augustinus-Gespräch der Gegenwart, 1962
U. Duchrow, Sprachverständnis und biblisches Hören bei Augustin, 1965
J. N. Figgis, Political Aspect of St. Auguthine's 'City of God', 1921
A. D. Fitzgerald, ed., Augustine through the Ages. An Encyclopedia, 1999
K. Jaspers, Plato, Augustin, Kant: Drei Gründer des Philosophierens, 1963
C. Journet, Saint Augustin et exégèse traditionnelle du Corpus spirituale, Augustinus Magister, II, 1954
The Satires of Juvenal, trans. by L. Evans, in: Juvenal, Persius etc., by L. Evans (Bohn's Libraries) 1914
W. H. C. Frend, The Donatist Church. A Movement of Protest in Roman North Africa, 1952
E. Gilson, The Christian Philosophy of St. Augustine, 1961
M. Grabmann, Augustins Lehre von Glauben und Wissen und ihr Einfluss auf das mittelalterliche Denken, in: M. Grabmann und J. Mausbach hrsg., Aurelius Augustinus, 1930
B. Groethuysen, Philosophische Anthropologie, 1969
A. von Harnack, Lehrbuch der Dogmengeschichte, Bd. III, 4 Auf. 1909.
F. Hesse; E. Fascher, Typologie, RGG, Bd. 6, 1962
W. Kamlah, Christentum und Geschichtlichkeit, Untersuchung zur Entstehung des Christentum und zu Augustin's ˇBürgerschaft Gottes″, 1954
E. Kinder, Reich Gottes und Kirche bei Augustin, 1954,
Leisegang, Der Ursprung der Lehre Augustins von der civitate Dei, in: Archiv für Kulturgeschichte, XIV, 1925
Marru, La theologie de l'histoire, in: Augustinus Magister, III, 1954

F. van der Meer, Augustinus der Seelsorger, 1953

A. Momigliano, Pagan and Christian Historiography in the Fourth Century A.D., in: The Conflict between Paganism and Christianity in the fourth Century, ed. by A. Momigliano, 1963

R. H. Nash, The Light of the Mind. St. Augustine's Theory of Knowledge, 1969

R. O'Connell, Saint Augusthine's Platonism, 1984

G. O'Daly, Augustine's Philosophy of Mind, 1987

Th. O'Loughin, The Libri Philosophorum and Augusthine's Conversions, in: The Relationship between Neoplatonism and Christianity, ed., Th. Finan and V. Twomey, 1992

Ratzinger, Herkunft und Sinn der Civitas-Lehre Augustins, Augustinus Magister, II, 1954

H. Reuter, Augustinische Studien, Neudruck der Ausgabe Goata 1887, 1967.

H. Scholz, Glaube und Unglaube in der Weltgeschichite, Ein Kommentar zur Augustin's 'De Civitate Dei',1911

C. Schneider, Geistesgeschichite des Antiken Christentums, 1Bd., 1954

R. Niebuhr, The nature and destiny of man, 1949

H. Scholz, Glaube und Unglaube in der Weltgeschichite. Ein Kommentar au Augustins 'De Civitate Dei, 1911

M. Schumaus, Die psychologische Trinitaetslehre des heiligen Augustinus, 1967

R. Seeberg, Lehrbuch der Dogmengeschichte, Bd. II-III, 3 Auf. 1923.

F. Seifert, Pscychologie. Metaphysik der Seele, 1928

Willy Theiler, Porphyrios und Augustin, in: Forschungen zum Neuplatonismus,1966

P. Tillich, Biblische Religion und die Frage nach dem Sein, 1956

E. Troeltsch, Augutin, die christliche Antike und die Mittelalter, 1915

E. Troeltsch, Die Soziallehren der christlichen Kirchen und Gruppen, GW. Bd.1.,1965

A. Wachtel, Beiträge zur Geschichitstheologie des Aurelius Augustinus, 1960

A. W. Ziegler, Die Grenzen geschichtlichen Erkenntnis, in: Augutinus Magister, II, 1954

カール・アダム『聖アウグスティヌスの精神的発展』服部英次郎訳，創元社，1942

コプルストン『中世哲学史』箕輪秀二・柏木英彦訳，創文社1790

チャドウィック『アウグスティヌス』金子晴勇訳，教文館，2004，第2版

ドゥフロウ『神の支配とその世の権力の思想史』泉典治他訳，新地書房，1980

ハルナック『アウグスティンの懺悔録』山谷省吾訳，岩波文庫，1938

─────『キリスト教の本質』山谷省吾訳，岩波文庫，1953

マンハイム『歴史主義』徳永恂訳，未来社，1979

─────『知識社会学問題』秋元律郎訳，現代社会学体系8「マンハイム・シェーラー」青木書店，1990

有賀鐵太郎『キリスト教思想における存在論の問題』創文社，1981

岩村清太『アウグスティヌスにおける教育』創文社，2001

片柳栄一『初期アウグスティヌス哲学の形成』創文社，1995

金子晴勇編『アウグスティヌスを学ぶ人のために』世界思想社，1993

茂泉昭男『輝ける悪徳 ── アウグスティヌスの深層心理』教文館，1995

著者の関連研究

『ルターの人間学』創文社, 1975
『アウグスティヌスの人間学』創文社, 1982
『近代自由思想の源流』創文社, 1987
『マックス・シェーラーの人間学』創文社, 1995
『ヨーロッパの思想文化』教文館, 1999
『近代人の宿命とキリスト教』聖学院大学出版部, 2001
『ヨーロッパの人間像 ── 「神の像」と「人間の尊厳」の思想史的研究』知泉書館, 2002
『人間学講義 ── 現象学的人間学をめざして』知泉書館, 2003
『愛の思想史 ── 愛の類型と秩序の思想史』知泉書館, 2003

略 年 譜

西暦	年齢	事績と歴史的境位
354年	0歳	11月13日，アウレリウス・アウグスティヌス誕生。北アフリカの海岸から内陸に入ったローマの属州ヌミディアにあるタガステの町（現在のアルジェリアのスーク・アラス，昔のカルタゴの遙か西南）に，父パトリキウス，母モニカの長男として。
361年	7歳	このころ，タガステの小学校に入学。
367年	13歳	タガステから20マイル南の町マダウラで文法学と文学を学び始める。
369年	15歳	家の都合で学業を中止，タガステにもどる。怠惰な生活を送る。
370年	16歳	カルタゴに遊学し修辞学の勉強を始める。ある女性と同棲する。このころ父死去。
372年	18歳	息子のアデオダトゥス誕生。このころマニ教に傾き，その聴聞者となる。
373年	19歳	キケロの『ホルテンシウス』を読み，真理への愛に強くめざめ，真の幸福に達するために知恵の探求を開始する。聖書を読み，その文体の幼稚さに失望し，通常のカトリシズムの生活に反発する。
374年	20歳	勉学を終えてタガステにもどり，文法学を教える。同棲する女性やマニ教の問題をめぐって母と不和になる。このころアリストテレスの『範疇論』を読む。
376年	22歳	カルタゴに行き，修辞学の教師となる。マニ教に傾倒，占星術に熱中する。
377年	23歳	カルタゴで詩の競技に参加し，入賞する。
380年	26歳	処女作『美と適合について』を書くが散逸。テオドシウス帝が正統派キリスト教の信仰を命ずる勅令を発布し，ローマ教皇を正統信仰の守護者とする。
381年	27歳	テオドシウス帝によりコンスタンティノポリスで第二回公会議が開催される。「ニカイア・コンスタンティノポリス信条」が制定され，三位一体およびキリストの神性に関する教理が確立される。
383年	29歳	マニ教に対して疑いをもち始め，ローマから来たマニ教の指導者ファウストゥスに失望。カルタゴの学生にも失望し，ローマへ行く。重い病に罹る。マニ教を棄て一時的にアカデミア派の懐疑論に惹かれる。

384年	30歳	ローマ市の長官シュンマクスの推薦により，ミラノの国立学校の修辞学の教授となる。アンブロシウスに会って初めてキリスト教への理解を深める。
385年	31歳	母モニカがミラノに来る。アデオダトゥスの母との14年に及ぶ生活を断ち，離別。母の勧める少女と婚約する。
386年	32歳	新プラトン主義（プロティノス）の哲学を通して，叡知的世界と真理の認識に到達する。アンブロシウスの説教から影響を受け，使徒パウロの手紙を読み理解する。アンブロシウスの師シンプリキアヌスを訪れ，ウィクトリヌスの回心の話を聞く。8月，同郷の知人ポンティキアヌスの話を聞く。苦悶の末，ミラノの庭園で「取りて読め」の声を聞いて，ついに回心し，カトリック教会の洗礼志願者となる決意をする。10月，学校を辞職。11月，ミラノ近郊カシキアクムの友人の別荘に移り，弟子や友人どの討論，また自己との対話をまとめて『アカデミア派批判』，『至福の生』，『秩序』，『ソリロクィア（独白）』を書く。
387年	33歳	3月，カシキアクムからミラノにもどる。4月24日の復活祭の夜から25日の未明にかけて，息子アデオダトゥス，友人アリピウスと三人でアンブロシウスから受洗。帰国の途次オスティアで船を待つ間に母モニカが死去。帰国を延ばしてローマに滞在する。その間に『魂の不滅』，『魂の偉大』を著し，『音楽論』，『カトリック教会の道徳とマニ教の道徳』を書き始める。
388年	34歳	『マニ教徒に対する創世記注解』，『自由意志』を書き始める。タガステの父の家に帰り，息子や友人たちと修道的な共同生活を始める。
389年	35歳	息子との対話篇『教師』を書く。
390年	36歳	息子死去。『真の宗教』を書く。
391年	37歳	北アフリカの港町ヒッポ・レギウスの信徒たちに「捕らえられて」，司祭就任を強いられる。『信の効用』を書く。『詩編講解』を書き始める。テオドシウス帝がキリスト教を国教とする。
392年	38歳	8月，マニ教徒フォルトゥナトゥスと討論し，『マニ教徒フォルトゥナトゥス駁論』，『二つの魂』を書く。
393年	39歳	10月8日，ヒッポ・レギウスの宗教会議で『信仰と信条』を講演。『未完の創世記逐語注解』，『主の山上の教え』を書く。
394年	40歳	ドナティスト論争に参加する。『ドナティスト駁論の詩編』を書く。
395年	41歳	副司教となる。『自由意志』を書き終える。『節制』，『ローマの信徒への手紙選釈』を書く。テオドシウス帝死去。帝国分裂。
396年	42歳	ヒッポ・レギウスの司教となる。『八三の問題集』を書き終え，『基本書と呼ばれるマニの書簡への駁論』を書く。
397年	43歳	アンブロシウス死去。シンプリキアヌスがミラノの司教となる。

年	年齢	事項
399年	45歳	『シンプリキアヌスに答えた書』、『キリスト教の教え』（第4巻は426年）を書き、『告白』を書き始める。『善の本性』を書く。
400年	46歳	『告白』を書き終える（401年説あり）。『ファウストゥス駁論』、『初歩の教え』、『福音書記者の一致』、『洗礼――ドナティストに対して』、『パルメニアヌス駁論』を書く。『三位一体』を書き始める。
401年	47歳	『結婚の善』、『聖なる処女性』を書く。『創世記逐語講解』を書き始める。
404年	50歳	第9回カルタゴ司教会議で，皇帝にドナティストの略奪行為をやめさせるようにとの要請がなされる。
405年	51歳	反ドナティストの『ペティリアヌス駁論』、『教会の一致』を書く。ドナティストに対する厳しい法令が皇帝より公布される。
410年	56歳	アラリックの率いる西ゴート族がローマに侵入し略奪を行う。ペラギウスは北アフリカへ逃れる。
411年	57歳	カトリックとドナティストとの会合である有名なカルタゴ協議会が，ローマの高官マルケリヌスの司会によって開催される。アウグスティヌスが指導的役割を演じる。
412年	58歳	皇帝の勅令により「ドナティスト鎮圧法」が布告される。ペラギウスとの論争が開始される。『罪の報いと赦し』、『霊と文字』を書く。
413年	59歳	『自然と恩恵』、『信仰と行為』を書く。マルケリヌスおよびフォルシアヌスと文通し，ローマ帝国の衰亡にキリスト教が影響しているか否かについて語り，キリスト教を弁護して『神の国』を書き始める。
414年	60歳	『寡婦の善』を書き，『創世記逐語講解』を完成。スペインの司祭オロシウスがヒッポに来て，アウグスティヌスのもとで学び，ペラギウスの異端を追及する目的でパレスティナに派遣する。
416年	62歳	アフリカの69名の司教による司教会議が開かれ，ペラギウス主義の異端に対して警戒するよう，教皇イノセントに求める。
417年	63歳	このころ，『ヨハネ福音書講解』と『ヨハネの手紙講解』を書き終える。
418年	64歳	5月10日，200名の司教の参加のもとに名高いカルタゴ教会会議が開催され，ペラギウス主義を邪説として決定する。これを受けて教皇ゾシムスは回勅によりペラギウスとカエレスティウスの異端を宣告する。アウグスティヌスは指導的役割を演じ，自説をまとめて『キリストの恩恵と原罪』を書く。『詩編講解』を書き終える（または420年）。
419年	65歳	『魂とその起源』、『結婚と情欲』『不品行者の結婚』を書く。

		『三位一体』を書き終える。
420年	66歳	『虚言駁論』，『ペラギウス派の二書簡駁論』を書く。
421年	67歳	ペラギウス主義の擁護者であったエクラヌムの司教ユリアヌスとの論争が始まる。『ユリアヌス駁論』，『信仰・希望・愛（エンキリディオン）』を書く。
426年	72歳	『神の国』22巻が完成。ハドルメトゥムの修道士たちのセミ（半）ペラギウス主義を問題にして，『恩恵と自由意志』および『譴責と恩恵』を書く。
427年	73歳	『再考録』により，既発表の232巻93の書物の注記と訂正を行う。
429年	75歳	南フランスのセミ・ペラギウス主義を問題にして予定について論じ，『聖徒の予定』，『堅忍の賜物』を書く。ヴァンダル族が北アフリカに侵攻し，国々を荒廃させる。多くの司教はその管轄区から追放されたが，アウグスティヌスはヒッポにとどまる。大作『未完のエリアヌス駁論』を書き始める（翌年の死により中断）。
430年	76歳	ボニファティウスの率いるローマ軍はヴァンダル族に敗れ，ヒッポの町もヴァンダル族に包囲される。アウグスティヌスは三ヵ月目に病に倒れ，8月28日に死去。「彼は何も遺言を残さなかった。彼は神の貧者として，残すものを何ももたなかったのである」（ポシディウス『聖アウグスティヌスの生涯』）。

人名索引
(nは脚注)

アインハルト　247, 249
アウグストゥス　4, 13, 17, 18, 28, 35, 36, 65, 120, 208
アウレリウス　229, 230, 232
アタナシオス　23, 24, 33, 97, 98, 148
アダム　122, 189, 191, 196, 234, 240
アプレイウス　82
アベル　182, 196
アポリナリオス　144, 148, 238
アマン　90
アラリクス　134
アリストテレス　7, 25, 39, 46, 54, 119, 190, 250, 255, 256
アリピウス　229
アルクイヌス　255
アルノビウス　69
アレイオス　97, 98, 141, 144, 147, 148, 150, 151, 238
アレント, ハンナ　263
アンセルムス　255
アントニウス, 隠者　128
アンブロシウス　32, 33, 50, 51, 87, 112, 125, 141, 159
イェーガー　45n
イエス　47, 142, 197
イグナティウス　252
イサク　204
石原謙　51n, 265
イノケンティウス1世　232
岩下壮一　265
ヴァレンティアヌス1世　212
ウァロ　83
ウィクトリヌス, マリウス　98, 105, 141, 159
ウィリギリウス　63, 186
ヴィンデルバンド　263
ウェーバー, M.　44n, 50n, 249
ウェルギリウス　77, 80
ウォールバンク　39
ウォルシアヌス　186n
内田芳明　14, 49
エイレナイオス　146
エウォディウス　236
エウセビオス　28, 147, 190, 207, 208
エラスムス　121n, 260, 261
オッカム　258
オットー, フライジングの　208, 248
オリゲネス　28, 94, 95, 96, 146, 147
オロシウス　63, 64, 188, 208, 231

カール・シュタット　261
カール大帝　247
カイン　182, 196
カエキリアヌス, カルタゴ教会の副司教　71, 210, 211
カエレスティウス　225, 229-33, 239
カペラ, マルティアヌス　83
カムラー　57, 252, 253
カルヴァン　261
カント　190n
ギールケ, オットー　56n, 249
キケロ　23, 46, 47, 52, 80, 81, 120-24, 128, 186, 241
キプリアヌス　24, 31, 69, 71, 72, 84, 212, 216
ギボン, エドワード　17, 18, 19, 39
キュリロス　148

人名索引

キリスト　189, 195, 197, 202
キルケゴール　200, 263
キンダー　57, 254
クーランジュ　41, 42n
グラープマン　108
グラティアヌス　30
グレートゥイゼン、ベルンハルト　119
グレゴリオス、ナジアンズスの　31
クレメンス　94, 146
ゲーテ　83
ゲリウス、アウルス　83
コックレン　13, 17, 18, 26, 32-35, 37
ゴッベルト　196
コンスタンス　212
コンスタンティヌス　21, 25, 27, 28, 30, 33, 36, 55, 69, 97, 143, 147, 185, 211, 223

サヴォナローラ　219
サベリウス　144
サルスティウス　64, 188
ジェイムズ、ウィリアム　243
シェーラー、マックス　7n, 9, 10, 185n, 190n, 264
シュマウス　157n
シュンマクス　82, 125, 126
ショルツ　57, 190, 192, 251
シンプリキアヌス　138
スコトゥス　258
ゼーベルク　252
セルベト　219
ソクラテス　42, 45, 119
ゾシムス　232, 233

ダンテ　250
近山金次　14, 51n
チャドウィック　14, 153n
ディオクレティアヌス　70, 210, 211
ティコニウス　72, 206
ティリッヒ、P.　92, 205, 207, 264
ディルタイ　8, 9n
ディンクラー　33n
テオドシウス　30, 33, 222

デカルト　261
デメトリアス　228
テルトゥリアヌス　18, 36, 71, 78n, 84, 91, 146
テンニエス　53
ドウフロウ　57
ドーソン　3, 14, 31, 118
トグロス、ポンペイオス　64, 188
ドッズ　22
ドナトゥス　71, 211
ドプッシュ　50n
トマス・アクィナス　36, 250, 256-58, 261
トレルチ　6, 9, 47n, 48, 55n, 186, 253

ニーグレン　204
ニーチェ　42
ニーバー、ラインホルト　152n, 264
ニーバー、リチャード　265
西田幾多郎　265
新田一郎　14
ニューマン　263
ネストリオス　148
ネブリディウス　84, 85
ノア　214, 215

ハイデガー　263
パウロ　127-29, 137, 139, 145, 189, 196, 204, 220, 242, 244, 245
バシレイオス　32, 33
パスカル　12n, 131n, 175, 262, 264
パトリキウス　66, 68
バルト、カール　252
ハルナック、A.　56, 83, 92, 252, 253
ハンニバル　64
ビール、ガブリエル　258
ヒエロニュムス　24, 31, 121n, 231
ヒラリウス　150
ピレンヌ　249
ピンダロス　163
ファン・デル・メール　90
フィロン　152
ブーバー　119n

人名索引

フェリックス　71, 210
フォイエルバッハ　153n
フッサール　263
ブラウン，ピーター　14, 22, 90
プラトン　44n-46, 52, 83, 100, 101, 121, 165-68, 170, 171
ブルクハルト　28n
プルタルコス　120
フロールス　236, 237
プロティノス　23, 24, 26, 95, 96, 98, 100, 102, 103, 105, 109, 112-14, 126, 169
ベインズ，N. H.　55n
ヘーゲル　8n, 48, 117
ヘシオドス　163
ペトラルカ　121n, 259
ペラギウス　225-33, 239-44
ベルグソン　41, 44n
ポシディウス　79, 87, 89, 113, 114
ボニファティウス　115, 220
ホノリウス　209, 212
ポパー　44n
ホメロス　41, 76
ポルフィリオス　96, 100, 103-05, 201
ポンティキアヌス　86

マーカス　14
マクシミリアヌス，バガイの司教　212, 213, 220
マクシムス　74-76
マジョリヌス　211
マリタン，ジャック　257

マルー　57
マルクス・アウレリウス　22, 23
マルケリヌス　51, 209, 212
マルシリウス　251
マルドゥク　27
マレー，ギルバート　29
マンハイム　7n, 10, 185n
メンスリウス　210
モーセ　43
モニカ　68
モリナ　261

ヤスパース　11, 130, 186, 190n
矢内原忠雄　265
ヤンセン　262
ヤンブリコス　26
ユスティノス　28, 93
ユリアヌス，皇帝　26, 29, 30, 212
ユリアヌス，司教　122, 230, 233, 234
吉満義彦　265
ヨシュア　43
ヨハンネス　231

ラクタンティウス　23, 69
ラッティンガー　57
ルター　159-61, 245, 252, 258-61
レムス　196
ロイター　57, 60
ロストフツェフ　22
ロマニアヌス　50
ロムルス　196

事項索引

あ 行

アイオン　204
愛　54, 154, 165
　——の権力　37
　——の神話　176
　——の力　34
　——の秩序　34, 166, 171-73, 175, 176, 183, 262, 264
　——の根　222
　——の法則　173, 175
悪　178
　——の根源　178
　——の問題　165
新しい太陽神　27
新しい風潮　22, 23, 117
アテナイ　43
アフリカでの教育　78
異教主義　74
意志　155
　——の優位　258
　——の歪曲　178
イスラエル　43
異端邪説　133, 141, 143, 144
異端論争　143
一者　103, 104
一神教　97
イデア　99, 101, 165, 168
ヴァンダル族　32, 114, 188, 212
宇宙における人間の地位　182
裏切者　210, 212
永遠不変な神の計画　193, 194

永劫回帰　168
エクレシア　60
絵巻（巻き物）　194, 203
エロース　83, 165
円環　202
　——する時間　200
　——的時間　201, 203
オリュンポスの神々　76
恩恵　137, 143, 236
　——と予定　238
　——の博士　226
活動的な——　112, 257
習性的——　257

か 行

改宗　24
回心　100, 101, 107, 156
階層的秩序　168
壊廃の塊り　135
カイロス　194, 202
カシキアクム　86
価値
　——位階の秩序　178
　——合理性　174, 175
　——の位階　172
可変性　191
神
　——の愛　178
　——の恩恵の先行性　261
　——の観照　108, 109, 113
　——の義　245, 259, 260
　——の国　47, 54, 60, 189, 248

――の照明　103, 159
――の人類救済計画　197
――の正義　239
――の像　96, 141, 142, 152-56, 158-61
――の存在論的証明　255
――の似姿　153, 155, 160
――の予知　60, 238
――への愛　172, 179, 182
カリタス（聖い愛）　158, 165
――（愛）の神秘主義　157
カルケドンの公会議　148
カルタゴ　81, 82
――教会会議　230, 231, 233
――語　67
――の言語　77
勧告と教育　221
観照　156
管理　170, 193
キウィタス　39-61, 178, 185, 189, 203, 205, 207, 208, 249, 251
――思想　248
記憶　155
基礎経験　6, 9-11, 13
北アフリカ　63-90
義認論　245
救済
――計画　180, 183, 188, 198
――史　190, 194, 208
――の恩恵　243
――の秩序　175
急進的な改革志向　229
共同体　8, 178, 265
教養　83
享受　173-75
――と使用　173, 174, 179
強権発動　219, 222
強制連行　220
教会と国家　56-58, 223
ギリシア　43
――語　79, 80
――自然学　169
――思想　171

――人　200
――存在論　171
――的観照　159
――哲学　168
――文化　4
キリスト　189, 191, 207
――の神性　148
――のロゴス　34
キリスト教
――共同体　249
――皇帝　18
――時代　30
――帝国　248
寄留　60, 254
――する社会　182
禁欲主義者　229
禁欲（的）生活　128, 229, 239
クーリア　41
グノーシス　93, 97, 117, 124
――主義　22, 125n, 146
――派　159
クリアーレス　49, 50
クローレス　45
君主の鑑　59
啓示　24
形而上学的原理　171
契約　44
結合意志　53
ゲマインデ　253
厳格な予定説　238
原義　257
原罪　135, 143, 160, 183, 191, 242, 257
――説　240
謙虚　179
現実主義　160, 161
現世の主権　219
譴責　237
堅忍　238
権力への愛　37
公会議　143, 147
功績　237
後置　172, 177

皇帝崇拝　27, 28
皇帝の勅令　209
高慢　179
ゴート族　32, 78
告白者　211
穀物倉　64
心　120
　——の耳　106, 107
コスモス　119, 163, 164, 170, 200
古代末期　117, 119
国家　52, 55, 59, 185
　——権力　56
　——思想　247
古典教養　21, 67
古典文化　17, 18, 36, 37, 92
根源的罪性　241
混合した共同体（混合体）　60, 215, 218
混沌　183
コンスタンティノポリス公会議　144, 148

さ　行

再建　35
最高善　177
最低善　177
再生　142
再洗礼　72, 212, 216
サクラメント　212, 214-17
賛美　130, 132
三位一体　97, 98, 141, 143, 144, 146-51, 154, 157, 159, 161, 163
時間　170
　——意識　263
　——の経過　193
　——の秩序　179, 181, 183, 187, 188, 192-94, 197, 199, 200
　——論　199
始源の創造　193
事効　217
自愛　154, 158
自己
　——愛　54, 172, 173, 178, 179, 181, 182
　——認識　119, 131, 145
　——理解　155
自然
　——学的な秩序思想　165
　——的出生　205
　——哲学　165
　——法　47
　——法則　170
　——本性　228
自知　154
自律性　170
時代拘束性　7
時代の分節　195
支配欲　179, 181
死への存在　201
市民団体　251
市民的共同体　250
社会
　——性　54
　贖われた——　58, 254
　閉じた——　40-42, 45, 47
　開いた（かれた）——　40, 44, 45, 47
邪欲　241, 242
共同社会　53, 56
主意主義　135
主知主義　135
宗教
　——弾圧政策　219
　——団体　253
　——の定義　23, 122
周期的循環説　201
修築　33, 35
修辞学　105
修道院　87, 89
　——規則　88
修道会会規　88
終末論的解釈　205, 253
自由　8
自由意志　60, 91, 137-39, 221, 226, 236, 258, 262
　——に関する論争　261
　——の力　239

自由となった ── 243, 244
自由学科 255
種子的理念（ロゴス） 46, 94, 159, 169-71, 183, 193
受肉 142, 214
　── の神学 136, 144
殉教者 211
少数派 214, 215, 222
象徴的意味 196
象徴的予表 196
照明説 101, 264
状況の論理 11, 13, 18, 32
情欲 122
諸時代
　── の諸時代 202
　── の秩序 192
　── の発展過程 194
諸世代の秩序 204
諸世代の展開 204
人格 8
神学的な歴史解釈 192
神権政治的解釈 251
信仰 139
　── の出発点 241
　── の認識 156
人効 217
新生 33-35, 37, 205
神性 150
真正な人類の教育 198
身体の平和 180
神秘主義 108, 112, 117
神秘的
　── 合一 107-10
　── 脱自 110
　── 霊性 109
新プラトン主義 56, 98, 102, 126, 128, 164, 183
　── の存在段階説 177
人類史 189, 190
人類の救済計画 179
ストア主義 177, 240
ストア哲学 46, 198

性愛 121, 127, 178
正義 52
政治思想 218
精神 154
聖化 37, 226, 245
聖書解釈 72
聖徒の数 61
聖徒の団体 58
聖なる生活 228
聖霊 157, 244
世界国家 46
世界史 191
世界市民 44, 46, 52
世俗史 188, 190
世俗的エロース 176
世代 203
　── の秩序 195, 203
　── の発展 203
セミ（半）ペラギウス主義 236
先行的な恩恵 112
千年王国 205
　── 説 206
善
　── の悪用 178
　── のイデア 45, 168
　── の欠如 112, 178
想起説 101
相互的愛 179
先例 240
創造
　── 思想 167, 171, 200
　── の恩恵 243
　── の秩序 163, 176, 182, 183
　── の六日 197
　── 論 166
俗権 219, 223
　── 論 218
ソフィスト 163

た　行

体制内改革の穏健派 229

第二のバビロン　197
ダイモン　82
対話的思考　130
タガステ　66
高ぶり　131
脱自体験　102, 126
魂の目　106, 109
民の定義　264
団体　249, 250
知恵　157
　　知識と――　156
知性　85, 155
秩序　181
　　――思想　176
　　――づけられた愛　166
　　――づけられた和合　180
　　――の静謐　180
　　――の平和　199
知的直観　107
地の国　54, 189
注意作用　154
超越　109
　　――神　197, 198, 207
　　――概念　168
　　――的神観　136
直観知　110
直線的時間　203
罪　25, 131, 241
　　――の根源　178
　　――と恩恵　226
　　――の奴隷状態　243, 244
ディオスポリス教会会議　231
提訴箇条　230
テロ行為　219
天上の国の平和　174
天上の平和　175
同質（ホモウシオス）　147
当然の終局　191
当然の報い　198
道徳的完成　228
徳の徳義　166
都市　52, 249

土着の宗教　74
ドナティスト　71, 89, 206, 207, 209-23
　　――鎮圧令　212, 220
　　――統一令　212
　　――論争　143, 209
ドナトゥス派　70, 71
トランス状態　74

な　行

内心の分裂　121, 127, 128, 183
内的真理　154
内面性　258
ナントの勅令　219
ニカイア公会議　97, 211
二元論　159
　　――批判　136
西ゴート族　186
二重真理説　258
二重予定説　262
人間学　9, 12, 56, 182
人間の自己超越能力　264
認識に対する愛の優位　264
認識の順序　193
ヌミディア　64, 66, 81
年代記　190
ノミナリズムの伝統　258
ノモス　163

は　行

背教者　24, 26
ハドルメトゥム　236, 237
汎神論　123, 135
万人救済論　237
万物の平和　180
ヒッポ　73
比喩的な解釈　167
瀕死の世界　118
不安　132
不安な（の）時代　22, 117
不安な心　118, 120, 123, 125, 127-29, 131

事項索引   291

フェニキア人　68
プシュケー　164
部族　41
　　──連合　44
二つの国　181, 191, 197, 199, 208
物素（正餐の）　218
プネウマ　254
普遍的ロゴス　200
不変の光　106, 109
フュシス　200
プラトン主義　91-115, 124, 136, 177, 180, 187
　　──の存在論　177
文化の改造者　265
文化融合　3, 4, 6, 26, 30
分派活動　71
文法教師　80
平和思想　166, 176
ヘブライズム　4
ペラギウス派論争　225-45
ペルソナ　149-51
ベルベル人　68
ヘレニズム　4
ヘレネス　26
弁論術　80
　　法廷──　98, 125
ポリス　39-61, 118, 178
　　──的動物　54
『ホルテンシウス』　81

ま　行

マダウラ　80
マニ教　112, 123-26, 164, 165, 234
未形態の質料　142
三つの秩序　262
ミラノ勅令　211
無　168
　　──からの創造　142, 168, 191
無罪性　240
無知　242
　　──と困難　134

無秩序の意志　242
無力　242
メシア　93
目的合理性　174, 175
模像　59

や　行

病める魂　127, 243
優先と後置　178
ユグノーの勅令　219
ユピテル　75
世　204
幼児洗礼　226, 240
予型論　196, 197
　　──的解釈　195, 196
預言的歴史　188
予定　138, 236
　　──説　237
四帝国説　64

ら・わ　行

拉致　107, 110
ラチオ　255
理性　5, 11, 44, 94
理想主義　160
隣人愛　172
類似　143
類比　153
霊　95, 100, 111, 206
　　──性　3-5, 12, 108, 110, 122
霊的　206
　　──身体　96
　　──誕生　111, 112
　　──な共同体　253
　　──な性格　207
歴史　10-12
　　──記述　187
　　──自体　187
　　──神学　190
　　──性　253

──的啓示　156
　　──的真　196
　　──認識　192, 198
　　──の神学　183, 185
　　──不可知論　208
ローマ帝国　20
ローマの平和　65

六時代　195, 197
　　──説　191
ロゴス　34, 37, 93-95, 98, 145, 164
ロマニタス　35, 36

和合　180

金子 晴勇（かねこ・はるお）
昭和7年静岡県に生まれる．昭和37年京都大学大学院文学研究科博士課程修了．立教大学，国立音楽大学，岡山大学，静岡大学を経て，現在聖学院大学大学院教授，岡山大学名誉教授，文学博士（京都大学）
〔著訳書〕『愛の思想史』『ヨーロッパの人間像』『人間学講義』（以上，知泉書館），『ルターの人間学』『アウグスティヌスの人間学』『マックス・シェーラーの人間学』『近代自由思想の源流』『ルターとドイツ神秘主義』『倫理学講義』『人間学―歴史と射程』（編著）（以上，創文社），『宗教改革の精神』（講談社学術文庫），『近代人の宿命とキリスト教』（聖学院大学出版会），アウグスティヌス『ペラギウス派駁論集 I, II, III, IV』，『ドナティスト駁論集』（以上，教文館）ほか

〔アウグスティヌスとその時代〕   ISBN4-901654-43-8

2004年11月10日　第1刷印刷
2004年11月15日　第1刷発行

著　者　金　子　晴　勇
発行者　小　山　光　夫
製　版　野口ビリケン堂

発行所　〒113-0033　東京都文京区本郷1-13-2
　　　　電話(3814)6161　振替00120-6-117170
　　　　http://www.chisen.co.jp
　　　　　　　　　　　　　　株式会社　知泉書館

Printed in Japan   印刷・製本／藤原印刷